KB015760

D.P. 각본집

SEASON 1

김보통

×

한준희

D.P.

Deserter Pursuit (탈영병 체포조)

Dirty Play (깨끗하지 못한 짓)

대한민국 국민인 남성은
헌법과 이 법에서 정하는 바에 따라
병역의무를 성실히 수행하여야 한다.

대한민국 병역법 제3조

D.★P.

각본집 SCREENPLAY
시즌1
김보통 × 한준희

차례

작가의 말: 김보통 × 한준희

정말이지 인생은 예측할 수 없는 방향으로 흘러갑니다.
지금으로부터 이십 년 전, 탈영병을 찾기 위해 전국을 떠돌던 저에게 누군가가 "너는 제대 후 대학을 졸업한 뒤 어느 회사에 들어가지만 금세 때려치우게 될 것이고, 뜬금없이 만화가가 되어 군 시절 경험을 바탕으로 한 만화를 그리게 될 것이며, 그 만화를 원작으로 한 드라마가 제작돼 전 세계에 방영될 것인데, 공동작가로 각본 작업에 참여해 각본집까지 나오게 될 것."이라고 했다면 헛소리라고 생각했을 것입니다.
사실 이 글을 쓰고 있는 지금도 이상한 꿈을 꾸고 있는 것만 같습니다.

드라마 작가로서의 길을 열어 주신 제작사 대표님, 갈피를 못 잡는 제 손을 잡고 길을 인도해주신 한준희 감독님, 매일같이 참신한 '진상짓'을 무던히 받아 주신 피디님, 비루한 글솜씨를 명연기로 숨겨주신 배우님들 포함 모든 제작진분들께 감사드리며, 부디 이런 글을 쓰는 것이 마지막이 되지 않도록 부단히 쓰고 또 쓰며 살아가겠습니다.
감사합니다.

김보통 드림

만화가 김보통
〈내 멋대로 고민상담〉〈D.P 개의 날〉〈아만자〉
〈아직, 불행하지 않습니다〉〈살아, 눈부시게〉 등

가끔 생각합니다. 글을 쓰고 또 그것을 찍는 내 직업이 참으로 극단을 오가는 일이구나. 각본을 쓰는 동안에는 그 누구와도 별다른 대화를 나누지 못한 채 반강제로 묵언 수행을 하지만 글을 들고 촬영에 나가면 누구보다도 많은 이들과 대화를 주고받으며 달변가인 척해야 하니까요. 지금까지 세 편의 작품을 완성하는 동안, 시나리오대로만 촬영한 경우는 한 번도 없었습니다. 캐릭터와 플롯을 만드는 것은 저의 역할이지만, 그 캐릭터로 살아가는 것은 결국 배우들의 몫이고 플롯의 면면을 고민해서 완성시키는 이는 스태프들임을 알고 있습니다. 현장 속에서 저희가 쓴 글은 스스로 생명력을 가진 아이처럼 자라나고, 각본 안에 존재했던 인물들도 어느 순간 제 갈 길을 찾아 알아서 나아가곤 합니다. 그래서 이 책은 외로움 속에 머리를 쥐어뜯으며 재능 없음을 탓하곤 하던 '작가의 글'이자 그 여백을 채워주려 노력한 수십, 수백 배우, 스태프들이 만난 '첫 설계도' 임을 밝혀둡니다.

작품의 첫걸음부터 함께한 변승민 대표님과 김태원 이사님, 한희성 님, 오랜 벗이자 최고의 프로듀서 김동민 님, 〈D.P.〉를 함께 집필해 주신 김보통 작가님께 고마움을 전하며... 끝으로 늘 많은 격려와 질타로 함께 해주시는 김명진 님께 큰 감사의 말을 전하고자 합니다.

준호와 호열이 언제까지고 씩씩하게 잘 살아가 주기를 바라며.
쓰고 찍은 한준희 드림

영화감독 한준희
〈D.P.〉〈뺑반〉〈차이나타운〉〈시나리오 가이드〉 등

〈D. P.〉 시즌 1 각본

제작	클라이맥스 스튜디오
공동제작	쇼트케이크
극본	김보통 / 한준희
연출	한준희

D. P. Season 1 Screenplay

본 각본은 실제 촬영에 사용된 최종본이며, 일부 한글 맞춤법에 어긋나는 표기도 작가의 의도에 따라 그대로 살렸습니다.

안준호 "현 시각부로 당신을 군무이탈죄로 긴급 체포합니다. 집에 가야죠, 부대로."

* 계급: 이병
* 소속: 103사단 헌병대
* 보직: 군무이탈 체포조 조원
* 배우: 정해인

고등학교를 졸업하고 각종 아르바이트를 전전하다 입대했다. 대학은 아무나 다 가는 줄 알았는데 꼭 그렇지만도 않다는 걸 열서너 살 무렵부터 알았다.

하루 벌어 하루 먹고 살기도 빠듯한 마당에, 그 하루 벌이를 술값으로 탕진하는 아버지 밑에서 언감생심 웬 대학이냐고, 애초에 꿈이란 걸 꾸지 않았던 터. 그래서 준호는 군대에 가는 게 딱히 괴롭거나 슬프지 않았다.

타고나길 조용하고 침착해서 군 생활이 그럭저럭 괜찮을 줄 알았건만, 외골수에 융통성 없는 준호에게 부조리 가득한 부대 생활은 만만치 않았다. 어머니에게서 온 편지를 조롱하던 고참의 능욕을 참다못해 들이받으려던 순간, 군탈계장 박범구에 의해 D.P로 차출된다.

한호열 "탈영병 잡을 때 제일 중요한 게 뭔지 알아?
실망하지 않는 거, 생각하지 않는 거."

* 계급: 상병
* 소속: 103사단 헌병대
* 보직: 군무이탈 체포조 조장
* 배우: 구교환

준호가 셜록이면 호열은 왓슨? 결코 그렇지 않다. 유들유들하면서도 비범하고, 평범한 것 같지만 종잡을 수 없는 인물. 그게 호열이다.

군탈 체포조란 보직은 의외의 재미를 선사했다. 누군가를 찾고, 쫓고, 잡는 일이 이렇게도 짜릿할 줄이야. 제대하지 말고 군탈 체포전문 수사관으로 말뚝을 박으면 어떨까, 하고 전에 없던 미래까지 상상해 보았던 터다. 추격하던 탈영병에게 칼빵을 맞기 전까진 말이다. 그의 맘속에 두려움이 스멀스멀 자리 잡지만 이 일은 멋대로 놓을 수 있는 게 아니었다. 제대 전까지, 적어도 군대가 보직을 바꿔주기 전까지는 힘이 들건, 무섭건 다시 탈영병을 쫓아야만 하는 것.

공포감을 애써 지우고 부대로 복귀한 호열에게 새 후임 안준호가 배치된다. 태생부터 자라온 환경까지 열이면 열, 같은 게 하나도 없지만 묘하게 호흡이 척척 맞는 준호. 준호와 함께 전국 팔도를 누비며 재주껏 탈영병을 찾게 되는 호열. 그리고 호열은 다시금 그 두려움과 마주하게 된다. 하지만 이젠 극복해야 할 시간이다. 이번엔 준호와 함께니까.

박범구 "니 발로 탈영했으니 영창도 니 발로 들어가.
문 따기 귀찮으니까."

* 계급: 중사
* 소속: 103사단 헌병대
* 보직: 군무이탈 체포담당관
* 배우: 김성균

백년은 된 것 같은 재킷과 와이셔츠, 늘 피곤에 절어 있는 퀭한 눈.
사회에서 만나면 어디 중소기업 과장이나 계장쯤으로 보일 법한 그냥 그런 인상. 뭐, 딱히 틀린다고 할 수는 없다. 박범구는 D.P조를 관리하는 군탈계장이니까.

입에 욕과 담배를 물고 산다. 자연스레 그 욕의 대부분은 휘하의 준호와 호열을 향한다. 이제는 욕인지 애정 섞인 잔소린지 헷갈릴 정도지만, 그나마 뒤에서 D.P를 챙기는 것도 박범구 뿐이다.

노련한 통찰력과 많은 경험치, 위에 잘하고 아래도 살피는 이상적인 군인의 모습이지만, 집에선 혼자 햇반이나 돌려먹는 기러기 아빠 신세다. 박범구의 아내와 아들은 미국에 거주한 지 오래... 올해엔 아내가 꼭 영주권을 취득하길 바란다.
그래야 우리 아들은 군대에 안 갈 테니.

임지섭 "야, 그럼 장교가 부사관한테 존댓말 쓰랴?"

* 계급: 대위
* 소속: 103사단 헌병대
* 보직: 헌병대장 보좌관
* 배우: 손석구

육군사관학교, 육군본부 중앙수사단 출신의 인텔리.
계산이 빠르고 군내 정치에도 처세가 좋다.
헌병대로 발령이 났을 때엔 군 권력의 중추 '육군본부' 로 가기 위한 교두보 정도로만 생각했건만...

감히 부사관 군탈계장 따위가 기싸움을 걸어오네? 박범구가 눈엣가시가 되자 그 밑의 준호와 호열까지 세트로 마뜩잖다.
D.P는 탈영병 따박따박 잘 잡고 부대에 득이 될 실적만 쌓으면 될 것을, 군의 부속품인 병사 주제에 왜 자꾸 '사람' 노릇을 하려 드는 건지.

쓸데없는 오지랖은 낭비다.
어설픈 정의감에 발목 잡힐 수 없다.
사사건건 박범구와 D.P의 행보에 훼방을 놓는다. 헌데,
걸음마다 치이는 이 인간들... 이상하게 계속 마음이 쓰인다.

디.피. 1화

꽃을 든 남자

D.P. Part 1

A Man Holding Flowers

시놉시스
: 1화 꽃을 든 남자

20대의 평범한 청년, 안준호. 고등학교 때까지 복싱을 하다 미래가 없어 그만두고, 졸업 뒤엔 대학 대신 아르바이트를 전전하던 그는 군 입대 전날까지도 피자 배달을 하고 있다.
침착하고 조용한 준호지만 끝까지 월급을 안 주려 갑질하는 사장에겐 돈 대신 오토바이로 받아내는 집요함도 보인다.
그 오토바이를 타고 밤새 강원도로 달려 입대하는 준호.

몇 달의 시간이 지나고, 헌병대에 배치돼 이등병이 된 준호는 매일 같이 반복되는 구타와 부조리 속에 간신히 버티고 있다. 그러던 어느 날, 군탈담당관 박범구가 준호에게 찾아온다.
탈영병 잡는 D.P란 보직을 해 볼 생각 없냐 묻는 박범구. 그는 평소 준호의 눈썰미나 감각을 눈여겨 봤던 터. 머리도 기르고, 사복도 입고, 핸드폰을 가지고 부대 밖에서 생활한다니 안 할 이유가 없다.
부대 밖으로 나서는 준호. 밖으로 나간다는 설렘과 누군갈 체포해야 한단 긴장감이 교차하지만, D.P조 선임은 별거 아니라며 준호를 안심시킨다. 무엇부터 해야 하냐는 준호에게 술부터 마셔야지, 답하는 선임.

그들이 향한 곳은 강남의 대형 가라오케다. 값비싼 샴페인을 놓고 지인들과 술파티를 벌이는 선임.
준호에게도 어차피 내일 아침에 움직여도 탈영병은 금방 잡는다며 편히 마시라고 채근한다.
새벽, 숙취에 골골대며 PC방에 잠들어 있던 준호에게 박범구의 연락이 온다.
"야 이 개새끼들아! 탈영병 자살했어!" 준호는 넋이 나가버린다.
바로 근처에 있었는데 내가 잡지 못해 그가 죽었다.
짜증 난 선임은 "병신 왜 죽고 지랄이야." 중얼대고, 옆에 멍하게 있던 준호는 화난 건지, 슬픈 건지 미친놈처럼 선임을 때리기 시작한다.

주먹이 깨져 피가 나는 와중에도
"씨발, 사람이 죽었잖아..." 중얼대는 준호.

1. 고급 아파트 / N

검은 화면에서 자막. '대한민국 국민인 남성은 헌법과 이 법에서 정하는 바에 따라 병역의무를 성실히 수행하여야 한다. 대한민국 병역법 제3조' 서서히 사라지며 화면 Cut to로 바뀌면, 딩동. 엘리베이터 문이 열리고 피자 박스를 든 배달원 차림의 20대 청년, **준호**가 내린다. 꽤나 고급스러운 분위기의 아파트 복도를 지나는 준호. 헬멧을 쓰고 있다. 한쪽 집의 초인종을 누르자 꼬마아이 하나가 현금을 들고 서 있다.

준호 이만 구천오백 원입니다. (현금을 받아 확인하고 500원을 돌려준다.) 맛있게 드세요. (아이가 피자를 받아 들어가고)

갑갑한지 헬멧을 벗는 준호. 짧은 스포츠머리가 땀으로 흥건하다. 후우, 숨을 내쉬며 발걸음을 다시 엘리베이터 쪽으로 돌리려는데... 벌컥! 문 열리는 소리와 함께 날카로운 여자 목소리가 그를 잡아 세운다.

아파트녀 (짜증 섞인) 서기요.
준호 네?
아파트녀 거스름돈 주셔야죠.(준호의 뭔 소리지? 싶은 얼굴) 아니 500원이 문제가 아니고, 아무리 애라도...
준호 드렸는데요.
아파트녀 (어이없단 얼굴로) 아니 그럼 우리 애가 거짓말을 한단 거예요? (사이) 하, 참 표정 봐? (하는데, 남편으로 보이는 사람이 나온다.)
아파트남 아, 됐어. 그만해. (아파트녀를 잡아 세우며 준호에게) 가세요, 그냥. 예?

"놔 봐! 거짓말하잖아.", "들어가자, 피자 식어." 실랑이를 벌이는 부부 사이에 아이가 빼꼼 고개를 내밀고 준호를 보고 있다. 이내, 쾅! 문을 닫으며 들어가는 가족. 준호, 흐음... 잠시 머리를 긁적이다 저벅저벅 걸어 돌아와 다시 초인종을 누른다. 벌컥 열리는 문.

준호 (무표정한 얼굴로) 저 거짓말 안 했어요. (90도로 꾸벅 인사하고 간다.)

2. 피자집 / N

작은 피자집. 피자 박스를 접는 알바생들, 어두운 얼굴로 전화기를 들고 있는 사장의 등이 보이고... 공간 구석 한 켠 TV 화면으로 (2014년 뉴스) 한 부대에서 병사 한 명이 집단 구타로 맞아 죽었다는 뉴스와 함께 가해자들의 사건 현장 재연 영상이 흘러나온다.

이내 찰랑, 문에 달린 종이 울린다. 피자집 안으로 들어서는 준호. 어딘가 통화 중이던 사장이 준호를 매섭게 노려본다.

사장 (전화기에 대고 연신 굽신)
네네, 그러믄요. 맞는 말씀이시고요.
네네, 제가 직원교육을 잘...
죄송합니다. 정말 드릴 말씀이 없습니다.
정말 죄송합니다!

그러거나 말거나 준호는 돈 통에 받은 돈을 넣고 전표를 꺼내 포스를 찍는다. 통화를 끊은 사장이 소리를 높이며 준호 쪽으로 다가온다.

사장 야, 이 새끼야! 너 배달 가서 무슨 짓을 한 거야? 어?!
준호 (무덤덤한 얼굴. 배달 유니폼을 벗으며) 아무 짓도 안 했는데요.
사장 이 개새끼 처음 싸가지 봤을 때 뽑지 말았어야 됐는데..
너 해고야, 내일부터 나오지 마.
준호 어차피 내일부터 못 나와요,
오늘까지 일한 거랑 밀린 월급 주세요.
사장 이 새끼가... 내가 담주에 정산해 준댔지? 너 땜에 지금...!
준호 지난주에도 담주라 그러셨어요.
사장 내가 떼 먹냐? (아?) 그래서 손님들 잔돈 쌔비고 다녔어?
(준호가 말없이 사장을 노려보는데)
말해 봐, 대답해봐. (쓰읍) 이래서 가정교육 못 받은 새끼들 쓰면 안 돼.
(슥 가게를 나가는 준호. 돌아서는데, 갑자기 오토바이 시동 걸리는 소리) !!

3. 피자집 / N

후다닥, 가게 앞으로 뛰어나오는 사장. 보면 준호가 오토바이 시동을 걸고 있다.

사장 (크게 당황) 뭐 하는 거야? 안 내려!
준호 월급 대신 받을게요.

4.오토바이 몽타주 / N

A. 도로를 질주하는 준호. 그 뒤를 쫓는 카메라. 오토바이가 한참을 가다 샛길로 빠진다.
B. 익스트림 롱샷으로 멀리서 보이는 준호. 도심의 네온사인들에서 점점 멀어진다.
C. 어두운 국도를 달리는 오토바이. 멀리, 멀리 대체 어디를 가는 건지...
D. 슬슬 해가 떠오르는 가운데... 옆으로 논밭이 보이는 시골 사이를 가로지른다.

OFF로 "야 이 도둑놈의 새끼야!" 들리는데...

5. 바이크 숍 / D

화면 바뀌면 바이크 숍 입구에서 담배를 피우며 전화를 받고 있는 준호가 보인다.

사장(OFF) 콩밥 처먹고 싶냐? 너 내가 바로 신고...
준호 맘대로 하세요. 저도 미성년자 고용이랑 수당 착취로 신고할 거니까.
사장(OFF) 뭐?
준호 전화 끊겠습니다. 늦었거든요. (끊는다.)
숍 직원(OFF) 말씀하신 것보단 상태가 괜찮네요? (준호, 고개 돌려 보면 피자집 오토바이를 확인 중인 바이크 숍 직원이 보인다.) 근데 도색도 다시 해야 하고... 한 5만 원만 깝시다. 현금으로 드릴...
준호 (현금을 꺼내려는 직원에게 핸드폰으로 뭔가를 쓰며 말하는) 통화 때 말씀드린 대로 입금해 주세요.
숍 직원(OFF) 아, 예. (머쓱)

준호가 쓰고 있는 문자 내용이 보인다.
'[동생] 계좌에 돈 조금 넣었다. 어차피 난 더 쓸 데 없으니까 엄마한테 걱정 말고 쓰라 그래. 나 없는 동안 아빠 술 못 먹게 하고.' 이때, 누군가의 그림자가 어깨에 맞은 비를 툭툭 털며 준호의 옆을 슥 스쳐 가게 내부로 들어간다.
"어서 오세요." 하는 직원에게 다짜고짜 "혹시 이 사람 본 적 있어요?" 하는 중년 남자의 목소리.

숍 직원 (살짝 당황해서 사진을 보고) 아뇨... 모르겠는데... 누, 누군데요?
남자(OFF) (계속 얼굴은 보이지 않는다.) 요 앞에서 탈영한 탈영병인데...
준호 (그 말에 슥 고개를 돌려 남자의 뒷모습을 본다. 낡은 정장 느낌)
남자(OFF) 혹시 보시면 연락주세요. (명함을 슥 내밀고 뒤 도는)
숍 직원 (자연스레 뭔가 살짝 주눅) 아, 예...

남자가 발길을 돌리자 준호는 자기도 모르게 몸을 돌려 시선을 피한다.
"이 새끼 이거 어디 있는 거야?"
중얼대며 준호를 스쳐 밖으로 나가는 그림자. 준호가 그 모습을 잠시 본다.

6. 훈련소 보충대, 강당 / D

군악대의 연주가 들린다. 강당에 들어서 있는 장병들과 그 가족들 등의 모습이 보인다.
연주가 끝나자 "찌이이잉" 확성기 노이즈 소리. 보충대 간부 하나가 강당 내부 단상 위에서 확성기를 "아, 아..." 두들기고 있고,

간부 (확성기로) 전체에 차렷! 뒤로 돌앗! (서로 반대 방향으로 도는 등, 아직은 엉망진창인 장정들) 부모님을 향하여 경렛!

장정 일동 (입도 안 맞고 동작도 안 맞고. 2층에 선 부모들에게) 추웅! 서엉!

누군가의 부모들은 울먹이고, 장난스럽게 '뻐큐'를 하는 누군가의 친구들도 보인다. 구석에서 핸드폰을 보고 있는 준호. 계속해서 전화가 울리는데 받지 않는 중이다. 발신자는 '엄마'.

준호 ... (잠시 생각하다 배터리를 분리해서 전원을 꺼버린다.)

"이상으로 입소식을 마치겠습니다. 우천 속 가족 여러분 모두 돌아가시는 길 편안하시길 바라며 부모님들은 모쪼록 자제분들 걱정은 마시고..." 등의 소리와 함께 기간병들은 이동을 위해 장정들을 줄 세우기 시작한다. 군악대도 다시금 다른 군가 연주를 시작하고,

기간병 (장정들에게) 1중대부터 들어갑니다. 모두 자신의 차례가 올 때까지 대기...

하는데, 돌아가던 가족들의 무리 중 젊은 여성 한 명이 뛰어나온다. "이재창! 나 고무신 거꾸로 안 신어! 그니까 제대하고 꽃신 신겨줘야 된다!?" 외치는. 그러자 준호 앞에 있던 장정 하나가 그 모습을 보고 망설이다, 울면서 무리에서 이탈한다. 그녀를 안는 장정. "사랑해! 백일만 기다려, 백일만!"을 외치고, 나머지 장정들이 '오오!' 하며 부러워하는데,

기간병(OFF) (중얼) 하, 저 씨발 새끼가...

준호만이 그 소리를 듣지만 별다른 내색은 않고, 힐끔 기간병을 바라본다. 기간병이 표정 없는 얼굴로 입꼬리만 올린 채 조소하는 게 보인다. 그러다 문득 준호와 눈이 마주치자 "뭐 하십니까? 움직이십쇼?"라 말하는 기간병.

7. 훈련소 보충대, 생활관 / D_ N

INS
'부모님께 보내는 장정 안심 소포' 박스. 안에는 모자와 신발, 지갑, 휴대폰 등이 들어있다.

* * *

박스를 앞에 둔 장정들로 빼곡히 들어차 있는 보충대 생활관. 준호와 좀 전 포옹했던 장정을 비롯 전원이 엎드려뻗쳐를

하고 있다. 모두 끙끙거리고, 그들 앞에 선 기간병이 입을 연다.

기간병 정신 차리십쇼.
이 가와사키들아. 보충대 입구를 통과한 순간부터 너희는 군인입니다. 근데 아직 싸제 마인드를 탑재하고 있으면 훌륭한 군인이 될 수 있겠습니까? 없겠습니까?
장정들 (일사불란하지 못하고 작게 여기저기) 죄송합니다... (웅성웅성)
기간병 있겠습니까? 없겠습니까아?!!
장정들 없습니다!!
포옹장정 (땀을 비 오듯 쏟는다.) 뒤지겠네, 진짜... (곧 혼절할 거 같다.)
준호 ... (슬쩍 보지만 그를 돕진 못한다.)
기간병 (그 말 듣고) 한 팔 다 들어, 오늘 싸제물 쪽쪽 다 빼 줄라니까.

8. 훈련소 보충대, 복도 / N

시작되는 음악과 함께... 차가운 콘크리트 복도 위. 이번엔 끝도 보이지 않게 길게 두 줄로 늘어서 있는 장정들. 몸에 맞지 않는 CS전투복(개구리)을 입고 차렷 자세로 서 있다.
(전투모는 아직 쓰지 않고 있는) 그 사이로 좀 전 강당에서 사람 좋은 얼굴로 부모들을 배웅하던 간부가 같은 표정으로 걸어오며 큰 목소리로 일장연설을 한다.

연설남 여러분은 지금부터 5주간, 정확히 5주간의 신병 교육을 거치고 자대에 배치된다. 그때까지 여러분은 군인이 아냐. 그럼 민간인이냐? 당연히 민간인도 아냐. 그럼 뭐야? 아무것도 아니고 그냥 훈련병이다. 어차피 대한민국 남자의 90%는 군대에 와. 생각이란 걸 하지 말고 훈련만 좆 빠지게 받으면 된다, 그 말이야. 알겠나? ("예..." 대답이 맘에 안 들고) 훈련병들 알겠나?!
장정들 예, 알겠습니다! (음악 계속 이어지며)

9. 훈련소 몽타주 / D_ N

A. 군가를 부르며 구보 중인 훈련병들. 한 명이 힘든지 멈춰서 헉헉대자 조교가 노려본다.
Cut to 전원 엎드려뻗쳐하고 있는 준호와 훈련병들.
B. 강당. 총검술을 배우고 있는 훈련병들. 한 명이 어리버리하다 결국 총을 놓친다.
Cut to 전원 엎드려뻗쳐하고 한 다리를 들고 있는 준호와 훈련병들.
C. 식판 밥이 보인다. 훈련병 한 명이

밥을 먹다 "누가 식탁에 팔 올리래?!" 불호령을 듣고.
Cut to 전원 원산폭격 자세를 취하고 있는 준호와 훈련병들.
D. 화생방실. 가스가 차오르자 참지 못하고 밖으로 도망치는 훈련병. 조교 고개를 절레절레.
Cut to 전원 주먹 쥐고 엎드려뻗쳐에 한 다리를 들고 있는 준호와 훈련병들.
E. 생활관. 모포의 각을 90도로 잡고 있다 "그게 각이 나옵니까?!" 소리를 듣고.
Cut to 전원 '하이바'에 원산폭격 자세를 취하고 있는 준호와 훈련병들.
(음악 잦아들며)

10. 훈련소 보충대, 생활관 / N

불 꺼진 생활관 안. 모두가 지친 얼굴로 누워 잠을 청하고 있는 가운데, 준호의 POV로 천장이 보인다. 준호 옆 포옹장정이 "그거 알아요?" 중얼대고.

포옹장정 (준호가 보면 그도 멍한 얼굴로 천장을 보고 있다.) 사람이 죽을 때 제일 많이 보는 게 천장이래요. (사이, 중얼) 여기서 2년을 어떻게 썩지?
(가만 듣고 있는 준호) ...저기요, 형, 우리 여기 왜 있는 걸까요?
준호 (기계적인 대답) ...국방의 의무?
포옹장정 (그제야 준호를 슥 보고) 오십 년 넘게 전쟁도 안 일어났는데?
(무심한 준호의 얼굴 위로 "빠빠 빠빠빠!" 기상 나팔소리 선행)

11. 훈련소 보충대, 복도 / D

이번에도 길게 두 줄로 늘어서 있는 장정들. 양손에는 자신들의 이름이 주기된 새 디지털 전투복을 들고 있다. 준호 또한 '안준호'라는 자기 이름을 보는. 그의 시선으로 또다시 간부가 큰 목소리로 일장연설 중이다.

연설남 이제 여러분은 얼마 지나지 않아, 자대에 가고, 진짜 군인이 된다. 그간 많이 좆같고 힘들었을 거야. 근데, 군 생활하면 계속 좆같고 힘들고 죽고 싶은 맘이 든다? 그럼 제발 제대하고 죽어라, 그 말이야. 것도 힘들다? 그럼 휴가 나가서 죽어. (힘줘서) 우리의 주적은! 어? 북한이지 니기미 니들 마음의 병이 아니란 말이다. 알겠냐?
훈련병들 (뭔 소린지 모르겠지만) 예, 알겠습니다!
연설남 이상. (프레임 아웃. 기간병이 프레임으로 들어선다.)

기간병 자, 훈련병 정신교육 다음 순서로 특기병 차출을 실시하도록 하겠다.

훈련병들 예, 알겠습니다!

기간병 본인이 동물관련학과를 나왔다 거수. (아무도 손을 들지 않는다.) 동물병원에서 일했었다 거수. (역시 아무도 안 드는) 동물원에서 일해 봤다.

훈련병1 알바도 됩니까?

기간병 어디서 했는데?

훈련병1 에버랜드 아쿠아 플래닛입니다.

기간병 그건 물고기잖아.

포옹장정 (손을 들고) 하니랜드에서 범퍼카 관리했는데, 동물도 좀 있었습니다.

기간병 무슨 동물?

포옹장정 ...토낍니다.

기간병 (고민하다가) 오케이. 너 군견병. (수첩에 메모한다. 주먹을 불끈 쥐고 좋아하는 포옹장정) 다음 키 175 이상 거수. (준호를 비롯 꽤 많은 이들이 손을 든다.) 전과자 내려. (한 명이 손을 내린다.) 문신 있는 인원 내려. (두 명이 손을 내린다.) 오다리 내려. (세 명이 내린다.) 남은 인원 앞으로.

준호를 비롯 서너 명이 앞으로 나오자 다가서서 무릎 사이에 손을 넣어보는 기간병. 한 명을 탈락시키자 남은 건 준호와 두어 명 뿐이다. 별 반응 없이 그저 받아들이는 준호.

기간병 니넨 헌병이야, 기억해. 다음, 본인이 요리를 잘한다... (하는데)

훈련병2 (방금 헌병으로 선발된) 저기... (사이) 허, 헌병은 힘든 거 아닙니까?

기간병 (대수롭지 않게) 어, 많이 맞을걸? (장정의 동공 지진. 그걸 보고 피식) 야 그럼 씨발 군대가 아람단이냐? 힘들지 재밌겠냐고. (음악 선행되며)

12. 오프닝 타이틀 시퀀스

안준호, 한호열, 박범구 등의 실루엣과 대한민국 국군에 대한 뉴스릴들이 몽타주돼 등장했다 사라지길 반복하는 오프닝 타이틀 시퀀스. 음악과 앵커들의 목소리가 계속 부딪친다.

배우, 스태프 등의 크레딧이 화면 아래쪽에 함께 흐르고 마지막에 떠오르는 타이틀 'D.P.'

13. 헌병대, 생활관 / D

INS
예쁘게 피어 있는 꽃들을 담은 사진 액자. 그 위로 자막 '꽃을 든 남자' 이내 사라지면,

*   *   *

빡! 우당탕 소리와 함께 생활관 (내무실) 침상으로 나가떨어지는 병사가 보인다.
조석봉 일병.
날라차기를 한 험악한 인상의 **황장수** 병장이 프레임에 얼굴을 비춘다.
"야 이 개 씨바랄 이등병들아." 험악한 욕을 퍼붓는 황장수와는 대조적으로 생활관 한쪽엔 깔깔이를 입은 말년 병장 서넛이 과자를 먹으며 TV에 나오는 여자 아이돌 그룹을 보고 있다.
"러비더비더비 오오오오! 러비더비더비 오오오오!" 따라 부르는 병장들. 이 기묘한 공간에는 각 잡고 앉아있는 준호의 모습도 보인다. 이병 계급장을 달고 있는 준호.
떠오르는 자막 '한 달 뒤' 곧 사라지고 다시 'D-602' 떴다가 사라진다.

황장수 (준호를 비롯 각 잡은 이등병들에게) 이 가와사키들이... 계속 싸제구만? 엉? (맞은 병사에게) 조썩뽕이, 기상.
조석봉 (떨어진 안경을 챙겨 일어나며 빠르게) 일병 조석보... (하는데 다시 차인다.)
황장수 랩 하냐?
조석봉 (아파할 새도 없다. 천천히 정확하게) 일병! 조! 석! 봉!
황장수 너 이 오타쿠 새끼야. 일병까지 달았으면 후임들 개념관리는 알아서 해야지?
조석봉 (통통한 덩치에 안경) 예, 그렇습니다. 죄송합... (하는데)
황장수 (기다렸다는 듯) 죄송하면 맞으셔야죠, 위치로.
조석봉 위치로! (후다닥, 조석봉이 생활관 구석 한쪽으로 움직인다.
바닥에 빨간색으로 '사랑의 매'라 마킹 된 위치에 가 서면... 머리 뒤 벽에 녹슨 나사못 하나가 튀어나와 있다.
닿을 듯 말 듯 위험한 위치다.)
황장수 하라는 관리는 안 하고 (손에 들고 있는 애니메이션 잡지 '뉴타입') 이딴 거나 숨어서 처 보고 있으니... 애새끼들이 기수표를 외우겠냐? 못 외우겠냐? (주먹으로 안면을 빡, 빡 때린다. 조금만 뒤로 밀리면 바로 뒤통수에 구멍이 날 듯 아찔하다.
간신히 버텨내는 석봉) 오... 씨발 그래도 대가리에 빵꾸 나긴 싫구만? (피식, 이번엔 준호에게 시비) 안준호.
준호 이병! 안! 준! 호!
황장수 선임이 처 맞는 걸 보면 많은 생각이 들지 않니? (툭) 10월 군번.
준호 1041기 황영두 일병님, 이효상 일병님입니다!
황장수 1038기.

준호 8월 군번 김일석 일병님! 박성빈... (하는데 휙! 얼굴로 날아드는 전투화)

퍽! 준호의 얼굴에 맞고 떨어진다.

황장수 (트집을 계속 잡아) 너는 씹새끼야, 걍 와꾸가 맘에 안 들어. 위치로.
준호 위치로. (사랑의 매 자리로 움직인다. 비키는 조석봉)
황장수 (다시 주먹으로 준호 안면을 빡, 빡) 좆같냐? 응? 좆같아? 들이박고 싶어?
준호 아닙니다. (석봉과는 다르게 미동도 없이 버텨낸다.)
황장수 아니긴 씨발새꺄! (준호 멱살을 쥐고 홱! 밀어버린다. 못에 뒤통수가 스치나 싶은데! 옆으로 몸을 돌려 피하며 나가떨어지는 준호. 예상했다는 듯 그대로 침상 위로 올라가 준호를 깔고 앉는) 야. (뺨을 치는)
준호 이병 안준호.
황장수 야. (다른 뺨을 친다.)
준호 이병 안준호.
황장수 (낄낄 웃고) 야. (이번엔 준호를 돼지코로 만드는)
준호 (화가 올라오지만 견딜 수 있다.) 이병. 안. 준. 호.
황장수 입 벌려. 로얄젤리. (코를 크음, 가래로 만들어 끌어모으는)

입을 안 벌리는 준호. 황장수가 그런 준호의 코를 잡고 강제로 입을 벌리려 한다.
바들바들 떨며 버텨내는 준호. 마찬가지로 황장수도 온 힘을 다해 준호의 입을 벌리려 한다. 피가 쏠려 부들거리면서도 낄낄대며 웃는 황장수. 지독하기도 하다. 그때, 방송이 나온다.

방송(OFF) 전파한다. 공오시부터 이등병 개별 면담을 실시한다. 다시 한번 전파한다. 공오시부터 이등병 개별 면담을 실시한다.
말년 (춤추며 황장수와 준호를 보고) 뭐 하냐? 인터폰 못 들었냐?
황장수 (더럽게 가래를 꿀꺽 삼키고 말년에게) 군탈 복귀했나 봅니다?
말년 (다시 시선은 TV에, 춤은 멈추지 않는다.) 범구 형, 또 누구 꿀 빨게 할라고.
황장수 (웃으며 준호의 볼을 툭툭 친다.) 담에 먹여 줄게? 응? (대꾸 않는 준호)

14. 헌병대, 계단 / D

INS
막사들이 다닥다닥 붙어있는 삭막한 부대의 전경. 구보 뛰는 병사들의 모습, 식사 준비 중인 취사병들의 모습, 담배

피우며 통화 중인 병사들의 모습 등이 스케치로 보여지고,

* * *

부감으로 보이는 계단. '헌병' 견장을 찬 전투복 차림의 병사들이 계단을 걸어 근무를 나서고 있고, 짧게 자른 스포츠머리의 이등병들이 계단에 줄지어서 면담을 기다리고 있는 풍경.
맨 뒤로 가서 합류하는 준호의 모습이 보인다. 그 위로 어떤 남자의 목소리 "다음." 들리고,

15. 헌병대, 수사과 / D

덜컥, 문을 열고 들어서는 준호. 텅 빈 수사과 사무실에 마치 화생방마냥 담배 연기가 자욱하다. 그 가운데에서 다시 또 찰칵, 새 담배에 지포 라이터로 불을 붙이는 양복 차림의 중년 남자. 보면 다름 아닌 준호와 바이크 숍에서 만났던 **박범구**다!

준호 (!... 분명히 기억나는데 그때와는 사뭇 다른 느낌)
박범구 (준호를 보지도 않고 수첩에 뭔가 메모하며) 뭐 하냐? 나 알아?
준호 아닙니다. 충성. (경례하고 후다닥 와서 앞에 앉는다.)
박범구 어. 군탈담당관 박범구야. 니가 마지막이지? (후우) 할 만하고?
준호 예, 그렇습니다.
박범구 지랄, 좆같으면서.
준호 아닙니다.
박범구 (바로 본론) 집안에 빨갱이 있냐?
준호 모르겠습니다.
박범구 학교 친구 중에 운동권은?
준호 대학 안 다닙니다.
박범구 (그러다 문득 준호의 손을 보면, 상처와 굳은살이 도드라져 보인다.)
운동은 니가 했나 보네. 권투?
준호 ...아닙니다, 이제 안 합니다.
박범구 (말 사이가 뜬 걸 느끼지만 넘어간다. 그제야 처음으로 준호를 보고)
너 근데 어린 새끼 눈빛이 왜 그러냐? (준호가 말이 없자 갑자기) 내 양말 무슨 색깔이야?
준호 (음? 반사적으로) 회색 체크무늬입니다?
박범구 (요것 봐라?) 서 봐.

준호가 벌떡 일어서는데, 위잉, 진동 소리. 박범구의 핸드폰이 울린다.

박범구 (문자를 확인하곤 얼굴이 굳어 담배를 비벼 끈다.) 잠깐 있어. (자리를 뜨는)
준호 ? (무슨 일 있나?)

16. 헌병대, 헌병대장방 / D

INS
복도. 수사과에서 나와 가까운
'헌병대장실' 문 앞으로 부리나케
걸어가는 박범구. 노크한다.
* * *

"들어와." 소리에 박범구가 들어가 보면 펠리컨을 닮은 헌병대장 **천용덕**이 화초들의 가지를 치고 있다. 충성 경례하는 박범구.

천용덕 어, 박중사.
박범구 (굳은 얼굴로) 대장님, 저 그 진급...
천용덕 (부드럽게 자르며) 안 그래도 부르려 했는데, 진급 심사 결과 말이야.
(싹둑싹둑 가지를 자르며) 이번에 좀 안타깝게 됐어, 그치?
박범구 제가 부족함이 없진 않지만, 저희 실적이 그렇게 후달리는 것도 아니...
천용덕 알지, 알아. 자기 실력이야 뭐 상사 깜냥 정도겠어? 원사에 준위보다 낫지.
박범구 근데... (왜?)
천용덕 (제일 꼿꼿하게 서 있는 가지를 싹둑) 이거 왜 이렇게 모났어?
(화초 정리를 마치고 책장에서 시바스 리갈을 한 병 집는다.) 사단급에서 정리한 인사라... 나도 뭐 어쩔 수가 없었네? (사이) 일로 와 앉아.

티 나지 않게 코로 한숨을 쉬는 박범구. 천용덕이 반합(군용 식기)에 위스키를 콸콸 따른다.

천용덕 (능구렁이처럼 웃으며) 군인이. 응? 너무 서운해 말고. 이 대장이 다음엔 꼭 챙길 테니까... 위로 누가 오지도 않을 거야, 알겠어? (반합을 내미는)
박범구 ...예, 알겠습니다. (반합을 받아든다. 사이. 원샷으로 들이키는)

17. 헌병대, 수사과 / D_ N

박범구가 사라지자 그의 자리 뒤, 창들 너머로 넓은 연병장이 보인다. 해 지는 하늘 아래 구보 중이거나 축구를 하고 있는 부대원들. 더 멀리는 초소에서 근무 중인 인원들과 그 앞, 부대의 담과 철조망도 준호의 시야에 들어온다.

준호 ... (특유의 무슨 생각인지 모르겠는 얼굴. 그때 누군가 말을 건다.)
OFF 왜? 탈영하고 싶냐?

준호 반사적으로 소리 난 쪽을 보면, 길게 기른 머리에 사복을 입은 준호 또래의 남자가 공간에 들어와 있다. 디피조 상병 **박성우**다.

준호 아닙니다.
박성우 탈영해, 그럼 내가 잡아 올라니까. (공간을 살피며) 범구 형 어디 갔나?
준호 잠시 자리 비우셨습니다.
박성우 근데 경례 안 하냐?
준호 (그제야) 충성!
박성우 (박범구 자리에 앉으며 웃고) 누군지 알고 경례해, 너 나 알아?
준호 박성우 상병님이십니다.
박성우 이열, 잘 아네. (사이) 나 부대에 잘 없어서 짬찐데?
준호 아닙니다!
박성우 (주머니에서 말보로 라이트를 하나 꺼내 무는) 나 뭐 하는 사람인데?
준호 (박성우 손에 쥔 핸드폰을 살짝 보고) 디피시지 말입니다.
박성우 (불을 붙이며) 디피가 뭔데? 머리 기르고 부대 밖 나다니는 새끼들?
준호 ...탈영병 잡는 군탈 체포조라고 알고 있습니다. 형사 비슷한...
박성우 (자르며) 그거 말고 새꺄, 디피가 뭔 뜻이냐고.
준호 죄송합니다. 잘 모르겠습니다.
박성우 (계속 장난치는) 응, 나도 몰라. 걍 다 디피조, 디피조 부르는데 아무도 뜻은 몰라. 박범구도 모를걸? 안 웃기냐?
준호 (하나도 웃지 않고) 예, 웃깁니다.
박성우 암튼 탈영할 거면 하루라도 빨리해. 요즘 탈영병이 없어서 밖엘 못 나간다.
아주 자지가 근질근질해. (손을 바지에 넣고 북북 긁는다.) 오키?
준호 (은근히 기분 나쁜 박성우의 태도) ...예, 알겠습니다.
박성우 (갑자기 버럭 지르는) 알기는! 개새끼가! 탈영하겠다고!?
준호 죄송합니다!
박성우 (바로 표정을 풀며) 장난이야, 장난. (말보로 하나를 준호의 귀에 꽂아준다.) 간만에 싸제 한 대 빨고. (문쪽으로 발걸음을 옮기며) 수고하세요.

박성우가 나가고, 준호가 귀에 걸쳐진 말보로를 집어 뚝 꺾어 버린다. 그러다 그의 시선에 박범구가 두고 간 수첩이 들어온다. 흐릿한 사진 한 장('구타정황 O'라는 포스트잇이 붙어있는)과 낙서 같은 메모가 보인다. 사진은 CCTV로 보이는 앵글에 네온사인 가득한 시내.
그 가운데 짧은 머리의 정장 차림 남자가 장미꽃을 가득 들고 어디론가 걷고 있다. 그 옆 메모 내용은 '애인 만나러? 소개팅? 돈 떨어진 6개월 장기 탈영이? 남중남고공대, 파악된 여친 X' 등등...

잠시 가만 들여다보는 준호의 표정.

준호 ...? (잠시간 그걸 보고 있는데)

Cut to
벌컥, 문을 여는 박범구의 손. 창밖은 완연한 밤이 됐는데 준호는 아직 그 자리에 서 있다.

박범구 (술기운이 좀 올랐지만 취하진 않았다.) 너 안 갔냐?
준호 (수첩을 들고 있다 흠칫 놀라 내려놓고, 경례) ...잠깐 있으라셔서...
박범구 (중얼) 곰탱이야? 여우 새끼야? (안쪽으로 걸어 들어오며) 가 봐.
준호 예, 알겠습니다. (잠시 머뭇거리다.)
저, 근데... 탈영병들은 신분증도 못 쓰는 거 아닙니까?
박범구 (갑자기 뭔 소리야?) 뭐? (다시 준호를 본다.)
준호 (툭) 룸살롱... 웨이터 같은 걸 수도 있지 않습니까? 애인 줄 게 아니면...
박범구 (계속 뭐라는 거야? 싶다가 문득 두고 갔던 수첩을 슥 본다. 상황 피악 한)
준호 (조심스레) 꽃 심부름시키는 손님들이 있습니다. 취해서 아가씨들 주려고.
(말을 잇는) 룸살롱은 아무나 일할 수 있고... 신불자부터 가출한 고등학...
박범구 (차갑고 단호하게) 이런 정신 나간 새낄 봤나. (눈이 휘둥그레진 준호에게) 누가 니 맘대로 보고 지껄이래?
준호 아... 죄송합니다.
박범구 (싸늘) 안 나가?

침을 꼴깍 삼킨 준호가 경례하고 면담실을 빠져나간다. 화난 얼굴로 수첩을 집어 드는 박범구. 잠시의 사이. 문득 수첩을 펼쳐 CCTV 사진을 유심히 본다. 사이. 전화를 꺼낸다.

박범구 (통화) 어 난데, 경찰에 공문 좀 넣어, 서초동에 유흥주점들 좀 살펴달라고.

18. 헌병대, 영창 / N

반지하. 감옥과 크게 다르지 않게 생긴 군 영창. 철창 안엔 군 범죄를 저지른 수련생(죄수에 가까운 모습)들이 보인다. 철창마다 폭행, 추행, 폭언 등의 죄목들이 붙어있고, 각자 침낭을 하나씩 덮고 잠들어 있는데, 카메라가 그들을 스쳐 영창 입구로 가보면 헌병 견장을 찬 준호가 계단으로 내려오고 있다. 앞 번 근무자인 조석봉과 근무 교대하는 준호.

준호 이병 안준호, 영창근무 나왔습니다.

조석봉 (부러진 안경을 고치고 있던 중, 나긋나긋하게) 아, 준호쿤.

준호 고생하셨습니다. 어서 들어가시지 말입니다.

조석봉 그래야지. (안경을 쓰고 문득) 안 힘들어?

준호 괜찮습니다. 저희 땜에 조석봉 일병님이 더 힘드시지 말입니다.

조석봉 (갑자기 진지하게) 아픔 없는 교훈엔 의미가 없지.

준호 잘 못 들었습니다?

조석봉 닌겐은 희생 없이 암 것도 얻을 수 없으니까. (사이)
내가 좋아하는 애니메이션 대사야.
나중에 우린 애들한테 잘해 주자.

준호 (아 이 사람 오타쿠였지) ...예, 알겠습니다.

조석봉 (일어서며) 아, 저 끝에 미결수 자는 척 딸딸이 친다. 못 치게 해줘.

준호 예, 알겠습니다. 충성.

조석봉이 충성 대신 "요시!" 말하곤 문을 잠그고 나간다. 준호가 오갈 수 있는 길에만 백열등이 켜져 있고, 그 외에는 어둠이 그득한 영창... 헌데 준호는 뭔가 생활관에서보다 편해 보이는 표정이다. 수련생 하나가 조용히 준호에게 말을 건넨다.

수련생 아저씨... 죄송한데 먹을 거 좀 주시면 안 돼요? 배가 너무 고파서...

철창 앞에 선 준호가 익숙하게 품에서 초코파이를 하나 꺼내 건넨다.

수련생 (받아서 게걸스레 뜯어먹는) 고맙습니다, 고맙습니다.

준호 주무세요.

그리곤 이번엔 책을 한 권 꺼내는 준호. 무라카미 하루키의 '상실의 시대'다. 읽으려던 참, 바스락 소리가 난다. 보지도 않고 경봉으로 철창을 탕탕! 두드리는 준호. '성추행'이라 죄목이 적혀있는 철창 안. 침낭을 뒤집어쓰고 움직이던 미결수가 움찔, 동작을 멈춘다.

준호 조용히 주무십니다.

다시 책을 보기 시작하는데 또다시 부스럭 소리가 들린다.
하아... 하고 자리에서 일어나는 준호.
끝에 철창 쪽으로 다가가는데,

준호 (살짝 짜증) 아저씨. (하고 시선을 들어 철창 안을 보는데) ...!

뭔가를 보고 놀라 굳어버리는 준호.
준호의 시선에 영창 안에 쓰러진 **준호 모**와 그녀를 때리고 발로 차는 **준호 부**가 보인다. 둘 다 뒷모습이다.

준호 ...엄마? (준호 모가 쿵, 바닥에 쓰러진다.)
준호 모 (비현실적인 장면. 발로 짓밟히면서도 목소리는 무덤덤) 응, 밥은 먹었고?

준호의 튀어나올 것 같은 눈. 철창 문을 따고 들어가려고 열쇠 더미를 꺼내는데! 다급히 맞는 열쇠를 찾으려다 바닥에 툭! 흘리고 만다. 당황한 준호가 열쇠를 집으려 몸을 숙이는데...

준호 모(OFF) 준호야.
준호 ... (충혈된 눈으로 서서히 고개를 들어 다시 철창 안을 본다.)
준호 모 (뒷모습의 준호 부가 무거운 동상마냥 계속 준호 모 목을 꾸욱 밟는다.) 왜 안 도와주고 보고만 있어. (기괴하게 고갤 돌려 싱긋) 빨리 니 아빠 좀 죽여줘.

19. 헌병대, 연병장 / D

INS
귀에 익숙한 "빠빠 빠빠빠!" 소리와 함께 잠에서 깨는 준호. 담담한 얼굴로 눈을 뜬다.
*　　*　　*

"충성, 충성!" 외치는 수많은 부대원들이 생활관 건물 밖으로 뛰쳐나와 연병장으로 모여든다.

Cut to
전투복을 입은 당직 사관이 앞에서 아침 점호를 시작하는...

당직 사관 헌병신조.
부대원 전원 헌병신조! 우리는 자랑스럽고 영원한 헌병의 빛나는 전통을 위하여!
하나! 우리 헌병은 명예를 존중하고 불의를 배격한다!
조석봉 둘! 우리 헌병은 솔선하여 맡은 바 책임을 완수한다!
준호 (악을 쓰며) 셋! 우리 헌병은 군의 봉사자로 장병의 권익을 보호한다!
황장수 (하는 둥 마는 둥) 넷, 우리 헌병은 친절한 자세로 대민봉사에 앞장선다.
당직 사관 금일 점호의 조국기도문 낭독은 특별히 헌병대장님 훈시 말씀으로 대신한다.

천용덕이 단상으로 올라온다. "전 부대원들 무더위에 고생들이 많다. 그래도 우리 대한민국 국군은 늘 전시와 테러에 대비해 불철주야 훈련을 게을리하면 안 되고..." 교장 선생님 훈화처럼 얘기하는데, 황장수는 준호와 눈이 마주치자 입 모양으로 로, 얄, 젤, 리를 빵긋거린다.

20. 헌병대, 생활관 / D

다시금 뻑! 소리와 함께 맞고 날아가는 조석봉. 어제와 똑같은 상황의 반복이다. 또다시 후임들을 구타하는 황장수가 보이고,

황장수 (영화 '올드보이'를 흉내 내며) 누구냐 넌? (긴장한 채 대기 중인 일, 이병들도 어제와 똑같다.) 이정수 병장님 로션을 가져간 넌 대체 누구냔 말이다.
말년 (여기도 어제와 똑같이 TV 속 아이돌들을 보는 중. 얼굴에 팩을 붙인 상태) 아니 어찌 된 게 부대에 도둑 새끼들만 사냐, 응? 로션 거 얼마나 한다고.
황장수 정무원.
이병1 이병! 정무원! 안 가져갔습니다!
황장수 이세준.
일병1 일병! 이세준! 안 가져갔습니다!
황장수 오타쿠.
조석봉 일병! 조석봉! 안 가져갔습니다!
황장수 아, 이 개새끼들이... 그럼 로션이 발이라도 달렸냐? (다음 안준호를 부르려다 말고) 아... 야. 다 관물대(개인 사물함) 까.

준호를 비롯한 일동 벌떡 일어나 자신의 관물대 물품들을 후다닥 까서 침상 위에 늘어놓는다. 조석봉 앞에 선 황장수.

황장수 (조석봉의 물건들을 살피다가) 없네?
조석봉 예, 그렇습니다.
황장수 없으면? (얼굴을 들이밀고) 없으면 군 생활 끝나나?
조석봉 아닙니다! (바로 황장수의 발에 걷어차인다, 퍽!)

침상 위 물건들과 함께 또다시 나뒹구는 조석봉. 황장수가 다음으로 준호의 앞으로 가 선다. 단출한 물건들. 보급품 말고는 웬 편지들만이 가득하다.

황장수 (편지 하나를 집어 들고) 오... 안준호? 러브레터?
준호 어머니가 보내신 편집니다.
황장수 (수북한 편지들을 가리키며) 이거 전부?
준호 예, 그렇습니다.
황장수 근데 왜 하나도 안 뜯었냐? (사이. 준호가 말을 안 하자) 이 새끼 존나 불효자네. (하나를 뜯는다.)

사뭇 즐거운 표정으로 준호의 편지를 읽기 시작하는 황장수.
준호는 주먹이 불끈 쥐어지지만 참아낸다.

황장수 준호야, 날이 많이 추워졌는데

너는 잘 지내고 있는지 걱정이구나. 엄마만 따뜻한 방 안에 있는 것이 너무 미안할 따름이다. 밥은 잘 먹고 있지? 네가 군대에 가고 없는데도 엄마는 그 사실을 깜빡하고 내 밥을 차리기도 한단다. (사이) 내 밥? 네 밥? 야 이거 맞춤법 어이 아니냐? (이죽거리는. 준호의 눈빛이 매서워진다.) 암튼, 엄마는 새로 출근하는 곳에서 월급이 오만 원이나 올랐단다. 그 돈으로 수진이랑 한 달에 두 번 치킨 파티도 해. (픕) 우리 준호도 치킨 좋아하는데. 곧 휴가 나오면 엄마가 먹고 싶은 것들 다 먹을 수 있게 열심히 돈을 모아 놓고 있으마. 몸 건강하고. 사랑하는. 엄마가.
(감탄) 와... 대박 존나 찡한데? 월급 오만 원 올랐대. 뭐야? 너 거지야?
준호 ... (곧 사고 칠 거 같은 표정) 아닙니다.
황장수 (준호가 엉기길 기대하는 얼굴) 그럼, 거지 새끼냐?
준호 ...그만하시지 말입니다.
황장수 뭐?

싸늘해지는 생활관 분위기. 상상도 못 한 말대꾸다. 어이없다 못해 자기가 잘 못 들었니 귀를 파보는 황상수.

황장수 (조석봉에게) 야, 총기함 따. 내가 오늘 이 새끼 쏴 버리고 탈영할라니까. (조석봉이 진짜 따야 하나 눈치를 보자) 따라고 이 개새끼야아아!! (하는데)

덜컥, 생활관 문 열리는 소리와 함께 박범구가 등장한다.

박범구 총기함 따는 김에 영창 문도 따고 들어가. 잡으러 가기 번거로우니까.
(당황하며 충성! 경례하는 생활관 일동) 애새끼들이 심심하면 나가 풀이나 뽑든가. (사이. 옆에 '사랑의 매' 녹슨 못이 눈에 들어온다.) 이건 또 뭐야?
황장수 (?!) 아, 그... (하는데 박범구가 주머니에서 지포라이터를 꺼내 툭, 툭 때리자 손쉽게 바닥에 떨어지는데) ...!
박범구 (대수롭지 않게) 새끼들아 이런 건 좀 알아서들 치워라. 그리고 안준호.
준호 이병, 안 준 호.
박범구 넌 나 좀 보자.

21. 헌병대, 흡연공간 / D

전화 부스 옆 흡연공간. 박범구가 자판기에서 커피를 뽑는다.

박범구 (담배를 문 채 준호에게 내밀며) 나 뭐 하는 사람인지 알지?
준호 (커피를 받고) 감사합니다. 예, 그렇습니다.
박범구 뭐 하는 사람인데?
준호 군탈담당관님이십니다.
박범구 그게 뭔데?
준호 탈영병 잡는... 형사... 반장 같은 거 아닙니까?
박범구 (고개를 젓고) 아냐 아냐, 노가다 십장 같은 거야.
준호 (이해가 쉽다.) 아...

22. 헌병대, 막사 옆 / D

활동복을 입고 제초 작업 중인 황장수와 부대원들. (둘이 세트로 보이는 **김일석** 일병과 **이효상** 일병이 황장수 옆에 딱 붙어 있다.) 멀리 박범구와 준호가 대화 중인 게 보인다.

이효상 (못마땅한) 뭡니까, 저 새끼. 군탈이랑 뭔 얘기하지 말임다?
김일석 몰라, 디피 바꿀라 그러나.
이효상 (잡초를 뽑다 말고) 디피도 바뀝니까?
황장수 (둘의 귀때기를 잡으며) 야 일이호, 씨발들아. 얘기할 시간에 풀 뽑아. 머리카락 다 뽑아버리기 전에. (하면서도 은근 신경 쓰이는 준호와 박범구)

23. 헌병대, 흡연공간 / D

커피를 마시다 툭 본론을 말하는 박범구.

박범구 단도직입적으로다가, 어제 니 말 맞더라. 걔 웨이터였어.
준호 아... 그렇습니까?
박범구 (툭) 디피 할래?
준호 (음?) 잘 못 들었습니다?
박범구 잘 들었잖아, 새꺄. 싫어?
준호 아... 아닙니다.
박범구 지금 디피 조장 애가 몸이 맛탱이가 가서 군 병원에 누워있거든. 근데 탈영병 위치가 떴으니 바로 출동을 해야겠지?
(담배 케이스를 열어보면 쌍대가 남아있다.) 디피는 2인 1조로 움직여야 하니 티오가 하나 난 거고.
(그중 한 대를 준호에게 내밀고 한 대를 본인 입으로 가져간다. 준호가 가만 듣고 있자) 이해됐냐?
준호 예, 그렇습니다.
박범구 할래, 말래?
준호 (잠시 갈등하는데) 해... 보겠습니다.
박범구 (말을 바로 자르며) 한다, 안 한다지 해본다는 없어.

그러다 문득 멀리 황장수와 눈이 마주치는 준호. 옅은 콧숨을 쉰다. 흐음.

준호 하겠습니다. (담배를 받는데)
박범구 굿. (종이컵을 구기며) 그리고 시꺄, 담배는 두 손으로 받아라.

잘게 쪼갠 비트의 드럼 소리 선행되며,

24. 헌병대, 생활관 / D

툭, 몇 년은 묵은 거 같은 국방색 더플백을 하나 던져주는 박범구.

박범구 옷 갈아입고 나와. (생활관 밖으로 나간다.)

준호, 받아서 꺼내보면 축구팀 로고가 새겨진 짝퉁 트레이닝복이다.
옆에는 준호를 슥, 보는 박성우가 서 있고,

박성우 (신기하게 보는) 너 뭔 빽 있냐?
준호 이병 안준호, 없습니다.
박성우 그럼 범구 형 똥꼬라도 빨았냐?
준호 아닙니다.
박성우 거, 씨발 거. 운수 대통했네. (피식)

이번엔 더플백에서 MLB 야구모자를 하나 꺼내는 준호. 먼지가 가득인데 툭툭 털어서 쓴다.

25. 헌병대, 당직대 / D

당직병 앞에서 출동 보고를 하는 박성우와 준호. 당직병은 다른 소대인 **류이강** 상병이다.

박성우 상병 박성우 외 일명...
류이강 (짝 찢어진 눈에 가슴엔 '군종병' 마크. 말을 자르며 준호에게) 넌 뭐냐?
박성우 한호열 상병 대탑니다.
류이강 군탈이 호열이 잘랐냐? 거 씨발 것 존나 매정하네.

그때, 빵빵 차 클랙슨 소리 들리고,
보면 박범구가 당직대 앞에 승용차를 탄 채로 소리 지르고 있다.

박범구 빨, 빨 튀어나와라!
류이강 (박범구를 보고 씩 웃으며) 충성.
박성우 상병 박성우 외 일명 활동 다녀오겠습니다.
류이강 (고개를 돌려 미소를 지우곤 애들에게) 어, 꿀 잘 빨고 와라.
박성우, 준호 충성!

26. 박범구 승용차 안 / D

사복이 어색한지 여기저기 만져보는 준호. 멀어지는 위병소가 보인다.

박범구 (그 모습을 백미러로 보고) 안준호.
준호 이병, 안 준 호.
박범구 좋냐?
준호 아닙니다.
박범구 애 데려만 오면 돼, 어려울 거 없어.
준호 예, 알겠습니다.
박범구 성우.
박성우 상병 박성우.
박범구 ('장기 탈영' 적힌 봉투 하나를 내밀며) 탈영한 신우석이 신상. 군가 못 외웠다고 구타당한 정황 있고. ('못 외웠다' 얘기에 힐끗 보는 준호 표정 스치고)
박성우 (문득 반색) 접속한 포털 IP가 강남 모텔이던데 말입니다?
박범구 (의심 반, 걱정 반) 그래, 니 새끼들 헛짓거리 하기 딱 좋은 강남이지.
(사이) 신우석 일하는 룸살롱서 숙소로 쓰는 모텔이야. 접속한 IP 중에 그 모텔이 나온 거고. 짱 박혀 있는 거 같으니 가면 바로 확인하고 잡아.
박성우 예, 알겠습니다.
박범구 (어리바리 어안이 벙벙한 준호에게) 넌 대답 안 하냐?
준호 예, 알겠습니다!
박범구 이거 또 눈이 뒤진 놈 마냥. (혀를 차고 핸드폰을 준호에게 내민다.) 다녀와.
준호 (핸드폰을 보자 긴장 반 설렘 반. 카메라가 타이트하게 핸드폰을 잡고)
박성우 (준호 맘을 안다.) 빨리 받아, 인마. (준호 폰을 받는다. 잦아드는 음악)

27. 강남 고속버스터미널 / N

음악 끊어지며, 화면 전환되며 승용차가 버스로 바뀐다. 삐이이익! 버스 문 열리는 소리 들리고, 준호와 박성우가 버스에서 내린다. 박범구가 준 '탈영병 신상'이란 포스트잇이 붙어있는 서류 봉투. 준호가 열어보려는데... 박성우가 먼저 쩌억 하품을 하며 봉투를 탁! 낚아챈다.

박성우 (앞서 걸어가며) 밥부터 먹자, 밥부터.
준호 (!) 바로 모텔 가야 하는 거 아닙니까?
박성우 돌았냐? 조빠지게 서울까지 와서 바로 내려갈라고?
준호 아니, 그래도...
박성우 야 야, 걱정하지 마. 하늘 아래

걔 찾는 거 우리밖에 없으니까.
준호 그러다 도망가면...
박성우 (자르며) 그럼 더 땡큐지. 또 나와서 잡으면 되니까, 천천히. (어깨동무하며) 스벅 가서 아메리카노부터 한잔 빨자고.
준호 (찝찝한 표정이지만 어쩔 수 없다.)

28. 강남, 평양냉면집 / N

호로록, 면발을 흡입하며 "이거지." 중얼대는 박성우.

박성우 먹어, 비싼 거야.
준호 예, 알겠습니다. (깨작깨작 먹는데 종업원이 다가와 수육도 한 접시 주는)
박성우 (단골인지) 아고, 아주머니 뭐 이런 걸 다!
종업원 별것도 아닌데, 먹고 싶은 거 있음 더 얘기하고. 아버님한테 안부 좀 전해줘.
박성우 그럼요, 그럼요. 감사! (묘하게 거만한 태도) 저희 카스도 하나만.
종업원 어, 어. (주방에 외치는) 3번에 맥주 히니! (프레임 아웃 한다.)
박성우 (준호가 그 모습을 멍하니 보고 있자) 왜? 얼굴에 뭐 묻었냐?
준호 (고개를 절레절레) 아닙니다.
박성우 이 새끼 생각보다 부적응자네? 괜찮아, 새꺄. 씨발, 적당히 마시고, 적당히 놀고, 적당히 잡으면 되지. (새로 온 맥주와 원래 있던 소주로 익숙하게 폭탄주를 만들어 내미는) 마셔.
준호 (잠시 고민하는데)
박성우 (살짝 정색하며) 마시라고.

결국 마지못해 받아 마시는 준호. 에라 모르겠다, 벌컥벌컥 원샷 한다.
그제야 만족스러운 표정이 되는 박성우.
준호는 간만에 술을 마셔서인지 눈을 끔뻑끔뻑 하는데... 이때, 박성우의 핸드폰이 울린다.

박성우 (통화한다.) 어, 애들 좀 모았냐? 아 씨발, 자지 근질거려 뒤지겠다고! 쫌!!

29. 강남, 가라오케 / N

시끌벅적한 가라오케의 룸. 술을 마시는 중인 박성우와 그의 친구들이 보인다.
노래방 기계와 여자 지인들도 여럿 보인다.
샴페인이 담겨있는 아이스 버킷...
술 파티다. 준호는 구석에서 살짝 취해 간신히 앉아있고, 그의 눈에 수갑(탈영병 검거용)을 찬 채 박성우에게 "이거 이렇게

차는 거야?" 장난치고 있는 여자도 보인다.

박성우 지랄... (크큭 건배를 제안하는) 적셔!! (환호하며 건배하는 친구들)
수갑 여자 (준호 옆으로 와서 수갑을 계속 만지작대며) 근데 탈영하는 애들은 왜 그런 거예요? 관심 병산가? 뭐 그런 거예요? 좀 정상 아니고?
준호 (점점 술기운이 오르는) 저도 잘... 모르겠습니다.
수갑 여자 (피식 웃고) 것도 모르면 걔들은 어떻게 잡아요?
박성우 야, 야. 걔 좀 챙겨 줘, 오늘 첫 활동 나왔어. 입양 온 내 아들내미.
성우 친구1 오 뭐 승진 같은 거 한 거야?
박성우 승진은 으이그... 니네가 군대를 아냐?
성우 친구2 븅신, 지도 아빠 빽 써서 그거 시켜준 거면서. 뭐? 디피? 디스플레이?
박성우 (만취) 지랄 검은 머리 외국인 새끼가. 야, 준호야. 봐 봐라. (친구들을 가리키며) 이 새끼는 면제고, 저 새끼는 아빠 회사에서 방위산업체 다니고, 얘는 뭐더라...? 너 뭐냐?
성우 친구3 사문서 위조.
박성우 맞다, 매형이 의사라 병신이라고 구라 치고 군대 쨌지. 내가 존나 억울하겠냐, 안 하겠냐? (사이) 우리 꼰대는 구청장 한 번 더 해 먹어야 한다고, 한다고! 그래서 내가 국방의 의무를 존나 성실히 수행하고 있는 중이다, 이 말이야.
수갑 여자 (중얼) 아 존나 지겨워. 구린 얘기 좀 그만해.
박성우 뭐 씨발! (분위기 갑자기 무거워지나 싶다가 씩 웃고) 미안. (풀리는 분위기) 자, 싸이 함 가즈아! ('강남스타일'을 선곡, 전주가 나올 때 마이크에 대고) 준호야, 가서 컨디션 좀 사와. (지갑에서 지폐를 꺼내 내민다.)

30. 강남, 빌딩 앞 / N

우웩, 소리와 함께 빌딩 처마 밑에서 구토 중인 준호. 밖에는 소나기가 내리고 있고, 풀린 눈... 손으로 입을 닦은 준호가 박범구에게 받은 핸드폰을 꺼내 잠시 생각한다. 익숙한 번호를 하나 누르곤 통화버튼을 누를까... 하다 누르는데... 신호가 간다... 바로 누군가 받는.

OFF (준호 모의 목소리) 여보세요? (사이) ...여보세요? 준호니?

당황해 바로 뚝, 끊어버리는 준호. 하아,

옅은 숨을 내쉬고 핸드폰을 도로 주머니에 넣는다. 담배를 물고 불을 붙이는 준호. 갑갑한 듯 모자도 벗자 짧게 자른 스포츠머리가 드러난다.

OFF (프레임 밖에서 누군가 준호에게 말을 건다.) 저기 아저씨.
준호 (소리 난 쪽을 쳐다보면 후드를 쓴 채 비닐봉투를 들고 있는 젊은 남자다.)
후드 (비에 젖은 라이터를 보여주며) 죄송한데 불 좀...
준호 (들고 있던 '듀오 가라오케'라 적힌 라이터를 내민다.) 가지세요, 또 있어요.
후드 ...고맙습니다. (불을 붙인다.)

말없이 비를 피하며 담배를 태우는 두 남자. 후드는 담배를 잘 못 피우는지 콜록거린다.

후드 (준호 머리를 보고 툭) 휴가 나오셨나 봐요?
준호 (고개를 끄덕인다.) 네, 뭐...
후드 그렇구나... (웃고) 재밌게 보내고 들어가세요. (고개를 꾸벅, 발길을 돌리려)

취한 상데에서도 뭔가 기시감에 그를 보는 준호. 이때, 준호의 전화가 울린다. 박성우다. 받자마자 "새꺄 컨디션 만들어 오냐? 빨리빨리 안 튀어 와?", "예." 하자 끊기는 전화. 취한 준호가 눈이 풀린 상태로 피식, 히죽 "개새끼가... 씨" 중얼댄다. 이내, 다시 후드 쪽으로 시선을 돌려보면 그는 사라지고 없다.

31. 강남, 가라오케 / N

다시 가라오케. 박성우가 아이스 버킷을 비우고 샴페인을 가득 따른다.

박성우 (준호에게 버킷을 들이밀며 마이크로) 준호야, 디! 피! 더티플레이가 된 걸 환영한드아!! (외치고 음악을 켠다. '말달리자')

준호도 정신을 놓은 건지 전주가 나오는 동안 원샷으로 버킷을 비우고, 박성우는 흡족한 표정이다. 이내 마이크를 붙잡고 "말 달리자아!! 말 달리자아!!"를 미친 듯이 부르는 준호. 음악이 고조되며 고속으로 흐르는 화면. 점차 더 뜨거워지는 분위기. 붓고 마시고 춤추는 젊은이들이 보이는 가운데... 음악이 최고점까지 끓어오르다 툭, 끊어진다.

32. 강남, PC방 안 / D

위잉 위잉. 핸드폰 진동 소리 계속되다

끊기면 엎드려 자고 있는 준호의 모습이 보이고... 옆에 있던 사람이 준호의 어깨를 두드려 깨운다.

PC방 손님 저기요, 저기요. (준호가 간신히 깨자) 아까부터 전화 계속 울리던데...
준호 (그제야 정신을 차리고) ... (고개를 꾸벅, 핸드폰을 집어 본다.)

보면 '군탈담당관님- 부재중 전화 28통'. 그제야 화들짝 놀라 콜 백을 하는 준호.

준호 충성, 이병 안준...
박범구(OFF) (버럭) 야, 이 개새끼들아!! 니네 지금 어디야?!
준호 (?!) 아, 그 위치 뜬 모텔 근처...
박범구(OFF) 신우석 자살했어, 모텔방에서 번개탄 피웠대.

...!! ...준호의 손이 바들바들 떨린다. 뒤늦게 머리맡에 있던 (박범구가 준) 포스트잇 봉투를 열어보는데, 열자마자 보이는 탈영병 '신우석 이병'의 신상명세와 사진. 그는 다름 아닌 준호가 마주쳤던 후드다.

INS (Fantasy)
준호에게 고맙다 인사하던 후드의 모습.

*　　　*　　　*

준호, 그 상태로 굳어버린다. 멍한 얼굴로 변한다. 그 위로 차분하면서도 처연한 음악과 함께 박범구의 목소리 들린다.

박범구(OFF) (가라앉은 목소리) ...어디 있었냐고, 너.

33. 과거 모텔, 후드 자살 몽타주 / N

A. 비를 맞으며 모텔방으로 들어서는 후드. 핸드폰이 울리자 반사적으로 받는다.

후드 여보세요?
OFF (거친 남자 목소리) 야 이 애미애비 뒤진 새꺄! 몇 신데 아직도 안 나와? 존나 수상한 새끼 갈 데 없대서 받아줬드만...!

거친 욕설에도 초연한 표정의 후드. 담담하게 전화를 끊는다. 사회도, 군대도 갈 곳이 없다...

B. '박찬호 실장' 명찰이 붙어있는 싸구려 정장이 모텔 벽에 걸려있다. 찍, 찍 뭔가를 찢는 소리 먼저 들리고... 보면 후드가 망설임 없이 청테이프를 뜯어 창문 틈을 막고 있다.

C. 그다음으로 비닐봉지에서 꺼낸 것은 번개탄이다.
잠시 번개탄을 만지작거리는 손. 곧이어 접시 위에 번개탄을 올려 둔다.

박범구(OFF) 건물에 불까지 붙어 소방차 출동하고 난리였는데... 니 새끼들은...

D. 그리고 주머니에서 꺼내는 것은 준호가 준 라이터다. '듀오 가라오케'
잠시 후드의 뒤를 가만 바라보는 픽스 된 카메라. 창밖으론 화려한 네온사인이 번쩍거리고... 점점 거세지는 빗방울 소리. 이내, 후드가 어깨를 떨며 울기 시작한다.

34. 국군 서울병원, 복도 / D

INS
앙각. 포커스 아웃 된 후드의 OS로 넋이 나간 얼굴의 앳된 여자가 프레임 인 한다. 대학교 과 잠바를 입고 있는 여자. "네, 맞아요. 동생." 말하곤 다시 고개를 돌려 프레임 아웃 한다.

* * *

여자와 박범구가 복도로 나온다. 밖에서 차마 들어가지 못하고 있던 후드의 엄마, 아빠에게 다가간 여자가 고갤 끄덕인다. 그러자 후드의 엄마는 다리에 힘이 풀려 주저앉고 아빠는 부축한다. 여자는 "우리 우석이 어떻게 해..." 오열하기 시작... 맞은편 복도 끝엔 준호와 박성우가 당도해 있다. 다가가지 못하고 서 있는 둘. 박성우는 "아 씨발 좆 됐네" 중얼거리고... 오열하던 여자의 반쯤 풀린 시선이 준호와 마주친다. 박범구도 준호와 박성우를 발견한다.

35. 국군 서울병원, 건물 뒤 / D

한숨을 내쉬는 박범구. 담배를 물려다 그냥 뚝, 꺾어 버린다. 앞에는 열중쉬어 자세의 준호와 박성우가 보이고.

박범구 말해 봐, 애 죽을 동안 어디서 뭐 했냐? (말이 없자) 대답 안 해?
박성우 정말로 잠복했는데 말입니다.
박범구 근데?
박성우 (술술 거짓말) 그게 잠깐 탐문 갔다 피곤해서...
박범구 바로 잡음 되는 건데 탐문을 갔다? 나보고 그 말을 믿으라고?
박성우 (우물쭈물) 예, 그렇습니다.
박범구 안준호.
준호 이병 안 준 호.
박범구 니가 말해 봐, 사실이야?

준호 ...

박범구 말 안 해?

박성우 (끼어들며) 아, 얘가 좀 충격을 먹은 거 같습니다. 아까부터 말도 안...

박범구 잘 들어. 니네가 안 도와줘서 쟤 죽은 거야. (화를 머금은 얼굴. 준호에게 증거품 비닐 팩을 들이민다.) 니네가 그냥 보고만 있어서 저렇게 된 거라고.

준호의 시선에 들어오는 건 청테이프 쪼가리와 남은 번개탄, 그리고 준호가 건넸던 라이터다. 검게 그을린 라이터의 형체...

박범구 (박성우가 비닐 팩을 받으면) 알아서들 복귀해라, 씹새끼들아. (자리를 뜨는)

박성우 ...예, 알겠습니다. 충성.

준호는 뭔가 머리가 띵한 듯. 라이터에만 시선이 꽂혀있다. 박범구가 사라지자마자 짝다리를 짚으며 말보로를 꺼내 무는 박성우.

박성우 돕기는 뭘 도와, 씨발. 재수가 없을라니까... 야, (준호에게) 너무 신경 쓰지 마, 똥 밟았다 치고... (그 말에 처음으로 라이터에서 박성우의 얼굴로 시선을 옮기는 준호) 그딴 새끼는 군대엘 오지 말았어야 돼. 좆같은 국방부. 어디 정신병자들까지 다 때려 받으니까 도망치고 자살하고 저 지랄 나지. 안 그냐? (준호는 넋이 나간 얼굴) 이 새끼 씨발 표정이 왜 그래? (살짝 오싹하지만 웃고) 야, 그리고 어제 일은 비밀이다. 서로 피곤해지니까. 알겠지?

준호 (답은 않고 가만 보는데 눈시울이 붉어지고 있는) ...

박성우 (준호의 태도에 슬 겁이 나는데 억지로 센 척) 아 근데 진짜 이 씨발이 눈깔에 힘 안 빼냐?

준호 (작게 중얼) 사람이 죽었잖아...

박성우 뭐? (손을 쳐들며) 이 새끼가 돌았...! (하는데)

건조한 직부감으로 카메라가 얼굴 비추면, 준호의 번개 같은 원투 잽이 먼저 박성우의 안면을 강타한다. 그 위로 The Rolling Stones의 'As Tears Go By' 서정적인 전주가 흘러나오기 시작하고...

퍼퍽! 박성우의 코피가 터지고, "씨발!" 그가 주먹을 뻗기 전에 준호가 카운터를 때리자 박성우가 뒤로 자빠지며 건물 뒷문이 무너진다. 와장창 깨지는 유리창. 카메라가 쓰러지는 박성우와 그 위로 올라타는 준호를 옆에서 쫓으며 90도로 기울어지고... 준호가 이성을 잃고 박성우에게 미친놈처럼 주먹을 날린다.

준호 (퍽퍽 주먹을 날리며,

그렁그렁한 눈. 곧 눈물이 쏟아질 거 같다.) 사람이 죽었다고 씨발, 사람이..! (하는데)

얼굴이 피떡이 돼서 터져나가는 박성우. 반복해서 옆으로 돌아가는 얼굴이 순간, 준호 자신의 얼굴로 겹쳐 보인다. 무표정하게 터져나가는 준호의 얼굴... 퍽퍽, 소리에 주위에 있던 병원 기간병들과 가던 박범구까지 뛰어와 준호를 뜯어말리기 시작한다! 하지만 폭주기관차 같은 준호는 성인 남자 네다섯이 붙어도 막을 수 없다.

박범구 야, 안준호 뭐 하는 거야?! 놔 이 새끼야! 안준호!!

준호 (이미 박성우는 기절했지만 타격을 멈추지 않는) 개새끼야, 사람이 씨발... 사람이...

계속 이어지는 음악 속, 주먹에서 피가 흘러도 개의치 않는 준호의 눈빛...

1화 끝

디.피. 2화

일장춘몽

D.P. Part 2

Daydream

시놉시스
: 2화 일장춘몽

탈영병의 죽음으로 헌병대가 발칵 뒤집힐 줄 알았건만, 의외로 조용히 넘어가는 모양새다. 그는 자살했고, 과잉진압도 없었다. 미안은 할지언정 군은 어떤 책임도 없다.
선임을 폭행해 영창에 들어가 있는 준호에게 박범구가 다가온다.
맞은 놈도 구린 게 있으니 분해도 할 말은 없다. 처음이니 이 정도에서 끝낸다.
담부턴 죽이지 마라, 너도 죽지 말고.

준호를 꺼내주는 박범구.
내무실로 돌아온 준호는 하극상을 했다는 꼬리표까지 더해져 더욱 극심한 괴롭힘을 당한다.
그때, 내무실로 반 거지꼴의 남자가 들어온다. 좌중을 정리하며 준호에게 잘했다 말하는 남자. 상병 한호열이다. 호열은 준호의 새로운 신임이자 군단 선체 검거율 1위의 유능한 D.P.
호열과 준호는 박범구의 지시를 받고, 새로운 탈영병을 검거하기 위해 부대 밖으로 나선다.

D.P 일이 어떤 건지 하나씩 가르쳐주는 호열. 부대 안에서 백업이 되어주는 속보병 허기영도 등장하고.
이제야 제대로 된 D.P 업무의 시작이다.

탈영병의 이름은 최준목. 아무 개성이 없어 도토리묵이란 별명을 가진 이 시대의 극히 평범한 청년이다. 코를 심하게 골아 구타를 당했고, 방독면을 쓰고 취침하다 탈영했다.
D.P들이 탈영병의 부모와 친구, 애인 등을 만나 샅샅이 수사하기 시작한다. 형사도, 탐정도 아닌 D.P들의 수사란 기실 맨땅에 헤딩에 가깝지만, 호열의 센스와 준호의 끈기로 마침내 최준목을 검거하는데 성공한다.

왜 탈영했냐 묻는 D.P들에게 "단지 잠을 자고 싶어서..."라고 답하는 최준목.
그에게 준호가 애인의 전화라며 핸드폰을 내민다.
최준목이 화색이 되어 전화를 받는데, 이내 당황하며 눈물을 흘린다.
"엄마..." 중얼대는 탈영병.

1. 국군 병원, 샤워실 / D

옷을 벗거나 군 환자복을 걸쳐 입은 병사들이 거대한 샤워실에 모여 담배를 피우고 있다.
왜인지 샤워기까지 켜 놓고 담배를 피우는 병사들. 휠체어에 깁스에... 각양각색의 환자들이다.
한 놈은 나무젓가락으로 담배를 피우고, 옆 놈의 입에 가져다주기도 한다.
그러다 벌컥! 문 열리는 소리가 들리자 전원 담배를 비벼 끄고 샤워하는 척 물을 맞는데...

OFF (자욱한 담배 연기를 보며 능청스레) 너굴아, 너구리 어디 있니?

보면 환자복을 입은 누군가의 뒤통수. 긴 머리다.

깁스 환자 아, 깜짝아. 씨... 간호장교 줄 알았네.
샴푸남 (샤워 바구니를 들고 콧노래를 흥얼대며 들어서는 뒷모습) 그런다고 냄새가 안 나겠느냐들? 걸림 다 자대 복귀 거 알지? (샴푸를 잔뜩 끼얹어 머리를 감는다.) 해병 아저씨 목욕 타올 좀.
팔걸이 환자 (해병 돌격 머리를 하고 있다. 목욕 수건을 내밀며) 아, 뭐 자기는 안 피우는 것처럼...?
샴푸남 (답은 않고 머리를 감으며) 군의관이 오늘 일제 검사 한다던데에...
(다들 망했다 하는 얼굴이 되는데) 내 꺼 샤워 바구니 봐 봐.

그 말에 다들 바구니 안을 보면 거기 다름 아닌 페브리즈가 보인다. 일동 "오오..." 감탄.

샴푸남 한 번 뿌리는데 피엑스에서 냉동 천 원어치. 콜? (일동 콜, 코올...! 외치고)

거품 잔뜩 낸 머리 아래 입만 슥 웃는 게 보이는 남자.
다들 칙칙 페브리즈를 뿌리며 "역시, 헌병은 달라..." 난리가 났는데.
순간 다시 샤워실 문이 벌컥! 열리더니 군병원 기간병 하나가 들어선다.

군병원 기간병 (일동 잠시 당황하지만 그들은 개의치 않고 샴푸남에게) 한호열 아저씨. (샤워기 소리 때문에 안 들리나...) 한호열 아저씨!
샴푸남 (그제야 샤워기를 끄고) 예?
군병원 기간병 짐 싸세요. 군의관님이 나가시랍니다.
샴푸남 나 집에 가요? 벌써?
군병원 기간병 (아유 정말) 사지 멀쩡하다고 부대 복귀하시래요.

샴푸남 (찝) 아, 내 마음의 상처는 몰라주시고 참...

고개를 돌려 드디어 카메라에 보이는 샴푸남, 아니 **호열**의 얼굴. 개구쟁이 같은 느낌이다.

호열 (머리를 긁적이다가 기간병에게) 아저씨, 얘들 다 담배 폈어요.

2. 오프닝 타이틀 시퀀스

안준호, 한호열, 박범구 등의 실루엣과 대한민국 국군에 대한 뉴스릴들이 몽타주돼 등장했다 사라지길 반복하는 오프닝 타이틀 시퀀스. 음악과 앵커들의 목소리가 계속 부딪친다.
배우, 스태프 등의 크레딧이 화면 아래쪽에 함께 흐르고 마지막에 떠오르는 타이틀 'D.P.'

3. 헌병대, 위병소 / D

INS
노을 아래로 군인들을 수송하는 육공 트럭을 멀리서 담고 있는 카메라. 움직이는 트럭 쪽으로 점점 다가간다. 트럭 뒤에 줄지어 앉아있는 군복 차림 병사들의 뒷모습. 시끄러운 소음과 함께 흔들리는 트럭... 점점 심하게 흔들리다, Cut to Black 자막 '일장춘몽' 떠올랐다 사라지고, 다시 'D-599' 떴다가 사라진다.

*　　*　　*

자동차 소음과 오버랩되며 빠르게 달리는 검은 세단이 보인다. 차량을 멀리서 보고 눈을 찡그리며 일단 정지를 시키려는 위병 근무자, (황장수와 같이 있던) 이효상이다. 그가 "정지, 정지." 외치곤 암구호(일일암호)를 물어보려 하는데, 멈춰선 자동차. 차 문이 지잉 열리며 선글라스를 낀 젊은 남자가 모습을 드러낸다. 꽤나 미색인 얼굴. **임지섭** 대위다.

임지섭 새로 온 보좌관 임지섭 대위다, 문 열어.
이효상 충성. 예 알겠습니다. (급히 문을 열려는)
임지섭 야.
이효상 예?
임지섭 예? 예? 너 헌병 아니니?
이효상 예, 맞습니다.
임지섭 내가 보좌관인지 간첩인지 어떻게 알아? 확인 안 해?
이효상 죄송합니다.
임지섭 (툭) 분대장한테 보고 해, 다음 휴간 없을 거야.
이효상 (사색이 돼서) 죄송합니다!!

임지섭 (차가운 얼굴) 문 안 여나?

4. 헌병대, 연병장 / D

알통구보(상의를 탈의하고 뜀박질하는) 중인 황장수와 김일석(황장수와 같이 있던 또 다른 인원)을 비롯 부대원들이 보인다. 그 앞으로 쏜살같이 지나가는 세단.

황장수 (잠시 숨을 헉헉 내쉬고. 처음 보는 차다.) 차 쌈박하네.
김일석 (하악 하악) 저기 아닙니까? 중수단서 대장보좌 새로 온다던데...
황장수 중수단? (그게 뭔데?)
김일석 육군 중앙수사단 말입니다.
황장수 그래서 그게 뭐냐고?
김일석 (막상 설명하려니) 아, 그 중앙을 수사하는... 아니, 수사하는 중앙의...
황장수 (아효) 니 대갈통부터 수사해보고 싶다.

5. 헌병대, 보좌관 방 / D

INS
뚜벅뚜벅 빠르게 복도를 걸어가는 박범구의 발.
*   *   *
벌컥 문을 열고 들어서면 교도담당관, 수사관, 수사계장 등이 도열해 서 있다. 박범구가 뒤늦게 당도한 것. 그리고 그 사이에 천용덕이 앉아있다.
박범구의 맞은편엔 임지섭과 그가 들고 온 단출한 짐도 보이고...

천용덕 어, 박 중사 왔어? (박범구가 경례하자 임지섭을 소개한다.) 여기는 새 보좌관 임지섭 대위, (임지섭에게) 여긴 군탈담당관 박범구 중사. 인사들 해.
임지섭 (웃으며) 안녕하십니까. (손을 내밀어 악수를 청한다.)
박범구 (내 위로 아무도 안 온다더니?) 네, (손을 잡고) 잘 부탁드리겠습니다.
천용덕 (능구렁이처럼 웃고) 나 없는 게 얘기하기 편하지? 실무자들끼리. (일어서며) 박 중사가 우리 부대 실세니까 이것저것 잘 챙겨주고. (임지섭 어깨를 툭툭 치곤 모두에게) 아, 우리 전 장병 특급 전사 만들기는 어떻게 되고 있어?
박범구 진행 중에 있습니다. 소대원 하나가 구보 중에 쓰러져 차근차근...
천용덕 너무 무리하진 말고. 산악 구보 정도만 추가로 해 보자고. (다들 머뭇) 응?

"예, 알겠습니다!" 답하는 일동. 천용덕이 실실 웃으며 나가자 모두 경례로 배웅한다.

임지섭 저희 대장님, 병사들 많이 아끼시네요? (자연스레 천용덕이 앉았던 자리에 앉는) 이게 수사과 인원 전부죠?

수사계장 네.

임지섭 (존대지만 고압적인 말투) 병사들은요?

수사관 속보병은 속보실에 있고, 디피조 하나는 내무실에 있습니다.

임지섭 하나는 내무실이란 얘기는 나머지 하난 내무실이 아니란 말이네요?

수사관 아, 그게...

임지섭 (다들 우물쭈물하는 걸 느끼고, 툭) 수사관.

수사관 네.

임지섭 나랑 지금 스무고개 합니까?

수사관 (일동 긴장) 아닙니다.

임지섭 (위병소에서의 차가운 표정이 나오며) 상관이 물었으면 자초지종을 일목요연하게 정리해서 대답해야죠. (다 알고) 최근에 뭐 불미스런 일 있었다던데?

박범구 (나서며) ...하나는 활동 중에 고참을 때려서 영창에 있습니다.

임지섭 (시선을 박범구에게 옮긴다.) ...왜가 빠졌네요?

6. 헌병대, 영창 / D

영창에 들어가 앉아있는 준호. 다른 수련생들과는 달리 영창 문 앞 죄목엔 아무것도 쓰여 있지 않다. 이름도 적혀 있지 않다. 준호의 다 까진 주먹이 프레임에 담긴다.
얼굴 표정은 뭔가 다 초탈한 듯한 기분. 근무를 서던 류이강이 준호에게 다가온다.

류이강 니가 박성우 얼굴 아작냈다며? (웃고) 잘했다, 그 새끼 디피라고 깝죽대던 거 꼴 뵈기 싫었는데. (준호는 말이 없다.) 근데 그래도 선임을 개새끼. (쯧)

준호 ...

그때, 조석봉이 근무복을 입고 영창으로 들어온다. 류이강과 근무 교대하는 조석봉.

류이강 어, 오타쿠.

조석봉 (경례) 충성, 고생하셨습니다.

류이강 (문득 조석봉의 팔을 주물럭) 새끼 이거 은근 통뼈야? 운동 같은 거 했냐?

조석봉 중학교 때 유도했었습니다.

류이강 오, 도장에서 여자애들 가슴 막 만지면서? (조석봉 가슴을 주물주물)

조석봉 아닙니다.

류이강 거 씨발 것, 살 좀 빼라. 앙? 수고. (나간다.)

조석봉 예, 알겠습니다. (류이강이 나가자 준호에게 오는) 밥 계속 안 먹는다며? (준호는 말이 없는데, 툭) 간바떼, 준호쿤.

준호 (음? 고개를 들어보면)

조석봉 (그 둥글둥글한 얼굴로 진지한 표정을 지은 채 초코파이를 내밀고 있다. 진지하게) 오마에와 오레노 나카마다요.

준호 아... (이 와중에도 어떻게 반응해야지 싶은데)

조석봉 (웃으며) 받아 빨리. (떠밀듯이 주고)

준호 (일단) 감사합... (하는데 프레임 아웃 해서 자리로 가는 조석봉. 준호가 잠시 초코파이를 들고 있다. 조석봉이 그린 귀여운 그림도 포스트잇에 붙어있는)

7. 헌병대, 보좌관 방 / D

모두 나가고 박범구와 임지섭만이 남아 커피를 마시는 중이다.

임지섭 그니까, 니피가, 잡으라는 탈영병은 안 잡고, 가라오케에서 술을 마셨는데, 그 사이 탈영한 애는 죽었고... 것도 모자라 후임이 선임을 줘 팼다?

박범구 (굳은 얼굴) 예, 그렇습니다.

임지섭 (흐음...) 일단 걔 보직 해제부터 시키세요.

박범구 (편치 않다.) ...예, 영창에서 퇴창 하는 대로 해임...

임지섭 (응?) 아니, 아니. 후임 말고 선임.

박범구 예? (아무리 그래도) 근데 그 선임 애는...

임지섭 (이미 알고 있다.) 뭐요? 사단에서 빽으로 꽂은 애라서? (사이) 박성우 아빠, 구청장 임기 담달로 끝나요.

박범구 (뭐 그런 것까지 이미 다 알고 있어?)

임지섭 안 시끄럽게 덮고 가시죠. (커피잔을 놓고) 디피는 실적만 신경 써 주세요. 부대평가 기간 아닙니까. (씨익 웃는)

박범구 (만만치 않은 놈이네) 예, 알겠습니다. 그럼. (일어나 경례하려는데)

임지섭 아, 앞으로는 다이렉트로 저한테 보고하시면 돼요.

박범구 (가만 보다가) 예. (걸음을 옮기려다 다시 보고) 안준호는 어떡할까요?

임지섭 (음?) 누구요?

8. 헌병대, 영창 / D

끼익, 영창 열리는 소리와 함께 준호가 있는 철창 안으로 들어서는 박범구. 고개를 푹 숙이고 있던 준호의 시선으로 박범구의 구두와 정장 바지가 들어온다.

박범구 지구라도 멸망했냐? (준호가 대답 없이 고개를 든다. 눈에 초코파이가 들어온다.) 그 와중에 배는 고팠나 보구만? (뭐라 중얼거리는 준호 목소리) 뭐?
준호 죄송합니다.
박범구 뭐가 죄송한데?
준호 ...데려오라 그러셨는데... 못 데려와서요.
박범구 (툭) 그래서?
준호 예?
박범구 그래서, 죄송해서, 어쩔 거냐고? (준호의 멍한 표정) ...너 계속 디피 해라.
준호 (...! 이내 가만 박범구를 보다가) ...네. (박범구도 더 이상 말없이 발걸음을 돌리려는데) 근데 신우석... (탈영병 이름에 박범구가 멈칫)
군대 안 왔으면 탈영할 일도 없지 않았을까요...?
박범구 군대에 안 왔으면...? (뒤를 돌아보고) 의미가 있냐?

9. 헌병대, 생활관 / N

준호가 관물대 앞에 서서 활동복으로 환복을 하고 있다.
카메라 빠져보면, 누워서 과자를 먹으며 그런 준호를 아니 꼽게 보고 있는 황장수.

황장수 (한 손으로 새우깡을 준호에게 툭툭 던진다.) 아주 말세다, 말세야. 고참 팬 새끼가 떡하니 디피가 되고. 저 새끼 무슨 빽이지? (사이) 솔직히 말해 봐, 범구 형 빨아줬지? (이번엔 새우깡으로 머리를 맞춘다.) 응? 아님 함 대 줬냐?
준호 (옷을 다 갈아입고 돌아 황장수를 무표정하게 보는데) ...
황장수 오... 씨발년 존나 무섭네? 봐라, 저 대가리에 개념이란 게 없는 눈빛.
(피식) 아, 진짜 군대 어떻게 돌아가는 거냐? (시비를 걸러 움직이려는데)

순간, 문이 벌컥! 열리고 더벅머리에 수염까지 듬성듬성 난 거지꼴의 남자가 군복을 대충 걸친 채 더플백을 들고 들어온다. 흡사 예비군에 가까운 몰골. 군병원 샤워실에 모습을 보였던 한호열이다.

호열 (하품하며) 어떻게 돌아가긴요우, 잘만 돌아가지요우.
일동 (갑작스러운 호열의 등장에 일동 누구지? 싶은 얼굴로 당황)
호열 뭐야? 나 투명인간이야? (장난스럽게 손바닥을 휘저으며) 안 보여?
이효상 (우물쭈물하는 이등병들 사이에서 튀어나오며 호열의 더플백을 받아준다.) 한호열 상병 오셨습니까? (이등병들에게) 이 새끼들아, 원래 디피조장 한호열 상병이시다.
준호 (...!)

그제야 "충성!" 경례하는 일동. 호열은 대충 경례를 받는 사이.
왠지 적개심 가득한 황장수의 눈빛. 일단 가만두고 본다.

김일석 한호열 상병 아픈 건 다 나으신 겁니까?
호열 아니, 숨이 턱턱 막혀. (과장된 몸짓. 사이) 곧 뒤지지 않을까 싶은데... 박성우 잘렸다고 다시 활동 나가라니... 어쩌겠냐, 까라면 까야지.
황장수 (툭) 군병원에서 꿀 빨다 이제 싸제 나가 꿀 빨라고?
호열 그러게 말입니나. 개꿀 같은 제 인생? (황장수 앞으로 와 새우깡을 먹는) 근데 황뱀 곧 말년 아닙니까? 집에 갈 양반이 왜 계속 실세놀이를 하심까?

둘의 묘한 신경전에 생활관 전체가 싸해지는데...

황장수 와, 이 민간인 아저씨가... 고참이 아주 좆으로 보이지?
호열 몰랐습니까? 말년도 민간인이라 고참 대접 없지 말입니다.
황장수 하, 디피년들 아주 난리네?
호열 부러우면 황뱀도 디피 하시지 그러셨습니까?
황장수 한마디만 더하면 아가리 찢는다?
호열 (입만 웃는다.) 얘들아, 가서 면도칼 들고 와라. 오늘 쪼커 함 돼 볼란다.

지지 않는 호열과 황장수의 일촉즉발.
이때, 생활관으로 진짜 말년이 들어온다.

말년 (대변을 보고 온 듯 두루마리 휴지를 든 채) 둘이 쇼미더머니 하세요? (둘에게 눈치를 주며) 진짜 민간인 드라마 볼라니까 내 밑으로 다 셧더퍽업해.

말년은 리모컨을 집어 TV를 켜고, 자연스레 소강상태가 된 호열과 황장수. 황장수는 이를 갈지만 참으며 자리로 돌아간다.

호열 (새우깡을 우물거리다가 준호를 보고 씨익 웃는) 니가 안준호야? 내 아들?

10. 헌병대, 수사과 / N

봉지 라면의 주둥이를 막아 고정한 젓가락을 열자 김이 모락모락 새어 나온다. 일명 '뽀글이'를 하나씩 들고 있는 준호와 호열.

호열 봐라, 이거. 뜨거운 물에 라면의 지방이 녹고 그 지방이 라면 봉투를 녹여 환경 호르몬이 나오는 거야... 몸에도 엄청 안 좋지. 근데 이거. (슥 준호를 보고) 맛있다. 맛있어서 몸에 안 좋다는 걸 알면서도 안 먹을 수가 없다.
어쩌면 환경 호르몬이라 맛있는 건 아닐까? (먹으며) 니 생각은 어떠냐?
준호 잘 모르겠습니다.
호열 (툭) 니가 성우 날린 거라며.
(준호가 뽀글이를 먹으려다 멈칫한다.)
호열 잘했어. (사이) 형이 몸이 좀 아팠거든? 갑자기 막 호흡곤란 오고. 그래서 의무대에 갔는데 이게 원인을 알 수가 없대. 군병원 가도 이 새끼들도 모른대? 근데 싸제병원은 또 못 가게 해, 개새끼들. 어쩔 수 없이 입원 기간만 길어지고 그새 성우 새끼가 조장이 된 거지. 술 먹고 노는 것밖에 관심 없는 새끼가 조장이니 디피가 돌아가겠니? 응?
준호 (맞장구는 쳐줘야겠고) 예, 맞습니다.
호열 암튼, 형은 스타일이 완전 다르니까 아들은 나한테 잘 배우면 돼.
준호 예, 알겠습니다.
호열 (국물을 들이키며) 그리고, 내무실 애들하고 자꾸 시비 붙지 마. 우린 우리 일만 잘하면 돼, 탈영병 잡는 거. (준호가 고개를 끄덕이자) 앞으론 웬만하면 내무실 말고 여기서 대기하고. 졸아도 여기서 졸고. 뭘 처먹어도 여기서 처먹어.
준호 예, 알겠습니다.

그러다 갑자기 안쪽 어둠 속에서 박범구의 목소리가 들린다.

박범구(OFF) 디피야.
호열 상병 한호열.
준호 (으응? 벌떡 일어서며) 이병 안준호.
박범구 (어둠 속에서 고개를 빼꼼 내밀며) 다 먹었으면 그만 짱박히고 일해야지?
준호, 호열 예, 알겠습니다!

11. 인천역 / N

(고속으로 보이는) 스크린 도어가 설치돼 있지 않은 지상철 플랫폼. 누군가의 발이 난간에 걸쳐져 있다. 화면 빠져보면, 군복을 입고 이어폰을 끼고 있는 누군가의 뒷모습.

박범구(OFF) 이름은 최준목. 나간 지 두 달 됐어. 부대에서 가혹 행위 있었던 거 같은데, 뭔진 아직 몰라.

"열차가 들어오고 있습니다." 방송에도 꼿꼿이 서서 물러서지 않는 군복. 고개를 숙이고 있는 모습이 곧이라도 선로에 몸을 던질 거 같은 느낌... 열차의 헤드라이트가 보이기 시작하자 진동으로 플랫폼이 덜덜 떨린다.

박범구(OFF) 마지막으로 발견된 건 인천역 플랫폼.

그럼에도 결연한 듯 군복남의 뒷모습은 움직이지 않는데...! 예상대로 그가 몸을 앞으로 숙이며 선로로 몸을 내던지려 한다. 동시에 역무원이 그의 어깨를 확 잡아채 구해내는데! 얼굴을 보인 군복남, **최준목**이 당황스러운 얼굴로 역무원의 팔을 뿌리치고 프레임에서 뛰쳐나간다.

박범구(OFF) 선로로 뛰려는 걸 역무원이 구했다고 증언했다.

12. 헌병대, 수사과 (속보실) / D

서류들을 들추며 준호, 호열에게 브리핑 중인 박범구. 호열, 준호가 눈빛을 빛내며 최준목의 사진을 보는 중. 회상에 나왔듯, 안경을 쓴 지극히 평범한 인상이다.

준호 ... (또 자살 시도...)
호열 (흐음) 두 달이면 접속 기록도 안 잡히지 말입니다.
박범구 어머님이 접속 안 잡히면 못 잡는다 그러시디?
호열 (씩) 그거랑은 별개고 말입니다.
박범구 역무원 쪽은 더 나올 거 없는 거 같으니까, 단계별로 시작해. 나는 최준목이 부대에 떡밥 있었는지 알아볼 거고. (방 한쪽 구석을 보고) 기영아. (부르자)

갑자기 구석에 있는 작은 쪽방(속보실)에서 안경을 낀 **허기영** 일병이 얼굴을 내민다.

허기영 (좁은 속보실에 앉아 한가득 쌓인 서류들을 타이핑하던 중) 일병 허기영.
박범구 (준호를 가리키며) 얘 영장 좀 챙겨줘. (준호에게 턱짓) 가 받아와.
준호 (일어나 허기영에게 다가간다.)

허기영 (시선은 모니터에 고정한 채) 두 번째 캐비닛, 위에서 셋째 줄.
준호 (허기영 얘기대로 캐비닛 문을 열어 영장을 찾는다.) 감사합니다.
허기영 (계속 타이핑하며) 감사하면 빅맥.
준호 잘 못 들었습니다?
허기영 (그제야 타이핑을 멈추고 준호를 본다.) 감사하면 복귀할 때 빅맥 하나 사 오라고. 베이컨 추가해서.
준호 (으음) ...예, 알겠습니다. 충성. (그 모습을 보고 피식 웃는 호열)
호열 (박범구에게) 활동 다녀오겠습니다. (준호도 뒤따라 방을 나서려는데)
박범구 (담배를 물며 툭) 어이, 안준호.
준호 이병 안준호.
박범구 니네 나가는 거 당연한 거 아냐. 안에 애들 뺑이 칠 때 놀러 가는 거 아니라고. (불 붙이며) ...앞으론 죽이지 마라. 니네도 뒤지지 말고.

쳐다보지도 않고 덤덤히 말하는 박범구를 보는 준호. 준호가 충성! 경례하고 밖으로 나선다.

13. 헌병대, 위병소 / N

INS
아이레벨로 땅바닥이 보인다. 위병소 정문 경계선과 그 앞에 선 준호의 발.
*   *   *

잠시 그 경계를 보고 얼빵하게 서 있는 준호. 한 걸음만 내디디면 밖이다.
호열이 "뭐 하냐? 멍 때리냐?" 말하자 "아닙니다!" 말하는 준호의 발이 경계를 넘는다. 음악 시작되며,

14. 부대 인근, PC방 앞 / D

시골 촌구석의 PC방으로 들어서는 준호와 호열.

준호 (정신을 챙기고) 전철역부터 갑니까? 다시 자살 시도 하면...
호열 너는 급똥 싸다 끊기면 바로 나오냐?
준호 (음?) 잘 못 들었습니다?
호열 다시 맘의 준비를 하겠지. 그사이 우린 추적의 기본부터, 차근차근.

15. 부대 인근, PC방 / D

컴퓨터 앞에 앉아있는 호열과 준호. 호열이 준호가 들고 있는 감청 영장을 보고 툭 묻는다.

호열 그걸 어따 쓰는 걸까?
준호 잘 모르겠습니다.
호열 (인터넷 브라우저를 연다.) 뭐 사람마다 쓰는 방법이 다르겠지마안... 보통은 게임 회사나 포털 사이트에 보내서 접속기록을 열람하지. (www... 주소창에 주소를 기입 중) 탈영병들은 게임을 조온나 하거나, 여친들한테 메일을 보내야 하거든. (엔터를 탁) 근데 이걸 조회하려면 각 회사에 내방도 해야 돼, 신청 서류도 써야 돼, 그러고도 며칠을 기다려야 해. 조회 허가가 나도, 지금 보는 요 사이트(D.P용 추적 사이트가 모니터에 뜬다.)에 접속해서 심지어 건당 유료로 조회를 해야 한단 말씀. 복잡 짜증 나죠? 언더스탠 하고 있니?
준호 (이해하려 애쓰며) 어... 예, 그렇습니다.
호열 (툭) 언더스탠 안 해도 돼.
준호 (응?) 잘 못 들었습니다?
호열 (딸칵 사이트를 닫아버린다.) 어느 정신 나간 놈이 탈영해서 지 아이디로 접속을 하겠냐? 개인정보 암거나 구해서 새 아이딜 파겠지. (준호의 넋 나간 표정) ...그럼 탈영병을 어떻게 찾아야 될까? (웃고) 사람부터 만나야지.

16. 버스터미널 인근 분식점 / D

서서 오뎅을 먹으며 말을 이어가는 호열. 옆의 준호도 오뎅을 들고 있다.

호열 가족, 애인, 친구, 동창, 원수까지 다 상관없어, 다 만나. 안 본 지 오래다, 안 친했다? 상관없어. 만나서 다 물어. 뭐든지 간에. 쓸모 있는 거, 없는 거 전부 다... (사이) 왜 그래야 할까?
준호 ...탈영병이 뭘 했을까 예상하기 위해서?
호열 오... (하다가) 땡. (사이) 탈영병은 늘 하던 행동, 예상 가능한 일들을 안 해. 직감적으로 그게 위험하단 걸 알거든. (오뎅을 다 먹고 우물대며 준호의 남은 오뎅에 시선을 보낸다.) 안 먹냐? (손을 뻗는데)
준호 (생각하다가 호열 손이 닿기 전에 입에 오뎅을 넣고) 그럼 반대로... 뻔히 예측되는 걸 피하기 위해서? (호열을 슥 본다.)
호열 (이 새끼... 하다 웃고) 또 땡.

17. 버스터미널 로비 / D

플랫폼 쪽으로 걸어가는 둘, 대화를 이어간다.

호열 하, 멍청한 새끼... 너 대학 어디 다녀?
준호 안 다닙니다.
호열 (턱, 멈춰 서더니) 이 새끼... (갑자기 턱 안는다.) 반갑다, 아들. 형도 안 다녀. (사이) 스티브 잡스도 자퇴했으니 우리랑 쌤쌤이지 뭐.
준호 (...) 놔주시면 안 되지 말입니다?
호열 (개의치 않다가 놓아주고, 다시 걷기 시작하는 둘) 정답은 그 새끼가 되어 보기 위해서. (사이) 탈영병이 뭘 먹고 싶은지, 누굴 만나고 싶은지, 대가리 속엔 뭐가 들었는지...
준호 (뭔 말을 장황하게) 그냥 맨땅에 헤딩 아닙니까? (플랫폼에 도착한다.)
호열 그렇지? 그럼 맨땅에 헤딩을 계속 반복하려면 필요한 게 뭐겠냐?
준호 끈기?
호열 (삐이, 버스 문이 열린다.) 실망하지 않는 것, 그리고.

18. 고속버스 안 / D

음악 잦아들며... 평일 낮이라 그런지 아무도 없는 텅 빈 버스 안에 준호와 호열만이 앉아있다. 이어폰을 낀 채 쿨쿨 자는 호열과 창밖을 보고 있는 준호의 얼굴.

호열 (눈을 감은 채로) 안 자고 뭐 하냐?
준호 (자는 줄 알았는데) ...생각 좀 하고 있었습니다.
호열 잡생각 하지 말라니까... (하품) 나중에 울면서 업어 달라지 말고 얼른 자라.
준호 예, 알겠습니다.

INS
서울 톨게이트로 진입하는 버스. 차들이 매우 막히기 시작한다.

*　　*　　*

19. 앤티크 카페 / N

블링블링한 핑크빛 디자인이 가득한 카페. 준호와 호열이 들어서자 참으로 대조적인 느낌.

호열 (들어서며) 여기서 만나기로 했는데...
준호 누굴 말입니까?
호열 (누군가를 찾으며) 절대 만날 수 없는 사람? (찾았다.) 아, 안녕하세요.

준호, 호열의 시선 좇아 보면, 생머리의 여대생이 카페 구석에 앉아있다.

Cut to
시큰둥한 표정의 여대생과 마주 앉아있는 준호, 호열.

여대생 저 지난번에 다른 분한테 다 말씀드렸는데요?
호열 네, 그렇죠. 불편하게 해드려서 죄송합...
여대생 (자르며) 분명히 말씀드리는데요, 저는 걔랑 헤어지고 말고 할 것도 없었어요. 한 달 만났다고요. 그냥 썸... (하는데 부드럽게 호열이 말을 끊으며)
호열 ...그런데 말입니다, 그게 누구에겐 평생의 기억이었을 수도 있습니다.
여대생 네? (뭐라는 거야?)
호열 준호야, 수양록 꺼내 봐.
준호 (무슨 수양록?) 없는... 데 말입니다?
호열 없어?! (갑자기 눈을 부라리더니 다시 여대생에게) 죄송합니다. 저희 조원이 깜빡한 거 같은데, 군대에서 수양록이란 걸 씁니다. 일기 같은 거죠.
여대생 그런데요...? (살짝 귀를 기울이기 시작하는데)
호열 거기 지혜 씨의 이름이 적혀있었습니다.
여대생 (뭐야 이 새끼) 저는 지혜가 아닌데요.
호열 아니에요?
준호 (끼어들며) 아까 혜정 씨라고.
호열 아, 네. 혜정 씨도 써 있었습니다.
여대생 뭐라고요.
호열 사랑했다고. (여대생이 화들짝 놀라자) 그리고 영원히 함께하고 싶었다고.
여대생 (진심 짜증) 뭐야, 짜증 나게... 스토커도 아니고... 제가 뭐 하면 되는데요?

20. 앤티크 카페 앞 / N

카페에서 나와 인사하고 헤어지는 여대생과 준호, 호열.

여대생 준목이 전화 오면 연락만 드림 되는 거죠?
호열 (웃으며) 네, 그거면 충분합니다.

여대생 알겠어요. 안녕히 가세요.
(걸음을 옮기는)
호열 네, 감사합니다. 살펴 가세요!
준호 (여대생이 멀어져가자) 정말 수양록이 있습니까?
호열 음?
준호 (수사 방식이 좀...) 저 여자분 기분 더럽겠지 말입...
호열 (자르며 툭) 그럼 또 죽게 둘래? (준호가 ...! 호열을 본다.) 할 수 있는 건 다 하는 거야, 뭐가 옳고 그른지... 그런 거 가리지 말고.
준호 (지지 않고) 옳은 건 몰라도 그른 건 가릴 수 있지 말입니다...
호열 (요거 봐라?) ...니 똥 굵다 이 새끼야?
준호 죄송합니다.
호열 거 참 군대 말투... (품에서 뭔가를 꺼내 준호에게 던지듯 툭 건네며) 밖에선 형이라고 불러라.
(프레임 밖으로 걸어나가는)

준호, 반사적으로 받은 걸 보면, 최준목의 수양록. 어랏? 하는 준호가 곧 호열을 따른다.

21. 탐문 몽타주 / D

A. 대학교 동아리 방. 최준목의 친구들로 보이는 이들과 고개를 끄덕이며 대화를 주고받는 준호와 호열. 친구들이 고개를 갸웃거린다. "아, 도토리묵이요? 본 지 오랜데?", "걔 군대 갔어요?" 등의 말들.
B. 작은 치킨집. 치킨을 튀기고 있는 사장에게 질문을 하고 있는 호열과 옆에서 수첩에 받아 적고 있는 준호가 보인다. 사장은 번거로운 얼굴로 "기억 안 난다니까! 알바 관두고 치킨 한 번 먹으러 온 게 전부야. 비켜요!" 둘을 밀치고 튀긴 닭을 들고 프레임 아웃 하는 사장.
C. 당구장. 당구 치는 최준목의 또 다른 친구들이 보인다.
딱! 하고 당구공을 치는 친구 하나.
준호와 호열이 옆에 서서 질문을 하고 있다.

호열 (!) 며칠 전에 보셨다고요?
준호 (!) 우연히?
준목 친구 (큐대를 문지르며) 네, 그 어디야. 지하철 편의점에서 마주쳤어요, 밤에.

22. 편의점 / N

'스토리웨이 상일동역점' 편의점 문 열리는 소리와 함께 음료와 빵 등을 사고 있는 최준목이 보인다. "어? 준목아?" 말하는 준목 친구. 최준목이 돌아보며 "어? 오지?" 말한다.

준목 친구 (반가운) 뭐야 휴가

나왔어?

최준목 (뭔가 피곤해 보이는 얼굴) 어? 어...

준호(OFF) 표정이 어둡거나 하진 않았고요?

준목 친구(OFF) 글쎄요, 딱히 잘...

화면 속 최준목이 친구를 보고 옅게 웃는다. 그 위로 누군가의 우는 소리 들리고...

23. 소고기 집 / D

대성통곡하며 우는 최준목의 어머니가 보인다. 그 앞에 앉아있는 준호와 호열.

준목 모 (종업원 복장. 흑흑 울며) 우리, 우리 막둥이가 얼마나 여린 앤데... 어디서 뭘 하고 있는지 잠은 잘 자는지... 예민해서 잠자리 바뀌면 잘 자지도 못하는 앤데... (사이) 엄마한텐 전화라도 한 통 해줄 수 있는 거 아녜요? (문득) 이러다 애 겁먹고 무슨 나쁜 생각 하는 거 아니겠죠? 예?

호열 (그 말에 준호의 굳는 얼굴) 그러신 않을 겁니다.

준호 저희가... 그런 일 없게 꼭 데려올게요.

준목 모 (식당으로 손님이 들어오며 "저기, 장사 안 하나요?" 말하자 앞치마로 눈물을 닦으며 일어선다.) 뭐 해 드릴까요?

Cut to

"가보겠습니다, 오늘 말씀 감사합니다." 말하는 호열. 준호도 나서려 채비하는데, 준목 모가 만 원짜리 지폐 몇 장을 들고 와 준호에게 쥐여준다.

준목 모 고생하는데 뭐라도 사 먹어요. 우리 준목이 같아서 그래.

준호 (사양하며) 아닙니다, 아닙니다. 저희 활동비 있어서 괜찮... (하는데)

호열 (손을 뻗어 돈을 속 받는다.) 감사히 잘 쓰겠습니다, 어머님.

준호 (진짜 이 인간...)

24. 편의점 앞 파라솔 / N

편의점 앞. 꼬질꼬질한 차림으로 파라솔 의자에 앉아있는 준호와 호열.
둘 사이 테이블엔 컵라면과 삼각김밥 껍데기들이 나뒹군다.

준호 (앞서 준목 모 말이 신경 쓰이는) 최준목 진짜 무슨 일 없을까요? (답이 없고, 준호가 보면 호열은 뭔가 킁킁 냄새를 맡고 있다.)

호열 (킁킁) 준호야. 어디서 요구르트

냄새 안 나냐?

준호 옷에서 나는 냄샙니다.

호열 발효가 잘 됐나 봐.

준호 발효가 아니라 부패 같습니다.

호열 ...지금 활동 며칠째냐?

준호 십이 일 경과됐습니다.

호열 더 만날 사람은?

준호 (수첩을 뒤적) 고등학교 동창들까진 다 만났고...

호열 (툭) 너무 걱정 마라, 준목이 안 죽었어.

준호 그걸 어떻게 압니까?

호열 전화를 안 했잖아, 자살하는 탈영병 열 중 아홉은 전화해. (사이) 엄마한테.
(영화 '살인의 추억'을 흉내) 준목아, 밥은 먹고 다니냐? (준호는 또 뭐 하려는 거지? 싶은데) 키 174, 몸무게 72키로. 시력은 1.2인데 난시가 있어 렌즈를 끼고, 학점 평균은 2.7. 친구들이랑은 게임이나 당구를 치며 지냈고, 내신은 별론데 운이 좋아 들어간 대학에서 첫 연애 끝나자마자 입대. 장래희망은 공무원, 별명은 도토리묵. 이유가 뭐더라?

준호 이름이랑... (사이) 아무런 개성이 없어서입니다.

호열 하... (갑자기 웃기게 발광) 으워어어....! 준목아, 어딨니이!! 얼굴 좀 보즈아!

하는데, 테이블 위에 올려 둔 호열의 핸드폰에서 월, 월 개 짖는 소리가 울린다.
액정에 뜨는 이름 '개새끼'. 호열이 집어 받아보면, 상대는 박범구다.

호열 충성, 상병 한호열입니다.

박범구(OFF) 뭐 나온 거 있냐?

호열 찾는 중입니다.

25. 헌병대, 수사과 편의점 앞 파라솔 통화 교차 / N

담배를 피우며 통화 중인 박범구.

박범구 찾는 거야 당연한 거고 새꺄, 뭐 나온 거 있냐고.

호열(OFF) 이것저것 많이 나왔지 말입...

박범구 (자르며) 이 새끼가 나랑 장난까나! 어떻게 진행되고 있냐고?!

Cut to
큰 소리에 살짝 핸드폰에서 귀를 멀리하는 호열. 준호는 그런 호열을 멀뚱히 보고 있다.

호열 (멀리서 중얼) 아, 씨바 귀 떨어지겠네.

박범구(OFF) (들었다.) 뭐 이

새끼야? 너 방금 뭐라 그랬어?

호열 아닙니다, 이제 거의 다 잡았습니다.

Cut to
박범구의 목에 핏대가 섰다.

박범구 (화를 다스리며 본론) 최준목 부대에서 가혹 행위 디테일 나왔다.

INS
직부감. 방독면을 쓰고 눈을 뜬 채 누워 있는 최준목. 이내 컥컥거린다. 괴기스러운 기분.
최준목의 POV로 거친 숨소리가 들리다 결국 그가 못 참고 벗으려 하는데...
누군가의 손이 들어오며 "그냥, 처자라고 새꺄!" 못 벗기게 방독면을 붙든다.

박범구(OFF) 준목이가 잘 때 코를 크게 고는데... 방독면 씌우고 잠을 안 재웠대.

*　　　*　　　*

스피커폰으로 전환된 호열의 폰. 준호와 호열이 듣고 있다.

호열 이런 고전적인 씨벨놈들. (쯧) 다른 정본 없습니까?

박범구(OFF) ...최준목이 이틀 전에 나라사랑카드로 짜장면 사 먹었네. 일산 일품향, 밤 11시 30분.

호열 (뭐 그런 걸 정보라고) 야식이 땡겼나 보지 말입니다, 귀한 정보 감사함다.

박범구(OFF) 어, 그래. 답 없으면 걍 복귀해. (뚝 끊는다.)

준호 (음?) 이대로 복귀... 하란 겁니까?

호열 응, 그냥 복귀하면 죽여 버린단 얘기야. 활동비 얼마 남았지?

준호 (주머니 뒤적) 첨에 이십만 원 받아서 교통비, 식대 쓰고... (지폐랑 동전 몇 개를 꺼내 보이며) 칠천 팔백 원 남았습니다.

호열 (비장한 얼굴로) 필살기 써야겠네.

26. 찜질방, 카운터 / N

INS
'24시간 불가마 한증막 / 찜질방'이라 쓰인 간판.

*　　　*　　　*

좀 전과는 사뭇 다른 불쌍한 얼굴로 찜질방 주인에게 하소연 중인 호열이 보인다.

호열 저희가 도보 전국 일주를 하고 있는데요. 지금 왠지 모르겠으나 ATM 인출이 안 돼서요. 선처해 주신다면

날 밝는 대로 돈을 뽑아 드려도 될까요?

준호 (뒤에서 그 모습을 보며, 대단한 인간이다, 진짜..)

찜질방 주인 어디서 왔는데?

호열 네?

찜질방 주인 어제 어디서 왔냐고, 도보 여행 중이라며? (의심스러운 눈초리)

호열 아, 그게... 저희가 영월 살다 도시엔 처음 나와서요. 이름을 잘 몰라요.

찜질방 주인 (엥?) 영월? 어디? (사이) 나 영월 사람인데?

호열 (당황한 기색이 스치지만) 아 덕포리라고...

찜질방 주인 (반색) 나 덕포 사람인데!? 덕포 어디?

호열 (당황을 숨기며) 그 왜 동강 끼고 군부대 옆에...

찜질방 주인 (어딘지 안다.) 아, 고 래프팅도 하고, 위에는 감자밭 크게 있는...!

호열 (오잉?! 맞장구치며) 네, 네. 안 그래도 그 감자밭이 저희 집 건데, 재작년에 태풍 와서 막... 아오, 다 그냥(불쌍한 얼굴)... 그 매민가 뭔가 있잖아요.

찜질방 주인 (음?) 재작년 태풍은 볼라벤 아냐?

준호 (불쑥 호열 어깨를 잡으며 주인에게) 저희 형 기억이 오락가락해요. 볼라벤 때 머리를 다쳐서... (호열의 이 시끼가? 하는 표정)

찜질방 주인 (아이고... 마음 약해져서, 씁) 돈 내일 아침엔 줘.

27. 찜질방, 목욕탕 / N

'빨래 금지'라 붙어있는 목욕탕 안. 온탕에 몸을 담그고 있는 행복한 표정의 호열이 보인다. 심야라 탕에는 준호와 호열밖에 없고...

호열 (감탄) 이야아, 우리 준호 제대하면 탤런트 시켜야겠어요? (강남스타일을 흥얼거리기 시작) 오오오오 쭈노 사짜 스타일?! 오오오오! (준호는 미동도 없다. 보면 새근새근 숨 쉬며 졸고 있는. 걱정스레) 하 새끼 피곤했나 보네...

하면서 작은 물바가지를 준호에게 좌악! 뿌리는 호열. 낄낄 웃는다.

호열 야, 이따 자 이따. 지금 자면 새벽에 잠 못 잔다잉.

준호 (아 씨...) 알아서 하겠습니다.

호열 (얄밉게 준호 흉내) 알아서 하겠습니다아. 알아서 하긴 뭘 알아서 해 시꺄. (한 바가지 더 뿌린다.)

준호 그만하십쇼. ("싫은데, 싫은데?" 하며 또다시 날아오는 한 바가지)
그만 하시지 말입... (하는데 이번엔 한 대야는 돼 보이는 큰 바가지가 날아들고)

호열 (쳐다보면 어쩔 건데? 얄미운 표정으로) 예에, 섹시 쭈노오!

준호 (무표정하게 보다가 빨래했던 물을 대야 째 집어 들고) 하지 말라고오오!!

호열에게 달려드는 준호. 호열이 "야, 이 똘아이야!!" 하며 피하고!

28. 찜질방, 내부 PC 코너 / N

불 꺼진 찜질방 안, 한쪽 PC 코너에 찜질복 차림의 준호가 앉아있다. 펼쳐진 수첩엔 최준목의 신상 관련된 것들이 잡다하게 적혀있다. 핸드폰으로 지하철 노선도를 보고 있는 준호.

호열 (수건으로 만든 양머리를 하고 프레임 인) 안 자고 뭐 하냐? 야동 보냐?

준호 (계속 생각하며) 이상하지 말입니다.

호열 (준호 옆 컴퓨터를 켜며) 뭐가?

준호 최준목은 왜 굳이 인천역까지 가서 자살을 시도했을까...

호열 거긴 스크린 도어가 없으니까.

준호 스크린 도어는 그 전, 그 전 전역에도 없지 말입니다. 이거 함 보십쇼.
(노선도를 보여주며) 최준목 친구가 준목이를 만났다는 편의점은 상일동역. 짜장면 먹은 일품향은 3호선 대화역 바로 앞에 있습니다.
(이게 뭐? 하는 호열의 표정) 끝에서 끝. 다 종점이지 말입니다.

호열 (어쩌라고?) 아, 맛집 찾아갔나 보지?

준호 한호열 상병님 같음 자살하다 말고 맛집 찾아가겠습니까?

호열 묘하게 기분 나쁘네?

준호 그리고 하나 더 이상한 건... 최준목이 발견된 시간대가 전부 늦은 밤이란 겁니다. 인천역 11시 50분, 상일동역 12시 15분, 대화역은 11시 30분...

호열 뱀파이언가? 밤에만 활동하는?
(아 진짜... 째릿하는 준호 표정)

준호 (부팅된 호열의 모니터를 보며) 그럼 한호열 상뱀은 뭐라도...

호열 입대 전후 최준목 신상으로 가입된 사이트들을 다 조사해봤는데,

준호 (하단 사이트를 보고, 어?) 이거 유료 서비스라 하지 않았습니까?

호열 (대수롭지 않게) 준목이 엄마가 돈 줬잖아?

준호 (오... 이런 면모도 있었어?)

호열 암튼, 조회해보니 최준목

아이디가 거의 다 이거였어. (모니터에 'blakmagic0914'라고 쓰는) 블랙에서 씨를 뺀 블락.

준호 준목이 생일이 9월 14일이지 말입니다.

호열 응, (계속 키보드를 만지며) 근데 이 아이디는 싹 다 로그인 기록이 없고. 그래서 이번엔 공구일사 빼고, 이거, 블락매직으로만 조회하니까...

준호 (중얼) 보통 아이디는 비슷하게 만드니까... (호열이 엔터를 탁! 치면)

호열 (주르륵 뜨는 아이디들) 나온 게 사백 칠십 개. 그리고 얘들 가입정보들을 하나씩 열람해보니... (스크롤을 휙휙 내리다 어딘가에서 멈춘다.)

호열이 보여준 모니터의 가입정보 ID : blakmagicman / 주소 : 경기도 부천시 중동 / 전화번호 : 02-111-4859라 적혀있다. 준호가 눈을 가늘게 뜬다.

호열 (의미심장하게) ...어디서 보던 숫자 아니냐?

준호 4859... 4859... (생각하다가 문득) 혜정 씨?

호열 빙고. (씨익) 준목이 구여친 전화번호.

준호 (고개를 끄덕. 말을 이어간다.) 번호 넣을 때 대충 앞자리 111 쳐서 넣고, 뒷자리는 무심결에 구여친 번호를 넣었다?

호열 (냉정하게) 확률까진 모르지만...

준호 (힘을 실어준다.) 자살하려다 짜장면 먹을 확률보단 높지 않습니까?

호열 아, 이 새끼 참...

호열이 준호를 보고 씨익 웃는다. 준호도 같이 눈을 반짝인다.

29. 헌병대, 수사과 / M

INS
새벽, 찜질방 카운터. 주인은 엎어져 잠들어 있고, 종종걸음으로 살그머니 그 앞을 빠져나가는 준호와 호열. 그러다 호열이 주인 앞에 놓인 삶은 계란 소쿠리를 집어 프레임 아웃 한다.
잠시의 사이. 준호의 손이 쑥 들어와 꼬깃한 지폐 두어 장을 올려놓는다.
*   *   *

우웅- 울리는 핸드폰 소리. 당직을 서며 졸고 있던 박범구가 잠에서 깨 전화를 본다.

박범구 (액정에 '빼끼'라 뜬다. 받고) 야 이 씨댕아... 지금이 몇 시...

호열(OFF) (부러 큰소리로) 통신보안! 상병 한호열임다! (음악

시작되며)
박범구 (놀랐다가) 돌았나, 이게...

30. 찜질방 근처 거리 – 수사과, 통화 교차 / M

계란을 까먹으며 거리를 걷고 있는 둘.

호열 안 돌았습니다.
박범구(OFF) (짜증스레) 뭔데?
호열 감청영장 하나 받아 주십쇼.
박범구(OFF) 안준호가 받아 갔잖아.
호열 딴 사람 명의로 하나 받으려고 말입니다.

Cut to
일어나자마자 담배를 무는 박범구.

박범구 (찰칵, 불을 붙이며) 그니까... 최준목이 구여친 전화번호로 만든 신상으로 아이디를 팠다? 아니, 팠을 수도 있다?

Cut to
호열, 계란 때문에 목이 막히자, 준호가 생수를 따서 건넨다.

호열 (콜록콜록) 예, 그렇습니다.
박범구(OFF) 증거는?
호열 강한 확신입니다. (사이) ...안준호의. (준호의 어이없는 표정)

Cut to
후우... 담배 연기를 뿜어내는 박범구.

박범구 개소릴 정성스레 하네. (미간을 짚고 생각) 그냥 감으로 때려잡았단 거잖아.
호열(OFF) ...예지몽을 꿨습니다.
박범구 (소리를 지를 타이밍인데) ...이거 잘못되면 나 옷 벗고 니넨 뒤지는 거야.

Cut to
호열이 생수를 벌컥벌컥 마신다.

호열 저희도 옷 벗겠습니다.

Cut to
결국 버럭! 하고야 마는 박범구.

박범구 (그걸 말이라고) 야 이 개새끼야!!

그 소리에 옆에서 같이 졸고 있던 허기영이 깬다. "일병 허기영." 동시에 배경음악도 아웃.

31. 헌병대, 보좌관 방 / D

책상에 앉아 업무를 보고 있는 임지섭.
그 위로 "똑똑" 노크소리와 함께 박범구가 들어온다.

임지섭 (경례하는 박범구를 보지도 않고) 네에.
박범구 (조금 조심스레) 저... 통신감청영장이 필요합니다. ...민간인이요.
임지섭 (대수롭지 않게) 네에.
박범구 (예상과는 다른 반응에, 응?)
임지섭 (고개를 들어 대수롭지 않게 보고) 알겠습니다. (사이) 그렇게 하시라고요.
박범구 아... (임지섭이 생각보다 너무 쉽게 수긍하자 뭐지 싶은) 알겠습...
임지섭 (자르며) 왜요? 너무 바로 오케이 했어요?
박범구 아닙니다. (하는데)
임지섭 (부드럽게 웃고) 박 중사님 확신이 있으니까 하자시는 거겠죠.
박범구 (이 새끼가...) ...
임지섭 (바로 전화기를 들어) 어, 군탈담당관님 영장 바로 내드려. (끊고 미소 짓는)
박범구 ...감사합니다. 충성.

방을 나가는 박범구. 밝지만은 않은 얼굴.
그 뒷모습을 보던 임지섭, 본인도 좀 긴장됐었는지 웃음을 지우고 "휴..." 숨을 내뱉는다.

32. 헌병대, 복도 / D

독기 가득한 눈으로 복도를 걷고 있는 박범구.

박범구 씨발 새끼가 아주... (전화를 꺼내 들고) 디피한테 위치 쏴 주고, 아까 한 얘기 구라 아니라고 꼭 전해.

33. 맥스 PC방 앞 / D

INS
문자 '서울시 구로구 신도림동 XXX-X, 맥스 PC방. 2시간 전 접속'
*　　*　　*

핸드폰에서 시선을 옮겨 앞을 보는 준호와 호열. '맥스 PC방' 간판이 보인다.

호열 아들. (준호가 보자) 없을 수 있다. (마주 보고) 있을 수도 있고.
준호 옐겠슴다.
호열 미란다 원칙 외웠지? 긴장하지 마.

준호 (후우) 아버지도 긴장하신 거 아닙니까?
호열 효자 났네? (후우) ...백 명 잡아도 똑같을걸.

34. 맥스 PC방 / D

사방을 경계하며 PC방으로 들어서는 둘.

PC방 알바 어서 오세요, 회원이세요?
호열 회원 아니고 헌병입니다. (쉿, 하는 자세로) 잠시만 협조 부탁드립니다.
준호 (달칵! PC방 문을 잠그며) 여기 뒷문 없죠?
PC방 알바 (당황. 헌병...?) 예, 없는데... (고개를 꾸벅하고 내부로 진입하는 둘)

준호와 호열이 사람들 사이를 오가며 하나씩 얼굴을 확인한다. "뭐야?" 하며 짜증 내는 사람도 있고... 이제 확인할 사람은 몇 안 남은 상황. 구석에 유일하게 캡 모자를 쓰고 있는 이가 제일 수상쩍다. 마른침을 꼴깍 삼키는 준호. 호열은 손에 수갑을 꽉 쥐고 있는데...
그때, 뒤에서 이를 보고 있던 PC방 알바가 갑자기 소리친다.

PC방 알바 아저씨들! 장난 그만 치고 나가세요! 영업방해로 신고해요?! (준호, 호열은 당황하고 PC방 손님들은 뭐야? 웅성웅성거리는데)

바로 고개를 돌려 캡 모자를 보는 준호와 호열. 캡 모자가 순간 움찔하는데!

준호 (이판사판이다. 캡 모자를 향해) 최준모옥...!!
호열 (깜짝) ?! (그런 준호를 보다가 캡 모자를 보는데 미동도 없다.)

손님들은 더 큰 소리에 이번엔 웅성거리지도 않고, 주위는 찬물을 끼얹은 듯 조용해진다. 다들 준호, 호열과 캡 모자에게 이목을 집중하고... 준호와 호열의 긴장한 표정. 서서히 캡 모자에게 다가가려는데... 찰나의 순간, 갑자기 푸우우... 호흡을 뱉으며 자는 소리가 들린다. 준호, 호열 모두 응? 뭐지 싶은 얼굴이 되고, 긴장을 조금 풀고 캡 모자에게 다가가는 둘. 호열이 회전식 의자를 살짝 돌려보면 캡 모자가 이 상황에도 참으로 편한 얼굴로 자고 있다. 귀에는 이어폰, 캡 모자는 최준목이 아니다. 긴장이 풀려선지 옆에 있던 의자에 풀썩 앉아버리는 호열.

캡 모자 (자다 깨서 이어폰을 빼며) 음...? 누구세요?
호열 (하아... 스스로 중얼) 실망하지 말자, 실망하지 마...

준호 (캡 모자에게) 죄송합니다.
(마른 세수를 하다 어딘가 시선이 닿는데. 창밖으로 신도림역이 보인다.)
...?
(캡 모자와 창밖을 번갈아 보며 뭔가 생각하다가, 중얼) 뱀파이어...
호열 (그런 준호를 보며) ...?
준호 혹시... (그러다 문득) ...최준목 어디 있는지 알 거 같습니다.

그 위로 우우우웅 차 지나가는 굉음 들리고...

35. 전철 내부 / N

INS
서두에 나왔던 흔들리는 육공 트럭. 이번엔 태우고 있는 군인들의 얼굴을 보여준다. 그중 한 명, 최준목이다. 엄청나게 흔들리는 트럭에서도 코를 골며 졸고 있는 준목. "야, 저기 고문관 새끼 깨워라." 소리와 함께 개머리판이 프레임 인 하며 최준목의 면상을 후려친다. 빡!
*　　*　　*

헉, 소리와 함께 잠에서 깨는 최준목. 흔들리는 전철 안에서 자다 깬 것. 한데 고개를 돌려 보면 전철이 텅 비어있다... 전철이 서서히 정차하더니 불이 지직 직직 꺼져, 주변이 어둠에 빠져버리는데... 뭔가 환상 속에 있는 듯한 기분도 스치는 찰나, 다시 불이 지지직, 하고 켜진다. 삐— 소리와 함께 최준목의 뒤에서 열리는 전철 문들. 어둠 속에서 그림자 둘이 등장하더니 전철에 탄다. 얼떨떨한 표정의 최준목 양옆에 앉는 준호와 호열.

호열 (중얼) 꿀잠 주무셨어요?
최준목 (꿈인가?) 여기가... 어디?
준호 인천역이요. 1호선 종점.

잠에서 덜 깬 준목 얼굴 위로 준호 목소리. "뱀파이어 맞습니다."

36. 인천역 / N

INS
낮, 거리. 좀 전의 PC방에서 나온 준호와 호열이 걸음을 옮기고 있다.

준호 최준목이 종점에서 발견된 시간대 전부, 지하철이 끊기는 밤 시간... 그때부터 일어나 활동하고, 오후 늦게나 지하철에 타 잠을 잤다...
호열 (눈빛 번쩍) 종점 가서 뭘 하려던 게 아니라, 자다 보니 종점에 간 거다?
준호 (고개를 끄덕) 자고 일어나면 심야, 아니 최준목에겐 아침 시간이죠. 그때부터 짜장면도 먹고, PC방도 갔고.

호열 (문득 준호를 멈춰 세우며, 다 알겠는데, 그럼?) 자살 시도는?

준호 (확신) 그건 아마...

* * *

앞서 등장했던 최준목의 자살 시도 상황. 다시 제대로 최준목의 얼굴 쪽을 비추는 카메라...
그가 플랫폼 난간에 서서 고개를 꾸벅거리며 졸고 있다. 자살하려던 게 아니다.
헤드라이트를 켠 전철이 점점 빠르게 진입하지만... 위태로운 가운데도 계속 잠에 취해있다. 시끄러운 소리를 내며 준목을 덮칠 듯이 그의 앞으로 들이닥치는 전철! 빵빵빠앙!!

37. 전철 내부 / N

무념무상한 표정의 준목이 "더 갈 데가 없군요..." 중얼댄다.
호열이 준호에게 눈짓하자, 준호가 더듬더듬 수갑을 꺼내 준목 손으로 가져간다.

준호 (이 행위가 어색하다.) 죄송해요. (수갑을 채우는데, 고분고분한 준목)

호열 5분간 휴식. (준호가 보자) 5분만 앉아있다 가자고. (준목에게) 아저씨, 무슨 생각 해요?

최준목 (한참 가만있다가) ...그냥 여기가 너무 편하다는 생각...

준호 (그 얘기를 듣는 얼굴이 왠지 씁쓸하다.)

38. 헌병대, 막사 앞 / N

밤. 막사 건물에서 나와 어딘가로 걸어가던 박범구.
김일석, 이효상을 비롯한 부대원들이 낑낑대며 꽤 큰 나무를 옮기고 있는 걸 본다.

박범구 니들 오밤중에 거서 뭐 하냐?

김일석 나무 심고 있습니다.

박범구 니미, 식목일도 아닌데?

이효상 헌병대장님이 심으라고 했지 말입니다. 막사 앞에 썰렁해 보인다고.

박범구 (에라이) 그거 어디서 났는데?

김일석 (어딘가를 가리킨다.) 저기서 뽑아왔습니다.

그들이 가리킨 곳으로 시선을 옮기는 박범구. 철망에 이불이 덮여 있고 그 너머엔 나머지 부대원들이 남은 나무들의 밑동을 파내고 있다. 웃으며 진두지휘 중인 천용덕도 보인다.

박범구 (어이가 없다. 중얼) 무슨 시부랄, 탈영의 왕국이네? (이때, 전화가 울린다. 받고) 어,

어떻게 됐어?

호열(OFF) 최준목 체포했습니다.

박범구 (반색) 진짜? 어디서?

39. 고속버스 안 / N

달리는 심야버스 안. 텅 빈 버스에 준호, 호열, 최준목 셋 만 뒷자리에 주르륵 앉아있다.

호열 길 가다 주웠지 말입니다.

박범구(OFF) (욕은 하지만 일단 기쁜) 이 새끼가... 암튼 고생했다, 빨리 복귀해.

전화를 끊는 호열. 준호가 들고 있는 맥도날드 햄버거에 눈길이 간다.

호열 오, 맥도날드. (먹자)

준호 아... 이거 허기영 일병 거지 말입니다. (주머니를 뒤져 뭔가를 꺼낸다. 먹다 남은 계란이다. 둘 사이에 앉은 최준목에게) 먹을래요?

최준목 (고개를 가로젓는다.)

호열 (가로채며) 나 줘, 나. (까서 본인 입에 넣는데) 아, 뭐야 시불. 상했네. 퉤!

창밖으로 계란을 던져버리는 호열. 준호는 핸드폰으로 계속 뭘 하던 중인데 갑자기 전화가 울린다. 받아서 "아, 네." 하더니 최준목에게 핸드폰을 내미는 준호.

준호 (뭐지? 싶은 준목의 표정) 애인이요.

최준목 애인...이요? (뭔가 기대하는 표정. 고민하다 전화받는) 혜, 혜정아?

준목 모(OFF) (우는 목소리로) 아드으을!!!

최준목 (!! 말이 없다가 눈물이 터진다.) 엄마...

그 위로 Snow Patrol의 'Chasing Cars'의 전주 시작되고,
다른 계란을 꺼내 조금 먹어본 뒤
안도하는 호열과, 우는 최준목을 바라보는 준호의 얼굴.
버스가 터널로 진입하며 노란 엠버등이 그들의 얼굴을 감싼다.

2화 끝

디.피. 3화

그 여자

D.P. Part 3

That Woman

시놉시스
: 3화 그 여자

탈영병의 검거 포상으로 휴가를 나오게 된 준호와 호열.
준호는 집으로 돌아갈 마음이 없다.
준호의 심중을 눈치챈 호열은 밥이나 먹자며 자기 집으로 준호를 데려가지만, 라면 끓여 먹을 새도 없이 또 다른 탈영병이 발생한다. 부산으로 향하는 KTX에 몸을 싣는 둘.

D.P들은 공조수사를 하게 된 수도방위사령부 소속의 D.P조와 만난다. 뭔가 상대적으로 많은 돈을 쓰며 수사하는 재수 없는 수방사 D.P들. 두 팀은 공조인 척 먼저 잡는 놈이 임자란 마음으로 경쟁에 돌입한다. 한편, 부대에선 박범구가 수방사와 공조하게 된 것에 의구심을 느끼고 새로 온 소대장 임지섭에게 따지고 들기 시작한다. 실적을 공유하고 윗선에 잘 보이기 위해 이러는 거 아니냐는 박범구. 허나 임지섭은 고압적인 자세로 박범구의 얘기를 묵살하고 마는데.

준호와 호열은 탈영병 정현민이 잘나가던 전직 호스트였단 사실을 알게 되고, 해운대의 모든 호스트바를 뒤지다 못해 호스트로 위장잠입까지 하게 된다.

지성이면 감천인지라 결국 준호가 정현민의 애인인 문영옥을 알게 되고, 점점 가까워지는데...

그녀를 이용해 정현민의 소재를 파악하려 드는 D.P들.
준호는 그 가운데 정현민을 향한 문영옥의 순애보에 자꾸 죄책감이 든다.
신출귀몰하고 배짱도 좋은 정현민과 엎치락뒤치락 몇 번의 추격전과 육탄전을 거듭하는 D.P들.
마침내 문영옥의 뒤를 밟아 정현민을 검거하는 데 성공한다. 자신을 속였다는 배신감에 준호를 보는 영옥. 준호는 그녀의 눈을 보지 못하겠다.

부대에선 임지섭이 수방사가 맨손으로 돌아갔단 얘기에 노발대발하지만 박범구가 간부라고 함부로 행동하지 말라며 역으로 경고한다. 다시 또 휴가가 쌓이는 준호.
이번에도 집에 가지 않을 참이었는데... 전화가 온다, 아버지가 쓰러졌다고.

1. (준호집, 환상?) / N

오프닝 타이틀 이후. 검은 화면에서 짝짝 손찌검하는 소리 들리고...
화면 바뀌어 보면, 좁은 방 안에서 어린 준호가 울고 있는 어린 수진을 꼭 감싸고 어딘가를 노려보고 있다. 어린 준호의 POV로 좁은 문틈 사이, 준호 모를 때리는 준호 부의 그림자가 보인다. 술 취한 준호 부의 목소리 "돈 몇 푼 가지고 유세냐? 어? 유세야?" 준호 부의 거친 호흡과 대조적으로 준호 모는 호흡 하나 들리지 않는다. "씨발, 무슨 벙어리랑 사는 것도 아니고..." 등의 OFF사운드 이어지다가 준호 부, 피 묻은 지폐 몇 장을 들고 방에서 나온다. 어린 준호와 어린 수진을 슥 보더니 그 앞을 지나 집을 나서는 준호 부. 이내 방에서 나온 준호 모가 어린 준호에게 다가온다. 입술이 터져 피가 흐르는데...

준호 모 (덤덤하게) 배고프지? 금방 밥 해 줄게.
어린 준호 ... (그런 엄마를 공허하게 보고 있다가 엄마가 주방 쪽으로 걸음을 옮기면) 엄만 저런 사람이랑 왜 결혼했어?
준호 모 (뒤를 슥 돌아보고 옅게 웃는데)

다시 암전되며 떠오르는 타이틀
'그 여자'

2. 헌병대, 영창 / N

끼익, 소리와 함께 근무복을 입은 준호가 영창으로 들어선다.
전번초인 류이강이 영창 키를 건네며 "수고." 말하고 나가자 충성! 배웅하는 준호.

준호 (랜턴을 들고 수감자들이 잘 자고 있는지 확인하다가) 류이강 상병님?
류이강 (나가려다 돌아보고) 응?
준호 (전에 엄마의 환상을 본 방) 근데 이 방은 왜 계속 비워 두는 겁니까?
류이강 아... 너 모르나? 거기 귀신 나오는데? (사이) 전에 있던 수련생이 목매달았거든. (고개를 갸웃하다) 정신 오락가락하던 애였나...
준호 (보면 영창 구석, 작게 소금 언덕도 만들어 놓은 게 보인다.) ...예, 알겠습니다.
류이강 그래, 뺑이 잘 치고. (나간다.)

근무표를 작성하고 랜턴을 끈 후 돌아서 걸어가는 준호. 그때, 뭔가 칙, 칙 소리가 준호 등 뒤에서 간헐적으로 들린다. 보면 귀신이 나온다는 끝 방 쪽에서 나는 소리...
멈칫, 서서히 걸음을 옮겨 영창 안을 보면, 다름 아닌 '후드'가 라이터로 담배에 불을 붙이고 있는 뒷모습이 보인다. 켜지지 않는 라이터 소리였던 것... 후드가 고개를 돌려 준호를 본다.

후드 (노래방 앞에서와 같은 모습. 말투만 미묘하게 다른) 불 좀 빌려주세요.
준호 ... (시선을 내려다보면 그때 그 가라오케 라이터가 이미 손에 쥐어져 있다.)
후드 (영창 철창 밖으로 손을 뻗어 준호에게서 라이터를 가져온다. 칙, 이번엔 한 번에 라이터를 켜 담배에 불을 붙인다. 한 모금 뱉어내고) 할 만해요?
준호 (철창을 사이에 두고 후드를 보며) 글쎄요, 모르겠어요.
후드 (살짝 웃고) 아니, 사람 죽이고 사는 거. (사이) 할 만하냐고요.

화면 빠지면 풀숏, 영창 안에 홀로 덩그러니 서 있는 준호의 뒷모습... 잠시 고갤 숙인다.

3. 오프닝 타이틀 시퀀스

안준호, 한호열, 박범구 등의 실루엣과 대한민국 국군에 대한 뉴스릴들이 몽타주 돼 등장했다 사라지길 반복하는 오프닝 타이틀 시퀀스. 음악과 앵커들의 목소리가 계속 부딪친다.
배우, 스태프 등의 크레딧이 화면 아래쪽에 함께 흐르고 마지막에 떠오르는 타이틀 'D.P.'

4. 헌병대, 흡연 공간 / D

화면 바뀌면 다시 'D-586' 떴다가 사라진다.
슥삭 슥삭 소리와 함께 구두약으로 열심히 전투화를 닦고 있는 조석봉이 보인다.

준호 (옆에 민망한 얼굴로 서 있다.) 조석봉 일병님 괜찮습니다. 대충 해주셔도...
조석봉 죠단자나이다요 준호쿤. 원래 맞후임 휴가 나갈 때는 이렇게 해주는 거야. (광이 반짝거리는 전투화를 내밀며) 됐다, 이제.
준호 감사합니다.
조석봉 좋겠다, 준호쿤은. (부러움) 나는 포상 한 번도 못 받아봤는데...

(준호가 미안한 표정이 되자) 아냐, 재밌게 놀다 오고 (음) 혹시 시간 되면... (머뭇. 다 쓴 만화용 빨강 라인펜 하나를 보여주며) 이거 하나만 사다 주라.

준호 (받아서 내용을 확인하고) 아, 네. 알겠습니다. (좋아라 웃는 조석봉)

5. 헌병대, 수사과 / D

허기영이 준호의 영수증을 받아 남은 지폐들과 대조하며 정리하고 있다. 빅맥을 먹는 중.

허기영 (쩝쩝) 근데 너 왜 베이컨 추가 안 했냐?

준호 (수사과로 들어서다가) 잘 못 들었습니다? (사이) 아, 죄송합니다.

허기영 아, 는 새끼. (영수증을 검토하며) 너는 김치찌개에 사이드로 계란말이까지 추가하면서, 부대서 똥국에 밥 말아 먹을 고참 생각은 안 나디?

준호 죄송합니다.

허기영 새끼가. 잊지 마라, 베이컨은 중대 사항이다.

박범구 (그때 문을 열고 들어오는) 디피야, 야, 디피야.

준호 (뒤를 돌아 경례하며) 이병 안준호.

호열(OFF) (공간 어디선가 목소리만 들린다.) 상병 한호열.

박범구 불렀으면 면상이라도 들이밀고 대답해라, 짜샤.

호열 (그제야 공간 한쪽 자료실에서 기어 나온다. 자다 나왔는지 눈은 충혈돼 있고 침을 닦으며) 상병 한호열.

박범구 잤냐? 휴가 안 갈 거야?

호열 저는 원래 낮잠을 안 자지 말입니다.

박범구 침이라도 닦고 말해라.

호열 (준호를 보지도 않고) 준호야, 침 좀 닦아라.

준호 예, 알겠습니다. (있지도 않은 침을 닦는다.)

박범구 (얼씨구? 잘들 노네?) 애 하나 버렸네, 버렸어. (쯧쯧)

6. 헌병대, 보좌관 방 / D

임지섭이 줄칼로 쓱싹쓱싹 손톱을 다듬고 있다. 그 앞에 도열해 있는 박범구, 호열, 준호.

임지섭 (손톱을 후 불고) 어, 그래 누구야. 우리 호영이랑 준우.

호열 (발음을 정확히) 상병 한호'열'!

준호 이병 안준'호'!

임지섭 수고했어. 탈영병들이 아무리 하자 있는 애들이어도, 우리 디피들이 딱. 낙오 안 하게 수습해주니 얼마나 보람차냐? (미소)
박범구 (준호, 호열도 임지섭의 말이 맘에 안 드는 표정) 그냥 주워왔답니다.
임지섭 (피식 웃고) 것도 재능이죠? 상반기에 벌써 일곱 명 잡았네요, 저희.
올해 열 명 채우시죠? (굳은 얼굴로 티 나지 않게 임지섭을 슥 보는 준호)
박범구 네, 뭐... (하는데 바로 전화를 드는 임지섭)
임지섭 어, 당직. 레토나 한 대 수사과로 올려. 디피 애들 휴가...
박범구 (툭) 제가 터미널까지 태워다 주겠습니다, 애들 전파사항도 있고요.
임지섭 ...그러실래요, 그럼? (호열, 준호에게) 휴가 잘 다녀오고. 호영이랑 준우.
호열, 준호 상병 한호'열', 이병 안준'호'!
임지섭 응응, 호영이 준우. (준호, 호열 모두 티는 못 내지만 별로인 얼굴)

7. 버스터미널 앞 / D

차에서 내리는 준호와 호열. 박범구에게 경례하는데, 박범구가 차창을 연다.

박범구 포상 휴가니까 처놀고 자빠져 있는 건 좋은데, 전화는 항상 즉각 받을 수 있도록. 잘 때도 빤스에 폰 넣고 자라.
호열, 준호 예, 알겠습니다. 충성 (다시 경례)

뒤도 안 보고 차를 출발시키는 박범구. 터미널 안쪽으로 걸어 들어가는 둘.

호열 새로 온 보좌관 골 때리네, 캐릭터 있어...
준호 (무언의 긍정) 한호열 상병, 먼저 가시지 말입니다. 저는 근처에서 잠시...
호열 왜? 집 안 가고 어딜 샐라고?
준호 아, 그게...
호열 (하품하며 앞서 간다.) 니가 탈영병이냐? PC방 가서 자빠져 있을 거면 형네 집 가서 라면이나 때리든가. (머뭇대는 준호) 아 시발, 이 새끼... (일부러 농담) 무슨 생각 하냐? 그냥 라면 인마!
준호 ...예, 알겠습니다.
호열 비장하게 대답하지 마, 시까!

8. 호열 집 / D

INS
인덕션에서 보글보글 끓고 있는 라면. 계란 두 알을 넣는 호열의 손.
*   *   *

화면 빠져보면, 새하얀 벽지에 세련된 인테리어. 창밖으로 가까이 한강 야경까지 보이는 고급 아파트 거실에 준호가 앉아있다. 호열은 주방에서 라면을 끓이는 중이고...
한쪽 벽에 크게 붙어있는 호열의 가족 사진을 보는 준호.
활짝 웃고 있는 엄마, 아빠 사이에서 호열의 얼굴만은 뭔가 마네킹 같은 기분이다.

호열 (준호에게) 엄마 아빠 미국 가서 집이 좀 썰렁해.
준호 (사진에서 시선을 떼고) 미국 말입니까?
호열 응, 아빠 일이 거기 있거든. 일 년에 한두 번 오나? (라면을 들고 오며)
준호 (일어나 받는다. 문득 의문) 근데 이런 데 사시면서 활동할 때는...
호열 (뚜껑 열며) 이게 아빠 집이지 내 집이냐? 부모 돈이 내 돈이겠냐고오. 먹어.
준호 식사 맛있게 하십쇼. (젓가락을 집는다.)

풀숏으로 보이는 둘의 모습. 커다란 집에 점처럼 작게 프레임 구석에 앉아있는 호열과 준호가 라면을 먹기 시작한다. 잠시간의 정적 속, 호록 호록 소리만이 들리는데...

호열 (라면을 입에 넣으며) 넌 형제 있냐?
준호 (같이 먹으며) 동생 있습니다.
호열 여동생?
준호 안 예쁩니다.
호열 (이 새끼가) 안 물어봤어 새꺄. (사이) ...어떠냐? (준호가 뭔 소리지? 싶은 얼굴이 되자) 너랑 미묘하게 닮은 인간이 있는 거.
준호 그냥 간 이식 같은 거 할 때 편하겠구나, 싶습니다.
호열 부모님은 잘 계시고?
준호 그냥 계십니다.
호열 아, 시크한 새끼... 너는 왜 얘길 안 하냐? (쯧) 그래도 고참이 묻는데.
준호 (재빠르게 대답) 밖에 나오면 형이라고...?
호열 이 새끼 이럴 땐 머리가 아주 팽팽 돌아. 거의 뭐? 멘사야. (호로록. 덤덤하게) 그런 생각 안 해봤냐? 부모는 나를 왜 낳았을까? 내가 태어나겠다 한 적도 없는데.
준호 ...그러게 말입니다.

호열 (화제 바꾸며) 복싱은? 어릴 때부터 했어? 부모님이 시킨 건가?

준호 (아무렇지 않게) 아빠한테 안 맞으려고 배웠습니다.

호열 (흐음... 정적이 잠시간 지나간다. 그때 월! 월! 개 짖는 소리와 함께 핸드폰이 울리는) 씨바 타이밍. 어디 CCTV 달아놨나? (얼굴이 찌그러지지만 뭔가 반가운) 충성 상병 한호열입니다. (괜스레) 아니, 그래도 휴간데 (하다 반색) 어디요? 부산이요? (헐) 옜겠습다. (끊고) 바다 보러 가즈아.

그 위로 텅! 텅! 테니스 치는 소리.

9. 헌병대, 테니스장 / D

전화를 끊은 박범구의 시선으로 보면, 부대 안의 작은 테니스 코트. 임지섭이 활동복을 입은 병사 한 명과 테니스를 치고 있다. 병사는 선수 출신인지 꽤 잘 치는...

박범구 (코트 옆에서 보고 중이다.) 말씀 주신대로 디피 애들 연락했습니다. 부산으로 이동할 겁니다.

임지섭 (들었는지 아닌지 테니스에만 집중 중) ...오케이! 잘 꽂혔으!

박범구 ...이런 말씀 드리긴 좀 뭐한데... 애들 휴가 중엔 웬만함 활동 안 보내는 게 원칙입니다. 타 부대 탈영병까지 저희가 굳이...(하는데, 박범구의 앞으로 세게 날아드는 테니스공!) ...!!

임지섭 (박범구가 몸을 돌려 피하자 웃으며) 아, 거기 계셨어요? 죄송함다.(손목을 휘이, 휘이) 이게 서브가 잘 안 먹네.

박범구 (억지로 미소) 괜찮습니다.

임지섭 (천진하게) 근데 왜요? 하실 말씀 있으세요?

박범구 ...아닙니다. 수고하십쇼. (돌아서며 참는) 자꾸 기싸움을 할라 그러네.

임지섭 (그 뒷모습을 보다가 웃으며 다시 서브를 넣는다. 흥겨운 음악 시작되며)

10. 부산 시티 투어 버스 / D

INS
바다, 수산물시장, 해변가의 관광객들 등의 스케치가 이어지고...

*   *   *

사람들로 가득 찬 시티 투어 버스 안. 여행 온 사람들로 그득한 가운데... 2층 오픈형 좌석에 앉아있는 준호와 호열도 보인다. 선글라스까지 끼고 있는 호열.
음악이 서서히 잦아든다.
호열은 부산 가이드북을 보며 "오 해운대, 쩐다 진짜..." 입맛을 다시고 있고,

준호 놀러 가는 거 아니잖습니까?
호열 야, 이번 건은 공조야. 타 부대 디피들 지원 가는 거라고.
준호 그건 뭐가 다릅니까?
호열 어허... 디피들한텐 상식이란 게 있어. 헌팅할 때 밀어주는 거 알지? 걔네 밥그릇에 숟가락을 얹으면 되겠냐? 우린 그냥 딱! 지원 사격 깔끔하게 해 주고 응? (가이드북 보여주며) 암소 갈비 딱! 집어먹고 오면 되는 거야.
준호 (흐음. 그러거나 말거나 핸드폰으로 메일을 확인. 탈영병의 신상이 액정에 보인다. '정현민 일병, 수도방위사령부 53보병사단, 휴가 미복귀 3개월')
호열 (사진 보고) 와 관상 아주 씨... (준호가 보자) 디피 상식 2번. 탈영병은 크게 두 종류가 있다. 무슨 일을 저지를까 무서운 새끼와 내가 잡으러 가기 무서운 새끼. 최준목이가 전자였으면 얘는 딱 후자야. 표정 봐라, 이거...
준호 그런 애들은 어떻길래 말입니다?
호열 돌은 자들 많지, 싸제서 생활하던 애들도 있고... 막 칼빵도 놓고 그래. 으...
준호 지난번엔 지극히 평범한...
호열 (아 새끼, 말을 자르며) 생각을 해 봐라? 지극히 평범한 인간들만 군대에 모여 있으면, 왜 누가 뒤지고 탈영을 하고 그러겠냐?
준호 ... (잠시 생각하다, 중얼) 평범한데, 모여 있으니까... (호열이 선글라스를 살짝 내리고 슥 보자) 모아서 가둬놨으니까?
호열 (사이) ...이 새끼 아무리 봐도 탈영병 관상이야, 디피 아냐 이거. (쯧쯧)

11. 부산 고급 호텔 / D

INS
바닷가를 끼고 있는 고급 호텔의 외관.
버스에서 내린 호열과 준호가 걸어 들어간다.
준호는 "뭡니까, 여긴?" 중얼대고,
* * *

위잉, 자동문이 열리고 둘이 들어가면, 럭셔리한 로비가 드러난다.
가죽점퍼를 입은 다부진 체격의 남자 **태성곤**이 다가와 말을 건다.

태성곤 강원도서 오신 분들이죠?
호열 네, 뭐 감자라도 하나 드릴까? 준호야 하나 꺼내 드려라.

준호 (이젠 무표정한 얼굴로 능숙하게 받는다.) 다 떨어졌지 말입니다.

OFF (호열 뒤에서 누군가) 안녕하세요. 수도방위사령부 디피좁니다.

호열 예, 안녕하세요. (기분 좋게) 저희 화끈하게 지원해 드리려 온... (하며 목소리가 들린 쪽을 보고 멈칫, 그가 아는 얼굴이다.)

거기, 재킷을 입은 뿔테 안경의 남자가 보인다.
준호, 호열과 대조적으로 이 공간과 이질감이 하나도 없는 디피. **김규**다.

김규 (조곤조곤 웃으며 말하는) 처음 뵙겠습니다. 수방사 디피조 조장 김큡니다.

호열 (처음 봬?) 어... 네. 한호열이라고 합니다. (김규는 기억 못 하는 분위기)

준호 (호열의 분위기가 이상해짐을 감지한다.)

Cut to
카페 가운데 모여 앉아있는 준호, 호열, 김규, 태성곤.

김규 (종업원이 다가오자 호열에게 친절하게) 뭐 드시겠어요?

호열 (잠시 김규를 미묘하게 웃으며 보고) 저는 물, 워러.

준호 (왜 이래 계속?) ...저도 그냥 물 마시면 됩니다.

호텔 종업원 스틸, 스파클링 어떤 걸로 드릴까요?

준호 (뭔 소리야?) 네?

김규 둘 다 주시고요. 아이스 아메리카노 두 잔 주세요. (종업원 보내고)

호열 (빈정) 활동비론 이런 데 감당이 안 될 텐데... 엄카 같은 거 펑펑 쓰시나 봐요?

김규 (웃으며) 아 예, 뭐 그냥... 말씀은 들었어요. 저희 수방사 보조해 주신다...

호열 (계속 못마땅) 보조라뇨? 그쪽이 하도 오래 못 잡으니까 저희가 도와주러...

준호 (보다 못해 테이블 밑으로 호열을 말리며 귓속말) 왜 이러십니까, 좀... (사이, 종업원이 와서 음료들을 내려놓는다.)

김규 (당황하지 않고) 알겠습니다. 암튼간에... (보지도 않고 부르며) 성곤아.

"옙." 대답한 태성곤이 준비해 둔 두 장의 포스트잇을 꺼내 내민다.
각각 다른 주소가 쓰여 있는 포스트잇.
'부산 해운대구 xxx...', '부산 수영구 xxx...'

태성곤 저희가 위치 추적해서 파악한

예상 도주지로... 이쪽이 정현민 아버지 주소, 이건 정현민 여자친구 주소입... (하는데)

김규가 슥, 손을 뻗어 아버지의 주소 포스트잇을 꾸겨 주머니에 넣는다.

김규 (태성곤이 맘에 안 드는) 아저씨들 바쁜데 뭐 이렇게 길게 얘기해.
태성곤 죄송합니다!
김규 (나머지 주소를 내밀며) 여기 가시면 돼요. 현민이 아빠 집엔 저희가.
호열, 준호 ... (잠시 가만)
김규 잘 부탁드립니다. (나온 커피에 손도 안 댄 채 태성곤에게) 가자. (일어나는)
호열 (사이, 부글부글 끓는다, 김규가 남긴 커피에 시선이 가 닿는)

12. 부산 고급 호텔 앞 / D

밤이 된 하늘. 로비에서 나와 밖으로 걸어 나가고 있는 준호와 호열.
손에는 테이크 아웃 커피가 들려 있다.

호열 (쪼옥) 원두가 좋네, 산미가 달라...
준호 (쪼옥) 대체 아까는 왜 그러신 거... (하는데)
호열 준호야... (우수가 찬 눈빛으로) 내가 훈련소 때 말야. 싸제에선 쳐다도 안 보던 초코파이가 너무 먹고 싶었거든? 그래서 믿지도 않는 교회에 가서 초코파이를 받아 관물대에 숙성시켜놨어. 5주 훈련 다 끝나면 처먹을라고. 근데 그걸 형제처럼 믿던 훈련소 동기 새끼가 훔쳐 먹었다면... 넌 어쩔래?
준호 (고민할 필요도 없다. 진지하게) 죽이지 말입니다.
호열 그 동기가 저 새끼다, 김규.
준호 (그 어느 때보다 격하게 동의하는) 말도 안 되지 말입니다.
호열 ...대충 지원 같은 건 없다. 정현민 우리가 잡자, 저 새끼 물 좀 먹이게.
준호 딱 보니까 애인 집은 훼이큽니다. (그럼? 하는 눈빛으로 호열이 보자) 부산시 해운대구 432 다시 7 207호, 현민이 아빠 집도 아까 외웠습니다.
호열 (웃으며) 워, 이거 특 에이급이여? 먼저 선수 좀 쳐볼까?

13. 부산, 정현민 집 / N

좁고 어두컴컴한 집 안. 딩동딩동 초인종 소리가 들린다. 좁은 거실 옆방에서 헤드셋을 끼고 "마 케틀 극딜 해! 피 안

빠지나? 개새끼 템 주라꼬!" 게임을 하는 남자. 탈영병 **정현민**이다.

정현민 (담배와 맥주를 번갈아 하는데 맥주가 떨어졌다.) 에이, 씨...
(프레임 밖에 대고) 집에 술 더 없나?
(답이 없자) 아 씨발... (외치는) 술 더 없냐꼬?!
준호(OFF) (현민 얼굴 위로 준호 목소리) 근데 디피들은 다 집에 돈이 많습니까?

14. 부산 빌라촌 / N

낡은 빌라촌이 보이는 동네. 빌라들 쪽으로 걷고 있는 준호와 호열. 호열이 응? 준호를 보면,

준호 한호열 상병도 그렇고, 박성우 상병... 아까 수방사 아저씨도...
호열 (흠) 아무래도 활동빌 사비로 메꿔야 할 때도 있으니까 뭐, 그렇기도 한데...
준호 (동네를 보며 말을 이어가는) 근데 탈영병들은 최준목도, 신우석도...
호열 (툭) 넌 안 그렇잖아.
준호 잘 못 들었습니다?
호열 넌 안 그런데 디피잖아?
준호 (뭔가 편견 없게 느껴진다. 말 돌리며) ...아...
호열 헛생각 그만하고 긴장 타라. 잡으러 가기 무서운 새끼라니까.

15. 부산, 정현민 집 / N

"어디 간 거야 썅..." 중얼대며 거실 냉장고 문을 열고, 맥주 캔을 꺼내는 정현민.
들이키려는데 딩동딩동 초인종 소리가 들린다. 눈빛이 날카로워지는 정현민. 반복해서 초인종이 울리자 현관으로 다가가 야구 배트를 들고 숨을 고른다. 벌컥 문을 열면! 거기엔 성경책을 든 아주머니들이 "안녕하세요. 저 요 앞 교회에서 전도 나온..." 말을 뱉는다.

정현민 (더 짜증 나서) 확 씨발, 다 조사뿔까보다. 가소, 마. (쾅! 문을 닫는다.)

문을 닫고 돌아서면, 화장실에서 나온 왜소한 체격의 **현민 부**가 그 모습을 보고 있는.

정현민 (타박하는) 아, 씨발, 노친네가! 누가 오면 잘 디비 보라 했나? 안 했나?!
현민 부 아, 미안타... 화장실에 있어가... (방으로 가는 현민에게

조심스레) 핸민아, 인자 부대 들어가 봐야 안 하긋나? 니 계속 이러다 인생 조지뿐다 아이가...

정현민 (멈춰서) 내 더 조질 인생이 어딨는데? 내가 누구 때매 인생 조졌는데예?! 내 알아서 드 갈끼니까... (동시에 주먹으로 쾅! 문을 갈기자 나무 문짝에 구멍이 난다. 주먹에서 뚝뚝 떨어지는 핏방울) 돈 해 줄 거 아니면 그만 하이소. 진짜 까버릴지도 모릅니더.

현민 부 (움찔했다가) ...미, 미안타... (이때, 다시 딩동딩동 초인종 소리가 들린다.) 내 나가 보께... (하는데)

정현민 (현민 부를 옆으로 밀치고) 이 씨발, 예수쟁이들... (다시 배트를 집어 든다.)

거칠게 문을 열며 "안 믿는...!" 말을 던지려는데... 앞엔 준호와 호열이 서 있다!!

호열 너 제대로 외운 거 맞아? (준호를 타박하다 바로 정현민이 나오자, 음?)

준호 (당황) 정현민?

호열 갑자기? (정현민도 당황을 넘어 황당한 얼굴)

찰나의 포즈가 지나자마자 쾅! 문을 닫으며 집 안쪽으로 도주하려는 정현민!

"이런 씨발!"
준호가 "정현민!!" 악다구니 쓰며 현관문에 몸을 비집어 넣는다! 우당탕탕 현관에 신발들을 던지며 자기 방 쪽으로 달리는 정현민. 준호가 주춤하는 사이 호열이 집 안으로 진입한다!

호열 현민아, 휴가 끝났...!! (뒷덜미를 잡으려는데) 으악!

현민 부 (호열의 발목을 잡아 넘어뜨린다.) 핸민아, 빨랑 가라, 도망 가!

호열 아저씨... 아, 씨! (꼭 붙든 현민 부를 떨어뜨리려 애쓰다 시선이 마주친다.)

그새 정현민은 철컥, 방문을 잠그고 들어가 자기 방 창문의 안전망을 손으로 뜯어내고 있다.
준호가 호열과 현민 부를 지나 잠긴 현민 방 앞에 당도한다. 이걸 발로 차도 되나 싶어 머뭇하는 준호. 호열을 쳐다보자 호열이 "빨리 차, 인마!!" 그제야 쾅! 문을 발로 차서 여는 준호.
정현민은 안전망을 다 뜯고, 맨발로 배수관을 타며 빌라 옥상으로 올라가는 중이다.
호열도 결국 현민 부를 떨어뜨리고, 준호 옆으로 와 그 광경을 목도하는데,
서로 얼굴을 마주 보는 둘. 말하지 않아도 안다는 듯 고개만 서로 끄덕거리곤, 이내 호흡이 척척인 것처럼 호열과 준호가

동시에 창 쪽으로 뛰어간다. 문틈에 둘이 콱! 끼어 부딪히고.

호열 (엉망진창) 야이 씨, 넌 밖으로 가야지!

16. 추격 몽타주 / N

A. 배수관을 타고 올라가는 호열을 카메라가 쫓는다.
간신히 올라가 보면 정현민은 도움닫기 해서 옆 건물 옥상으로 뛰고 있다.

호열 으... 무슨 형사도 아니고! (도움닫기로 건물 사이를 뛰어 넘어간다!)

B. 지상에서 골목을 달리며 그런 정현민과 호열을 올려다보는 준호.
옥상에서 옥상을 건너뛰는 둘이 아슬아슬해 보인다.
C. 높은 부감으로 보이는 셋의 모습. 준호가 둘보다 더 빨리 앞쪽 빌라로 들어선다.
D. 이를 악물고 재빠르게 빌라 옥상으로 뛰어 올라가는 준호!
E. 벌컥! 옥상 문을 열고 들어서면 이쪽으로 막 넘어온 정현민이 보인다!

준호 (하악, 하악) 서라, 정현민.

정현민 (앞으로는 준호, 뒤로는 호열이 막 넘어온다. 외통수) ...

호열 (하악, 하악) 아, 개새끼 졸라 잘 뛰네. (발목을 삐끗했는지 절뚝이는)

정현민 (문득) 니네 뭔데? 경찰이가? (뒤를 돌아 호열을 보고) 경찰이 와?

호열 (그 와중에 수갑을 꺼내며) 육군 헌병대 군무이탈 체포... (하는데)

옥상 난간을 보고 머뭇거리던 현민이 에라 모르겠다 훅, 뛰어서 프레임 아웃 한다.

호열 ...!! (쾅! 소리가 들린다. 반사적으로 내려다보면 승용차 지붕 위로 착지한 정현민) 씨... (삐유삐유삐유삐유 승용차 비상음 들리고, 좆됐다 싶은데)

준호(OFF) (씨...) 디핀 사람 때려도 됩니까?

호열 뭐? (준호도 호열의 옆을 지나 옥상 아래로 점프한다!) 야, 이...!

17. 부산, 골목 / N

다시 쾅! 준호도 승용차 지붕 위로 착지한다. 몸을 굴려 바닥으로 내려오는 준호. 그런 준호가 정현민도 약간은 당황스러운 모습인데, 이내 주먹을 뻗어 준호를 공격하기 시작한다! 복서 같은 폼으로 빠르게 날아드는 주먹. 준호가 반사적으로 위빙 하며 주먹들을 피한다. 휙, 휙! 한방이 승용차의 차창을 팡! 깨부수고! 준호도 주먹을 치켜들어 가드 자세를 잡는데...!

정현민 (살짝 웃고, 복서인지 알아본다.) 권투 했네?

대답은 않고 왼 주먹으로 잽을 뻗는 준호! 매섭게 날아드는 잽이 정현민의 얼굴과 몸통을 퍽퍽, 두어 번 두들긴다. 정현민은 인파이터 스타일로 몸을 둥글게 말고 주먹을 뻗는데...
야수같이 주먹을 주고받는 두 복서, 아니 군인들. 준호가 다시 뻗은 왼손 잽을 정현민이 피해내는데, 동시에 회심의 훅을 그의 옆구리에 적중시키는 준호! 퍼억!

정현민 (조금 콜록거리곤) 재밌었다.
준호 (끝난 줄 알았는데?) ...!

정현민이 기다렸다는 듯 준호의 열린 안면으로 어퍼컷을 후려친다. 빠악!
강렬한 파열음과 함께 뒤로 나자빠지는 준호. 몸을 일으키려 하지만 쉽지 않다. 씩 웃으며 피 섞인 침을 바닥에 뱉고 유유히 어둠 속으로 사라지는 정현민.
그제야 다리를 절뚝거리며 호열이 지상으로 내려온다. "안준호!" 외치며 준호에게 다가와 부축하는 호열.
"하... 씨이..." 준호의 시선은 계속 정현민이 사라진 어둠 속에 머물러 있다.

암전되는 화면.

18. 헌병대, 보좌관 방 / N

열중쉬어 자세로 고개를 숙인 채 서 있는 박범구가 보인다.
그 앞으로 통화 중인 임지섭도 보이고...
그답지 않게 90도로 고개를 조아리며 통화 중.

임지섭 (식은땀 흘릴 지경) 예, 정말 죄송합니다. 선배님. 아닙니다, 방해라뇨!
잘해보려는 마음에 제가 너무... 정말 아닙니다, 죄송합니다. 예, 예, 충성.
박범구 ... (임지섭이 고개를 조아릴수록 더 면목 없는 표정. 그가 전화를 끊자)
면목 없습니다. 바로 애들 복귀시키고 시정하겠...
임지섭(OFF) (중얼) 당신이 지금 뭘 망쳤는지 알아?
박범구 (갑작스러운 반말에 당황) 네?
임지섭 보직이 군탈 담당인데...
탈영병 잡는 게 그렇게 어렵습니까?
실적 챙겨주려 멍석까지 깔아줬는데 왜 똥을 싸지르시냐고. (다가오며)
박. 범. 구 중사.
박범구 (화가 가득 찬 얼굴인데) 중사 박범구.

임지섭 왜? 반말해서 기분 나빠요? 간부들이 부사관들한테 존대해주는 건 예입니다, 그냥 좆 빠지는 거 아니까 대접해주는 거라고요. 그니까 상명하복 잘 좀 하시고... (박범구 옷을 슥슥 매만지며) 디피 애새끼들 징계 준비하세요, 씨발.

무표정한 얼굴의 박범구. 열중 쉬어 자세를 한 채, 등 뒤 주먹에 힘이 꽈악, 들어간다.

19. 헌병대, 수사과 / D

씩씩거리며 수사과로 들어오는 박범구. 청소하던 허기영이 그런 박범구의 눈치를 살핀다.

박범구 (분이 가시지 않은 얼굴로 담배를 물며 중얼) ...씨발.
허기영 담당관님, 괜찮으시지 말입니다?
박범구 준호열이 병원이라고?
허기영 예, 그렇습니다.
박범구 얼마나 다쳤대?
허기영 죽진 않은 거 같습니다.
박범구 오늘 기차 타고 올라오라 그래.
허기영 예, 알겠습니다. 근데, 그 얘기 들으셨습니까? (박범구가 뭐? 하는 표정으로 보자, 툭) 탈영한 정현민네 부대, 수방사 53보병사단 말입니다, 담주에 진짜 사나이 촬영이라지 말입니다.
박범구 (그게 뭔 소리야? 싶다가 머리에 퍼즐이 맞춰지는) 방송 찍기 전에 탈영병 잡아야겠네? 조용히?
허기영 ...수방사 사단장도 육사지 말입니다. 보좌관님 선배.
박범구 (눈빛을 빛낸다.) 애들한테 내가 전화하께.
허기영 (살짝 의도한 대로 흘러간 기분) 예, 알겠습니다.

20. 부산, 병원 로비 / D

발목과 얼굴에 연고를 바르며 의자에 앉아있는 호열과 준호.
한동안 말없이 연고만 바르고 있는 둘... 이른 아침이어서인지 로비엔 둘 밖에 없다.

호열 (그러다 툭) 역시 입식은 안 돼. (준호가 슥 보자) 그래플링이 짱이야.
준호 (힘없이) 그냥 제가 진 겁니다.
호열 (갑자기) 야 일어나 봐, (옆으로 선 둘) 손 줘 봐.

준호의 뭐 하려는 거지? 싶은 얼굴.
호열이 자신의 왼발을 준호의 왼발에 걸고 자신의 왼팔로 준호의 오른팔을 잡는다.

그대로 팔을 목 뒤로 넘기는 호열.

호열 이게 코브라 트위스트라는 거다. 자... (자신의 허리를 펴는데)
준호 (데미지가 와야 하는데 멀쩡하다.) 뭐 하시는 겁니까?
호열 (음? 이게 아닌데? 다시 시도) 준호야, 아플 때 아프다 말하는 것도 용기야.
준호 ...그만하시지 말입니다. (계속 시도하는 호열) 참... (옆으로 팔을 빼려 하자)
호열 으아아아...!! (엄청난 통증) 아파, 아파, 아파!!

엉겨 붙은 몸을 떼어 내는 준호. 이때, 뒤에서 누군가의 목소리 "살 만 한가 보다, 호열아?"
준호, 호열 돌아보면, 김규와 태성곤이다. 태성곤의 손에 들려 있는 건 다름 아닌 초코파이.

호열 (김규를 보고, 헐) 뭐냐, 너? 처음부터... (알고 있었어?)
김규 첨엔 니 반응이 재밌어서 그랬는데. 하다 보니까... (웃는)
호열 (태성곤이 초코파이를 내려놓자 확 열 뻗쳐 김규 멱살을 쥐는) 너 이 새끼!
태성곤 (막아서며) 아저씨, 남의 활동 말아먹고 뭐 하세요?
준호 (같이 말리지만 그 말에 화나는) 말아먹다뇨? 첨부터 같이 잡았으면!
태성곤 (인상 쓰며 준호에게) 우리가 알아서 잡을 걸 누가 겐세이 놨는데?
호열 (씩씩대며) 그냥 지랄해라, 까지 말고.
김규 뭘 까기까지 해? 실적 따러 다른 사단 구걸하다 보면 그럴 수도 있지.
호열 하아... 뀨, 여전히 재주 있어? 재수 없는 재주.
김규 고맙다. 아? 아픈 건 좀 괜찮고? 너 칼침 놓은 탈영병 아직도 못 잡았다며?
준호 (호열 대꾸하지 못하고... 몰랐던 사실. 군 병원 갔던 이유가...?!)
김규 하긴, 인제 보직해제되면 영영 못 잡나?
호열 (애써 웃으며) 보직해제는 니미, 우리 휴가까지 빼 가며 그냥 지원 나온...
김규 우리 대장이 니네 부대 전화한 거 같더라. 왜 남의 관할서 개판 치고 드러눕냐고. (웃고, 얄밉게 초코파이를 하나 뜯어먹는)

김규가 "이거 많이 먹고 빨리 쾌차해라." 말하고 태성곤과 함께 자리를 뜬다.
답답, 짜증 난 얼굴로 그 둘의 뒤를 바라보는 준호와 호열. 이때, 전화가 울린다.

호열 (박범구의 전화다. 힘없이 받고) 충성, 상병 한호열입니다. 바로 복귀하겠...

박범구(OFF) 어, 아냐. 오지 마.

호열 (?) 잘 못 들었습니다.

박범구(OFF) 귀에 좆 박았어? 정현민이 잡기 전엔 기어들어 오지 말라고.

호열 (!) 저희 징계처리 아니었습니까?

박범구(OFF) (이를 앙다물고 말하는) 내가 알아서 할 테니까... 정현민이만 잡아와, 무조건 수방사 새끼들보다 먼저.

호열 예썰, 목숨을 걸겠습니다. (끊고 준호에게) 목숨 하나 생겼다, 보너스 목숨.

준호 (빙그레 웃는 호열을 보며, 다시 달아오른다.) ...어디부터 시작합니까?

호열 (멀어지고 있는 김규와 태성곤을 보고 눈을 빛내며) 기영이 뭐 좋아하지?

21. 헌병대, 속보실 / D

경쾌한 배경음악과 함께, 언제나처럼 그 자리에 앉아 문서 작업 중인 허기영. 전화가 울리자 "통신보안, 속보실 일병 허기영입니다." 받는 허기영. 상대는 준호다.

준호(OFF) 충성, 이병 안준홉니다.

허기영 (계속 타이핑하며) 어, 그래.

준호(OFF) 허기영 일뱀, 혹시 아이피 하나만 따 주시면 안 되지 말입니다?

허기영 여기가 무슨 국정원이니? 민간인 통신감청 영장 먼저 받으시고요...

준호(OFF) (툭) 민간인 아니고 군인입니다. (허기영은 무슨 속셈이지 싶은 얼굴이 되고) 많이도 아니고 한 명만, 살짝만 인트라넷에서 봐주실 수 있지 말입니다?

허기영 (말이 안 되진 않는데, 타이핑을 멈추고) 누군데?

INS

준호의 전화를 빼앗아 드는 호열.

호열 (답답해서) 김규라고 수방사 디피 새끼! 저 새끼들 좀 재낄라고!

*　　*　　*

머리를 긁적이며 생각하는 허기영.

준호(OFF) 빅맥에 베이컨 추가해서 사가겠습니다.

허기영 하, 이젠 후임 새끼가 먹는 걸로 날 조교 하네?

준호(OFF) 사이드로 맥너겟 여섯 조각도 같이.

허기영 이름이 뭐라고? (작업을 멈추고 인트라넷-군용 인터넷-을 연다.)

22. 부산, 백화점 / D

이어폰을 끼고 허기영과 통화하며 걸음을 옮기는 중인 준호와 호열.
우웅- 커다란 자동문이 열리고, 백화점의 로비로 들어간다.

준호 (으음?) 여기 맞습니까? 백화점?
허기영(OFF) 어. 얘기했던 김규 상병, 최근 삼 일간 가장 길게 체류한 데가 거기야. 1층, 계속 와이파이 땡겨 썼네.
호열 (갸우뚱) 여기서 잠복을 했다고? 그냥 쇼핑 온 거 아니고?
준호 감사합니다. (끊고) 일단은... (안내 데스크로 향하는)
안내 직원 (미소를 지으며 인사하는) 안녕하십니까.
준호 (정현민의 사진을 보여주며) 혹시 이 사람 본 적 있으세요?
안내 직원 (바로 한숨) 하아... 아까도 딴 분들 와서 한참 물어보고 갔거든요?
준호, 호열 ...!
안내 직원 (살짝 짜증) 모른다니까요? 영옥이 남친이라고 인사 한 번 한 게 끝이에요.
준호 영옥이요?
안내 직원 가세요. 일하고 있는데, 진짜. (하는데, 갑자기 뭔가를 쑥 내미는 호열) ...?
호열 (아까 병원 로비에서 먹던 소염제에 반창고다.) 발목이랑 뒤꿈치. (친절함 반, 느끼함 반의 웃음. 받으라 흔들며) 워터프루프예요, 안 떨어져요.

INS
안내 데스크 직원의 발. 데스크 아래, 구두를 구겨 신고 있다. 발이 탱탱 부어 있다.
*   *   *

안내 직원이 마지못해 받는다. 짜증 낸 게 미안한 마음 반, 약간의 감동이 반쯤 섞인 표정. 다시금 호열의 순발력에 감탄하는 준호 얼굴이 스쳐 지나가고,

안내 직원 고맙습니다...
호열 영옥이란 분이 그 사진 속 남자, 여자친군가요?
안내 직원 네, 여기서 같이 일했었는데... 요샌 연차 내고 안 나와요. 전화도 안 받고...
준호 이 사람 한 번 봤던 건, 어디서 보셨던 거예요?
안내 직원 그게... (밴드를 붙이며 머뭇) ...가게요.
준호 무슨 가게요?
안내 직원 (계속 머뭇) 술 마시고 노래 부르고...
호열 (아리송한 준호와 대조적으로) 아하.

23. 부산, 호스트 바 / D

쿵쿵, 육중한 베이스가 울리는 음악 소리 속. 지하 호스트 바로 걸어 내려가는 호열.

안내 직원(OFF) 안내 일이 좀 빡세서... 가끔 스트레스 풀러 놀러 갈 때가 있어요. 그날도 회식 끝나고, 클럽 가네 나이트 가네, 그러다 영옥이가 자기 따라오라고 해서...
호열 복서에 호스트에... 역대급 종잡을 수 없는 새낄세... (뒤따라 비타500을 한 박스 들고 내려오는 준호가 보인다.) 야 활동비 괜찮냐?
준호 (쩝, 내려오며) 나중에 현민이한테 깽값 받을 거지 말입니다.

Cut to
호빠, 대기실. 대기 중인 호스트 남자들에게 비타500을 돌리며 정현민의 사진을 보여주고 있는 준호와 호열. 그러다 한 명이 알아본다.

호빠1 (사진 보고 음?) 이거 현이 형 아냐? (옆에 호빠에게 보여주자 고개를 끄덕)
준호 현이요?
호빠1 네, 현이 형 맞는데? 짱구야, 현이 형 너랑 친하지 않았냐?
호빠2 (애교 부리며 통화 중) 어, 어디야아? 오늘 왕자지 오백 명! 알았어, 사랑해. (끊고) 현이 형? 현이 형 왜?
호열 (비타500을 까서 주며) 아, 예. 좀 찾는 중인데 연락이 안 돼서요.
호빠2 현이 형 군대 가면서 선수 접었는데? 연락은 원래 잘 안 돼요, 메뚜기라.
호열 메뚜기?
호빠1 예, 가게 소속 선수 아니고 보도 같은 거. 왔다 갔다.
준호 혹시 이 여잔 모르세요? 문영옥이라고...

준호가 핸드폰에서 '백화점 지은 씨'에게 수신 받은 여자의 사진을 보여준다. 준호, 호열 또래의 미인이다. 안내 직원과 같은 백화점 유니폼을 입고 있는 사진. 단아한 미소.

호빠2 (눈을 가늘게 뜨고 보다가) 아! 이 여자, 호구네. 현이 형이 공사 쳤던?
(사이) 형 중고차 뽑아주고 월세 내주고 군대 갈 때 기다린다고 막. 나중엔 마이킹도 까줬을 걸요? (웃고) 백화점 다님서 뭔 돈인지 몰라...
준호, 호열 ... (복잡해지는 표정. 그녀의 사진으로 시선이 간다.)

24. 부산, 호스트 바 앞 / D

호빠 앞으로 나오며 담배를 하나씩 나눠 피우는 준호와 호열. 착잡한 얼굴들이다.

호열 역대급 종잡을 수 없는 새끼가 아니라... 쓰레기 새끼였네. (후우...) 일단 찜방 가서 좀 쉬고...

준호 (자르며, 핸드폰을 보고) 스물 두 갭니다. (슥 호열을 본다.) 해운대 호스트 빠. (사이) 메뚜기랬으니까 이 중 어디 있을 수도 말입니다.

호열 (약간 감탄) 아 이 새끼, 나보다 독한 새끼.

25. 호스트 바 탐문 몽타주 / N

A. 저음의 음악과 함께. 다른 호스트 바 대기실에서 또다시 정현민을 수소문 중인 준호와 호열이 보인다. 다들 모른다고 고개를 절레절레.

B. 다른 업소. 술 취한 중년 여성들이 준호의 엉덩이를 움켜쥐고 간다.
휙 뒤돌아보지만 웃으며 윙크하고 지나가는 여성들.

C. 리스트에 적었던 가게들을 하나씩 지우는 준호의 손.

D. 호열이 편의점에서 비타500을 몇 박스 사 들고 나온다. 준호와 나누는 호열.

E. 벌컥, 열리는 문. 룸 안에서 호스트와 손님들이 노래하며 놀다가 인상을 구긴다. 문을 연 호열의 얼굴로 날아드는 두루마리 휴지. "죄송합니다." 문을 닫는 준호.

F. 복도. 리스트가 점점 줄어들어 이젠 몇 개 안 남았다. "이래서 찾겠냐?" 중얼대는 호열.

26. 부산, 다른 호스트 바 / N

음악 멈추고, 다시 또 다른 호빠의 로비로 들어서는 준호와 호열.

호스트 실장 (남자들이 오자 ...?) 어떻게 오셨어요?

준호 안녕하세요, 저희는 육군 헌병대에서 나온... (하는데 문 열리는 소리)

호스트 실장 (화색) 어, 왔어요? (여자 손님들이 들어선다.) 5번 방으로 모실게요.

준호, 호열 (하아...)

손님(OFF) (준호를 가리키는 손가락) 저기도 선수예요? 첨 보는데?

준호 (당황) 아뇨, 저희는... (하며 고개 들어 손님을 보는데)

그 손님은 다름 아닌 **영옥**이다! 사진과는 대조적으로 화려한 화장에 친구들과 가게에 들어온 영옥. 준호와 호열 모두 잠시 얼음이 되는데...

호스트 실장 아, 저 사람들은...
호열 (자르며 갑자기) 아, 예 선수 맞습니다!
준호 (뭐라고?) ...?!
호열 (프런트에 붙어있던 '선수 구함' 공고를 뜯어 실장에게 내민다.) 오늘부터.

27. 부산, 다른 호스트 바 화장실 / N

호스트처럼 머리를 꾸미고 옷을 갈아입는 중인 준호와 호열.

준호 (원망스럽게) 대체 왜 그런 거짓말을 합니까?
호열 야, 문영옥이 정현민한테 돈 주고 맘 주고 사랑도 줬다는데! 우리가 현민이 어딨어요? 물어보면, 순순히 아, 예 제가 안내해 드리겠습니다. 이러겠냐?
준호 하... 진짜... 한 상뱀이 저질렀으니 책임지시지 말입니다.
호열 안 돼, 위험해. (뭔 소리야? 싶은 준호에게) 여자들이 진짜 빠져버리거든... 상처 그만 주고 싶다.
(준호, 고개를 절레절레)

28. 부산, 다른 호스트 바 / N

벌컥, 열리는 문. 호열이 룸으로 들어온다. 천연덕스럽게 입을 여는 호열.

호열 선수단 입장입니다. 아이고 멋있다, (너무나 자연스러운) 마지막 사람 문 닫고. 자, 선수들 인사!
(우르르 들어온 호스트들이 호열을 흘깃 보며 "민이요.", "동건이요.", "미친놈입니다." 등 인사)
자, 웃긴 놈을 원하시면 1번, 2번은 한국 여권인데 몽골리안보다 시베리안 계열. 피가 그래요. 그래서 코가 90도, 아주 미남이죠? 3번은 그냥 미친놈. 미쳐버리고 싶으신 분은 망설...
영옥 (담배를 피우며) 아까 지명한 그 친군 없어요?
호열 (말을 멈추고) 죄송합니다. 잠시만 기다려주십시오. (문 쪽으로 다가가 열자 쭈뼛거리며 준호가 등장한다.) 자 여기는 큐레이션 필요 없는 우리 에이스. 눈 봐, 그냥 그렁그렁해. 존나 슬퍼. 슬퍼서 그 눈에 다이빙하고 싶은 충동을 일으켜. 아주 위험한 놈이죠. (준호에게 눈짓. "잘 좀 해 봐.")

준호 (눈 질끈 했다가, 애써 미소 짓는 척하며) 안녕하세요, 준이에요.

그런 준호를 가만 보는 영옥의 눈빛.

29. 부산, 다른 호스트 바 앞 / N

가게 앞으로 나오는 손님들과 호스트들, 모두 거나하게 취해 있다. "잘 가, 연락해!" 말하며 손님들을 배웅하는 호스트들. 다시 가게로 들어가고, 준호와 호열도 90도로 손님들에게 인사한다. 영옥은 같이 온 친구들과 인사하며 각자 다른 방향으로 헤어지려는데...

영옥 (준호에게) 일 몇 시에 끝나요? (준호가 돌아보자) 아침 먹을래요?

호열 (다녀오라고 눈을 찡긋)

30. 부산, 소머리 국밥집 / D_ N

해가 뜨기 전의 새벽. 김이 모락모락 올라오는 국밥 두 그릇 앞에 준호와 영옥이 앉아있다.

영옥 (속은 괜찮은 건지 그 와중에도 소주를 들고 와 글라스에 콸콸 따르며) 왜요? 모텔 가잘 줄 알았어요?

준호 (핸드폰을 주머니에 넣으며 조금 당황) 아뇨, 그런 거 아닌데...

영옥 귀여우시네, 근데 나 애인 있어서. (준호에게 마실 거냐는 눈짓. 준호가 고개를 끄덕이자 콸콸 따른다.) 일한 지 얼마 안 됐죠? (사이) 어색해 보이셔.

준호 네, 뭐... 그냥. (영옥이 명함을 하나 꺼내 내민다. '홀릭 BAR 바텐더 수아')

영옥 나도 동종업계니까 한번 놀러 와요. (웃고) 나 꼭 찾고?

준호 (명함을 보자 뭔가 더 착잡한 기분. 잔을 받고) ...남자친구 있다면서요.

영옥 (피식) 일을 해야 돈을 벌지. (술을 마시자 술잔에 립스틱이 묻는다. 습관처럼 립스틱을 손가락으로 닦으며) 뭐야아, 왜 그렇게 사람을 불쌍하게 보지?

준호 아니요, 안 그랬어요.

영옥 치이. (사이) ...근데 무슨 일 있어요?

준호 뭐가요?

영옥 (턱을 괴고 슥 얼굴을 가까이) 얼굴에 그늘이 그득하네? 죄 많은 사람 마냥.

준호 (술을 원샷하는 준호. 이내 준호가 반찬 그릇에서 계란말이를 하나 집어 영옥의 앞 접시에 올려준다.) 밥 먹자매요. 밥 먹어요.

31. 부산, PC방 / D

INS
PC 화면. 주문 음식 메뉴들 가운데 '단독, 해운대 명물 암소 갈비 덮밥!' 사진이 보인다.

* * *

의자에 앉아 모니터를 보고 있는 호열, 하품을 하며 "살려면 먹어야지"라며 주문한다. 이내 PC방으로 들어서는 준호.

호열 안 선수 오셨습니까? 거의 오스카 남우주연상인 줄?
준호 (기분이 좋지 않다.) ... (옆에 와서 앉는)
호열 문영옥이 뭐래? 현민이 좀 물어봤어?
준호 (삐딱한 말투) 돈 주고 맘 주고 사랑도 줬는데... 순순히 얘기하겠습니까?
호열 그럼 어쩌자고?
준호 ... (문득) 한호열 상뱀은 왜케 열심히 잡는 겁니까?
호열 뭐가? (생각 없이) 재밌잖아, 시간도 잘 가고. 가뜩이나 지루한 군 생활...
준호 (약간 짜증) 이게 재밌습니까?
호열 아, 이 새끼... 오늘 왜 이래? 술 잘못 처먹었어?
준호 (왠지 모르게 화가 치솟는. 중얼) 씨발...
호열 (!) 안준호, 씨발 진짜 돌았냐? 개새끼가 오냐오냐하니까?!

그러자 옆에 손님들이 "거, 조용히 좀 합시다. 전세 냈나..." 투덜거린다.
잠시간 소강상태가 되는 둘. 위잉, 준호의 핸드폰에 진동이 울린다.
'혹시 시간 되면 나 좀 도와줄래요?'라는 영옥의 문자. 가만 문자를 보는 준호.

호열 뭐야? (문자를 보려는데)

준호가 핸드폰을 확! 집어 들고 PC방 후문으로 빠져나간다. 호열의 짜증과 황당이 섞인 표정. 동시에 알바생이 "주문하신 음식 나왔습니다." 라며 암소 갈비 덮밥 2개를 가지고 온다.
"하... 씨..." 머리를 박박 긁는 호열.

32. 부산, 홀릭 BAR / D

'홀릭 BAR' 간판 아래를 지나 가게로 들어서는 영옥과 뒤따르는 준호가 보인다. 영업 전이라 조용한 복도를 지나는 둘.

영옥 (화장을 지우자 앳된 얼굴이다.) 고마워요, 반반이었는데.
준호 뭐가요?

영옥 올지, 안 올지. (웃고) 나한테 관심 있는 건 아니죠? 나 남자 있다 그랬는데?

준호 ...그 사람 어디가 좋은데요?

영옥 (그냥 흘린 말인데 의외의 답이 오자 멈춰서 슥 본다.) 별거 없어요. (다시 걸어가며) ...나한테 잘해줘서. (준호가 따른다.)

Cut to

벌컥 문을 열고 들어가는 영옥과 준호. BAR의 사장 방이다. 두꺼비를 닮은 사장이 보인다.

바 사장 어, 수아 왔어? (뒤에 준호를 보고) 뭐야? 기도야, 기둥이야?

영옥 (인사하고) 그냥 사촌 동생이에요. 오늘 점심 먹기로 해서 겸사겸사.

바 사장 (준호가 꾸벅 인사) 아... 근데 왜 달고 들어와, 눈깔 확 파 버릴 뻔 했잖아. (어이없게 웃고) 하필 월급날 사촌이랑 점심을 먹네?

영옥 그런 거 아니에요. (사이) 말 나온 김에, 저 돈이 좀 필요해서 지난달 치...

바 사장 야, 얘기했잖아. 너 의상비랑 첨에 가불 이자 아직 메꿔야 된다니까?

영옥 (하...) 그게 얼만데요, 진작...!

바 사장 (스윽 일어나며 말을 자르는) 돈 필요하면 업종을 바꾸든가?

준호 (...인상이 구겨진다.)

바 사장 (다가와 고개를 들이밀며) 2차도 좀 나가고?

준호 (갑자기 확 지르는) 누나! (영옥이 뭐야? 하는 얼굴로 보자 주섬주섬 핸드폰 보는 시늉) 큰아빠가 빨리 들어오래, 돈 해준다고.

33. 부산, 홀릭 BAR / D

준호가 영옥의 손을 잡아끌고 가게를 나온다.

영옥 뭐 하는 거예요? (손을 탁, 치고) 뭐 하는 거냐고? 그냥 뒤에 서 있으라니까...

준호 (약간 격앙되지만 누르며) 얼마 해 달래는데요? 그 사람이?

영옥 (하) ...니가 알아서 뭐하게?

준호 (일단 지르고 봤지만 생각하다가) 도와줄게요, 내가.

34. 부산, 정현민 집 / D

현민 집 거실. 뭔가 어색하면서도 경계하는 눈빛으로 의자에 앉아있는 현민 부의 얼굴.

보면, 그의 앞에 호열이 앉아있고, 둘

사이 테이블 위에 암소 갈비 덮밥 2개가 놓여 있다.

호열 (겸연쩍게 머리 긁적) 그 아버님 저희가 어제 너무 실례를 한 거 같아서... 또 그렇다고 저희가 그렇게까지 나쁜 놈들은 아니고요...
현민 부 ...아닙미더... 우리 아가 잘 못해서 그런건데예... 지야말로 죄송함미더.
호열 (화제를 전환) 근데 아드님은 복싱 되게 오래 한 거죠? 몸놀림이 막, 와...
현민 부 그냥 애기 때부터 지 알아서 배웠는데... (문득 자신의 양손을 보여 준다. 작은 주먹) 내가 참말로 힘아리가 없어 가... 즈그 애비 힘아리 없는 게 꼴 뵈기 싫다꼬, 짜증 난다꼬... 지는 아빠처럼은 안 될 끼라고...
호열 (고개를 숙이는 현민 부를 보며 손사래) 아닙니다, 아닙니다. 아버님이 뭘...
현민 부 우리 핸민이가 원래 착한 앱니더.. 내가 뒷바라지를 못 해줘가, 대학도 못 가고... 운동도 관두고....
호열 (하...) 아버님. (사이) 아드님은 탈영병이지 살인범이 아닙니다. 어떤 음, 실수를 한 거고... 그건 아버님 탓 아녜요. 자책 마세요. (하는데 위잉- 문자가 오자 확인한다. 내용을 슥 보다가 ...!)
...아, 이 또라이가...
현민 부 와 그랍니까? 핸민입니까?
호열 (잠시 뭔가 생각하다가) 잠시만요. (통화) 야, 너 이 씨... 일단 있어 봐.

35. 부산, 백화점 카페 / D

김규와 태성곤이 백화점 카페에 앉아있다. 안내 데스크가 잘 보이는 자리에 죽치고 있는 둘.
힐끔힐끔 보는 둘이 의식되는지 안내 직원이 콤팩트를 꺼내 화장을 고치는,

김규 (핸드폰 울리자 받는) 뭐냐? 아직 부대 안 갔냐? 뭐? 너 뭐 이쁘다고?
(표정이 바뀐다. 생각하다가) 흠... 오케이, 딜. (끊고 태성곤에게) 움직이자.

36. 철길, 삼거리 / D

별다른 말없이 돈 봉투를 영옥에게 내미는 준호.

영옥 (하아. 받아도 되나 싶다가 받는)
준호 (그런 영옥을 보다가 툭) 많이

좋아하나 봐요.
영옥 (멈칫했다가 마저 가방에 봉투를 넣는다.) 그쪽은 왜 이렇게까지 잘해줘요, 나한테? (말없이 영옥의 눈을 보는 준호) 바라는 거라도 있나?
준호 (살짝 찔리지만 분위기를 바꿔) 그런 거 없는데?
영옥 ... (계속 가만 준호를 본다. 진짜 그게 전부야?)
준호 (사이. 표정을 지우며 진지하게) ...내가 아는 사람이랑 닮아서요.
영옥 (자조) 불쌍한가, 그 여자도? (사이) 완전 호구네. 나 뭐 믿고... (하는데)
준호 (조금 발끈하며) 왜 계속 그렇게 말을 하지? (슥 쳐다보는 영옥) 하나도 안 불쌍한데... 왜 계속 자기가 자길 불쌍하게 만드냐고요.
영옥 (뭔가 얻어맞은 얼굴이 스치고, 뭔가 민망한 거처럼 고개를 숙인다. 말을 돌리듯이) 돈은 금방 돌려줄게요, 그리고 (문득 핸드백을 여는 영옥. 그 속엔 백화점에서 나눠주는 향수나 화장품 따위의 샘플들과 할인 쿠폰 같은 것들이 들어 있다. 샘플 두어 개를 꺼내며) 별거 아닌데, 이런 거밖에 없어서... 그 여자 갖다 줘요. (봉투를 받아 가만 내려다보고 있는 준호) 고마워요, 정말.
준호 (영옥 뒤에 대고 툭) 일은 그만둬요, 어색해 보이셔.

영옥이 뒤돌아 한 번 씩 웃어준다.
걷기 시작하는 영옥, 이내 준호의 뒤로 김규와 태성곤이 등장해 영옥을 미행하기 시작하는. 태성곤은 고생했다는 듯 준호의 어깨를 툭툭 쳐주고,
김규는 "어, 호열아. 지금 출발했다." 말한다. 홀로 프레임에 남는 준호.

37. 부산, 공중화장실 앞 / D

많은 인파들 사이로 저벅저벅 걸어가는 영옥. 멀찍이 그 뒤를 쫓고 있는 김규와 태성곤.
그러다 영옥이 공중 화장실로 걸어 들어간다. 잠시 멈추는 김규와 태성곤. 아리송한 얼굴.

INS
쏴아아 수도를 틀어 놓고 화장실에서 거울을 보며 화장을 고치고 있는 영옥이 보인다. 미묘한 표정의 영옥. 가방을 꼭 움켜쥔다.
* * *

"들어가 보겠습니다?" 말하는 태성곤의 뒤통수를 때리며 "정현민이 어자 화장실에 있겠냐? 있어 봐." 말하는 김규. 김규의 예상대로 이내 영옥이 나온다. 가방은 그대로 들고 있는.

38. 부산, 시장 인근 / D

시장 외곽. 인파가 좀 외진 바닷가 인근으로 영옥이 들어선다. 김규와 태성곤도 뒤를 따르고... 거기엔 예상대로 야구 모자를 깊게 눌러쓴 정현민이 작은 평상에 앉아 캔 맥주를 마시고 있다! 김규와 태성곤은 침을 꼴깍 삼키며 잠시 몸을 숨긴다.

영옥 ...술 끊는다며?

정현민 (이어폰으로 음악을 듣다가 빼면 배경음악이 사라진다. 환히 웃으며) 왔나?

영옥 (멍투성이 얼굴을 보고) 얼굴은 왜 그래?

정현민 (미소를 유지) 괜찮다. 쫓아온 사람 없었제? (영옥, 고개를 끄덕) 돈은?

영옥 ...가지고 왔어.

정현민 (가방 속 봉투에 눈이 간다.) 고맙고, 금방 뻼핑해 주께. (봉투를 집으려는데)

영옥 (손을 턱 잡고) 밥이라도 먹고 가.

정현민 난제 먹자. (다시 봉투를 집으려는데 피하는 영옥. 날카롭게) 뭐 하는데?

영옥 ...그만하면 안 돼? 이제? (정현민, 모자를 벗어 영옥에게 씌워주고)

정현민 내가 알아서 한다고. (가방을 확 뺏는다.) 연락하께, 사랑하고.

영옥 (봉투를 꺼내려는 현민. 다시 가방을 붙잡고) 나 진짜 사랑해?

정현민 (아, 진짜 왜 이래) 그만 엉기래이? (하는데)

김규(OFF) 정현민 일병.

정현민, 영옥 (그 소리에 휙 돌아보면, 김규가 다가오고 있다.) ...!

김규 집에 갑시다.

정현민 (영옥을 보고) 빙신 같은 년. (손을 뿌리치고 봉투를 꺼내 도주하려는데)

태성곤 (반대편 길목을 막아서고) 니네 소대장이 너 보고 싶어 잠도 못 잔...

하는데, 태성곤 얼굴로 날아드는 맥주 캔! 태성곤이 손으로 막아내나 싶은데, 곧바로 정현민의 주먹이 날아든다! 퍽! 한방에 나자빠지는 태성곤. 김규가 "이런 씨!!" 하고 달려드는데, 이번엔 김규의 복부로 꽂히는 주먹. 태성곤이 일어나 붙들자 다시 발로 걷어차고 도주하기 시작하고...! 순간 영옥의 옆으로 누군가의 그림자가 빠르게 스쳐 지나간다. 준호다.
"정현미이인!!" 외치며 뛰는 준호, 짧게 영옥과 시선이 교차한다. 묘한 표정이 되는 영옥. 준호는 그녀의 시선을 피하며 정현민의 허리를 붙잡고 같이 나뒹군다!

정현민 (다시 준호임을 확인하고) 이 새끼가...! (일어서는)

준호 내가 지곤 못 살아서.

준호도 일어나 주먹을 쥐고 정현민과 2라운드를 시작한다! 길바닥 싸움인지, 링 위인지도 모를 만큼 치열하게 공방을 주고받는 둘! 퍽퍽 소리 속에 준호도 이를 악물고, 정현민도 도망칠 생각은커녕 즐겁다는 듯 웃으며 싸움을 이어가는데... 이번엔 이 악문 준호가 압도하기 시작한다. 그러자 밀리던 현민이 굴러다니던 나무 박스를 집어 든다! 퍼석! 그마저도 주먹으로 부수어 버리는 준호! 허나 현민은 숨겨둔 날카로운 쇠막대기를 뽑아들고... 그때, 뒤에서 무언가가 빠른 속도로 다다다닥! 달려와 현민에게 슬라이딩하며 턱! 태클을 건다! 호열이다! 뭐 하려는 건지 싶은데...! 그대로 함께 자빠지며 양손을 뻗어 정현민의 안면과 허리를 감싸는 호열. 갑작스러운 기습에 정현민도 당황하고...! 떨어진 쇠막대기가 호열 시선에 들어온다.

호열 (씨... 병원 로비에서 준호에게 시연했던 기술이다. 그대로 꽉! 힘을 주는!)

정현민 악! 개새끼야!!

호열 일병 정현민, 너를 군무이탈죄로 긴급 체포한다. (힘을 더 주자 으아악! 비명 지르는 정현민) 너는 묵비권을 행사할 수 있는데 별 의미 없고, 변호사를 선임할 수 있는데 그런 경운 못 봤고!

정현민 (너무 아파 눈물이 날 거 같다.) 놔, 놔...! 이 개새끼야!!

호열 마지막 하나는 까먹었다, 이 새끼야. (결국 정현민이 항복하듯 손바닥으로 호열의 팔을 툭툭툭! 친다. 와서 수갑을 채우는 준호)

김규 (다가와 현민 품에 봉투를 꺼내 돈을 확인하는데... ?!) 뭐야? (보면 천 원짜리 지폐 모양의 백화점 행사 쿠폰이 다발로 들어있다.) 내 돈...?!

다들 김규의 목소리에 당황한 얼굴들. 그 얼굴들 사이에 영옥은 없다. 아수라장인 가운데 사라진 지 오래인 것. 멘붕인 김규가 "야, 한호열 어쩔 거야?!!"를 외치고 있고, 태성곤은 돈 봉투를 열어서 다시 확인하고 있는 와중... 준호의 전화가 울린다. 발신자 정보 없는 전화다.

39. 미포, 거리 / D

준호 여보세요?

영옥(OFF) 뭔가 이상하다 생각을 했는데...

걷고 있는 영옥의 뒷모습.

영옥 (헛웃음) 또 속았네요.

준호(OFF) 저기, 잠시만...!

/ – 화장실 플래시백 – /
아까 공중화장실. (정현민이 준) 모자를 눌러쓴 영옥이 변기의 저수조 뚜껑을 열고 있다. 거기 있는 진짜 돈 봉투를 꺼내 품에 넣는 영옥.

영옥 (날 선 톤) 누가 나 이용하는 건 기분 되게 별로라... 그냥 받으려고요. 도와준 거잖아, 괜찮죠? (그러다 걸음을 잠시 멈추고, 하아– 깊은 한숨. 톤을 좀 달리해서) 그래도 아까 고맙다고 했던 건, 진심이에요. (모자를 벗고 고개를 돌리는 영옥. 미소) 또 만나요. (택시를 타고 사라진다.)

INS
"뭐야? 누군데?" 하는 태성곤, "뭐래?" 하는 호열 사이에 멍한 표정의 준호. 화면 암전.

*　　*　　*

40. 헌병대, 수사과 / D

문이 벌컥 열리며 씩씩대며 들어오는 임지섭, 안에는 박범구가 담배를 태우고 있다.

임지섭 박 중사!!
박범구 (표정은 여유 있는) 이 시간에 어쩐 일이십니...
임지섭 디피 애들 탈영병 잡았다면서요?
박범구 네.
임지섭 근데 왜 수방사에 인계를 안 하고...!
박범구 (뻔뻔) 저희가 잡은 저희 실적인데...
임지섭 (빡친) 진짜 뭐 하자는 거야!? 나랑 지금 해보겠...!!
박범구 (슥 임지섭을 보고 중얼) 야, 보좌관님아.
임지섭 뭐?
박범구 (확! 임지섭의 멱살을 거머쥐고 벽으로 쾅! 밀어붙인다.)
임지섭 대위님.
(사이) 간부들이 부사관들한테 왜 존대하는 줄 알아? 예의? 대접? (고개를 젓고) 우리가 입 열면 지네가 좆 되는 줄 알기 때문이야. 이를테면 니가 수방사 사단장 똥꼬 빨라고 사병들 휴가 중에 차출한 거, 이런 거.
임지섭 ... (스읍, 떨리지만 참는)
박범구 (옷을 슥슥 만져주며) 그니까, 상명하복 하게... 잘 좀 해주세요. 예?

41. 부산역, 로비 / D

부산역 로비. 따지는 김규가 보인다, 옆에는 태성곤.

김규 (앞에 호열에게) 장난하냐? 돈 꿔주면 탈영병 인계하기로 한 거잖아?
호열 (핸드폰으로 뭔가를 계속하면서) 낸들 아냐? 위에서 데리고 오라는데?
김규 야, 우리 탈영병이야.
호열 우리가 잡은 탈영병이지.
김규 양아치네? 니넨 그냥 지원이잖아? 내 돈 어떡할지도 가뜩이나 골 때리는데... 진짜...!
호열 (핸드폰 액정을 슥 보여준다. 호열이 김규에게 이체한 출금 정보가 보인다.) 됐냐? (사이. 프레임 밖으로 나가며) 지만 엄카 있는 줄 아나.
김규 (짜증 나지만 더 할 말이 없다.) 아 씨...

42. 부산역, 플랫폼 / N

수갑을 찬 정현민과 그의 팔을 붙들고 있는 준호가 보인다. 앞엔 현민 부.

준호 (현민 부에게) 이만 가보겠습니다, 면회는 며칠 있어야 가능할 겁니다.
정현민 (준호를 보며 미소) 재밌었다? 담엔 느그들... (하는데)
현민 부 (말을 자르며 짝! 현민의 뺨을 후려친다.) 이, 이...!! 정신 안 차릴래? 진짜?
호열 ("씨발" 중얼대는 현민. 프레임으로 들어오며) ...더 때리실래요?
현민 부 (바들바들 떨리는 손) 아닙니더, 데려가소, 마.
호열 (현민의 고개를 강제로 꾹 눌러 인사시킨다.) 정말로 가보겠습니다.

준호도 고개 숙여 인사한다. 그대로 기차에 타는 셋. 플랫폼엔 현민 부만이 남아있다.

43. 헌병대, 보좌관 방 / N

임지섭 앞에 도열해 서 있는 준호와 호열. 군복으로 환복 한 상태다.

임지섭 (박범구 때문에 짜증 난 상태) 휴가 나가서까지 탈영병도 잡아오고... 고생했다.
준호, 호열 아닙니다!
임지섭 (건성) 그래, 휴가 끝났다고 빠 처먹지 말고 내무 생활도 열심히 하고.

호열 (음?) 아, 그럼 저희 휴가... 부산에서 다 쓴 겁니까?

임지섭 이 새끼가... 군인이야 민간인이야? 그럼 또 포상 보내줘?

호열 아닙니다.

임지섭 (화풀이를 엄한 곳에) 니네 디피들 자꾸 밖에 기어나가서 처 놀고, 사고만 치고 새끼들아. 당분간 휴가 없을 줄 알아? 알았어?!

준호, 호열 예, 알겠습니다! (하는데 문이 벌컥 열리며 박범구가 들어선다.)

박범구 (박범구 등장에 멈칫하는 임지섭. 심각한 목소리로) 안준호.

준호 (돌아보며) 이병 안준...

박범구 집에서 전화 왔다. (사이) 아버지 쓰러지셨다고.

당황과 복잡함이 얽히는 준호의 얼굴. 호열도 그런 준호의 얼굴을 슥 보고, 그 위로 The Fray의 'How to Save a Life' 시작되며.

3화 끝

디.피. 4화

몬티홀 문제

D.P. Part 4

The Monty Hall Problem

시놉시스

: 4화 몬티홀 문제

병원으로 들어서는 준호의 모습.
준호의 여동생 수진은 핸드폰 게임을 하며 앉아있다.
아버지는 늘 그렇듯 술에 취해 길에서 넘어졌고 광대뼈가 함몰된 거 같단다.

어떻게 넘어지면 광대뼈가 함몰 되냐는 준호. 이런 일이 일상인 집안인 것이다. 준호 기억 속의 아버지는 술만 먹으면 엄마를 쥐어 패던 인간쓰레기다. 엄마는 준호와 수진을 지키기 위해 버티며 평생을 살았다. 모처럼 마주친 아버지는 술값이 없다며 준호에게 돈부터 요구한다. 나중에 아빠가 죽으면 진짜 크게 웃을 거라 말하고 병실을 나가는 준호. 집으로 돌아온 준호는 단칸방에 엄마, 수진과 함께 고기를 구워먹고 있는 호열을 발견한다. 다음 임무 때문에 준호를 찾아왔다가 준호 가족들과 밥을 먹고 있던 것. 준호와 달리 살갑게 엄마를 대하는 호열을 보니 고맙기도, 민망하기도 하다.

급히 탈영병의 소재지로 향하는 둘. 탈영병의 이름은 허치도다.
부대에서 문제를 일으킨 적도 없고 구타나 가혹행위를 당한 정황도 없다.
특이사항이라곤 어릴 적부터 할머니 손에 키워졌는데, 그 할머니가 지금 치매를 앓고 있다는 것뿐.

준호와 호열이 당도한 허치도의 동네는 재개발 중이다. 그 한복판 작은 단칸방에 홀로 지내고 있는 할머니를 만나는 D.P들. 정신이 오락가락하는 할머니는 이들이 손자인 줄 알고 좋아라 한다.
복잡한 마음으로 수사를 이어가는 둘.
허치도를 왜 잡아야 하는 걸까? 그를 범죄자라 할 수 있을까? 등잔 밑이 어둡다고 허치도는 재개발 용역이 되어 할머니 바로 옆에 있었다.
걱정스런 맘에 할머니를 살피려 집을 부수고 있던 아이러니.

호열이 그답지 않게 다 잡은 허치도를 놓아준다. 할머니 다 챙기면 자수하라고.
준호가 묻는다, 자수하지 않으면 어쩔 거냐고. 웃으며 답하는 호열.
"그때 다시 잡으면 되지.

1. 흡연 공간 / N

INS
완전 군장에 검은 위장 크림까지 얼굴에 바른 헌병대원들이 높고 낡은 철교 위를 달리고 있다. 숨을 헉헉대면서도 "특임대에 전입 왔을 때..." 군가를 부르는 병사들. 대열 끝엔 조석봉도 보이고 카메라가 그들이 지나온 철교 끝, 입 벌리고 있는 커다란 터널을 바라보는데...

류이강(OFF) 야, 우리 맨날 구보 뛰는 터널 있잖냐? 그 밑에 지하가 방공호데 원랜 북한 애들이 땅굴 팠던 데래. (Cut to 터널 출구 정면 / 밤으로 변환. 디지털 줌) 골 때리지? 북한서 여기 침투할라고 좆 빠지게 판 데를, 전쟁 나면 우리가 안 뒤지러 기어들어 간다니까?

*　　　*　　　*

헌병대 안 흡연 공간. 담배를 물고 위장 크림을 지우는 류이강이 보인다.

류이강 근데 씨바 전쟁이건 나발이건 내가 먼저 뒈지겠다. 뭔 밤마다 체력단련을 한다고... (옆에 불편한 얼굴의 조석봉이 보이고) 아, 맞다. (주머니를 주섬주섬) 내가 휴가 나갔다가 신기한 걸 봐서 갖고 왔는데...

류이강이 꺼낸 건 웬 찢어진 잡지 페이지. 조석봉의 어린 시절 유도복을 입은 인터뷰 기사다.

류이강 (기사를 읽으며) 차세대 유도 유망주 조썩뽕이... (웃으며) 이거 진짜 너 맞아? 와... 어쩌다 지금은 이렇게 좆밥 오타쿠가 된 거냐? 응?
조석봉 죄, 죄송합니다.
류이강 죄송은 니미... (재미없는 새끼) 됐고, 오랜만에 그거나 함 보자.
(조석봉이 뭔가를 예상하고 몸을 떤다.) 뭘 씨발 멍을 때려? 미사일 발사쇼 새꺄.

"폐급 1호, 발사 준비." 하며 고개를 돌려보는 류이강. 머뭇거리다 바지를 반쯤 내리는 조석봉의 뒷모습. 팬티도 내린다. 류이강이 무슨 동물원 구경하듯 본다.

류이강 (수치스러운 표정의 조석봉. 잠잠하자) 딸 안치냐? 씨발아? (하는데)
황장수(OFF) 남의 애 데꼬 뭐 하냐?
류이강 (어느새 다가온 황장수에게 건성으로 경례하고) 별거 아닙니다. 그냥...
황장수 아니긴, 니 애미가 아니다 인마. (조석봉에게) 괜찮아? 바지 올려. (이강에게) 짬 처먹었음 적당히 좀 해. 그리고 석봉이 인제 폐급 아냐, 새꺄.
류이강 (마뜩잖지만 끄덕) 예. (중얼) 아, 이거 다 누구한테 배웠는데... (하는데)
황장수 (조석봉을 데려가려다 멈추고. 정색한 얼굴을 들이밀며) ...그러게? 다 까먹었음 보충수업 해줄까? 아님 형 낼모레 제대한다고 엉기는 거야?
류이강 (긴장) 아닙니다. 죄송합니다.
황장수 하... (내가 참는다. 뺨을 톡톡 치고 조석봉에게 어깨동무) 가자, 조특급이.

둘을 번갈아 보다 "감사합니다..." 하는 조석봉. 무슨 생각인지 모르겠다. 음악 선행되며,

2. 오프닝 타이틀 시퀀스

안준호, 한호열, 박범구 등의 실루엣과 대한민국 국군에 대한 뉴스릴들이 몽타주돼 등장했다 사라지길 반복하는 오프닝 타이틀 시퀀스. 음악과 앵커들의 목소리가 계속 부딪친다.
배우, 스태프 등의 크레딧이 화면 아래쪽에 함께 흐르고 마지막에 떠오르는 타이틀 'D.P.'

3. 병원, 복도 / N

INS
어두운 밤. 클로즈업된 철조망이 프레임에 담긴다. 떠오르는 자막 '몬티홀 문제' 이내, 갑자기 확! 철조망을 넘어가는 무언가의 그림자. 동시에 자막 사라진다.
*　　*　　*

길게 보이는 어두운 병원의 복도. 복도 의자에 앉아 핸드폰 게임을 하고 있는 준호의 여동생, **수진**이 보인다. 어둠 속에서 뚜벅뚜벅 걸어나와 수진 쪽으로 다가오는 준호.

수진 (준호를 슥 봤다가 다시 게임으로 시선) 뭐냐? 어떻게 나왔어?
준호 (수진 앞에 서서 대꾸는 않고) 엄마는?
수진 집에 아빠 옷 가지러 갔어. (슥 보고) 엄마 때린 건 아니고.
준호 (일단 다행) ...어떻게 된 건데?
수진 광대뼈가 함몰됐다나 뭐라나... 술 먹다 자빠졌겠지 뭐.
준호 길에서 자빠진다고 광대뼈가 함몰되냐?
수진 (어쩌라고?) 왜 나한테 지랄이야? 어떻게 알아, 내가?
준호 집에 가, 내가 있을 테니까. 엄마도 오지 말라 그러고. (대답은 듣지도 않고 병실 쪽으로 들어가는)

수진 ... (흠... 고개를 절레절레 젓고 한숨. 일어선다.)

4. 병원, 병실 / N

드르륵 문이 열리며 컴컴한 병실 안으로 준호가 들어온다.
준호의 기억 속과는 다르게 왜소한 중년의 남자 준호 부가 구석 침상에 누워있다.
등을 돌린 채 TV를 보고 있는 준호 부.
TV 속 화면은 이종격투기 방송이다.

준호 (박범구의 말과는 달리 응급 상황은 아닌 듯. 터벅터벅 걸어 다가간다.) ...
준호 부 (인기척에 슥 고개를 돌려 준호를 본다. 표정 없는 얼굴이 뭔가 준호와 미묘하게 닮은 것 같기도. 다시 고개를 돌려 TV로 시선을 가져가는) 야.
준호 ...네.
준호 부 돈 좀 있냐?
준호 (답하지 않는데, 구석 병상에서 거기 있는지도 몰랐던 간병인이 준호에게 말을 건다.)
간병인 (짜증 난) 학생, 아버님한테 소리 좀 줄이라 그래요. 말씀 참 안 들으시네.
준호 부 아줌마, 이 새끼 내 새끼 아냐.
준호 (간병인에게 대신 꾸벅 사과) 죄송합니다.
준호 부 (준호를 보지도 않고) 돈 있냐고. 없음 나가.
준호 (흠) 아빠 또 누구 때렸어요?
준호 부 (그 말에 사이. 고개를 돌려 준호를 본다. 그러다 시선에 들어오는 멍든 준호의 주먹. 피식 웃고) 넌 누구 때렸는데?
준호 난 나중에 아빠가 죽으면... 진짜 크게 웃을 거야.
준호 부 (심드렁한 얼굴로) 그러든가. (다시 TV로 가는 시선)

그때 준호의 핸드폰이 우웅- 울리다 꺼진다. 그제야 준호가 핸드폰을 확인하면, '부재중 전화 6통 한호열 상병님' 준호가 후우... 호열에게 도착한 문자 메시지를 보고 놀란다.

5. 준호 집 마당 / N

INS
작은 집들이 붙어있는 좁은 골목. 준호가 프레임 인 해 빠르게 걸어온다.
*　　*　　*

덜컹, 대문을 열면, 작은 마당 마루에 수진과 준호 모, 그리고 호열까지 앉아 도란도란 냉동 삼겹살을 구워 먹고 있다.
호열은 "우리 준호가 군 생활 완전

에이급입니다, 걱정 붙들어 매셔요."
넉살을 떨던 중. 준호의 당황스러운 표정에는 난감함과 약간의 부끄럼까지 교차한다.

호열 (말을 멈추고 준호를 본다. 준호 맘을 아는지 그저 웃으며) 어, 준호 왔어?
준호 ...어떻게 된 거... (하다가 준호 모와 눈이 마주친다.)
준호 모 (준호 기억 속과는 다르게 많이 늙었다. 환히 웃고) 아들, 와서 고기 먹어.
준호 ... (말을 더하지 못한다.)

Cut to
준호까지 넷이 마루에 앉아 고기를 먹는 중. 호열이 장광설을 내뱉자 수진은 눈을 반짝이고, 준호 모는 온화하게 웃으며 호열 얘기를 듣는 중이다. 준호만 좌불안석.

수진 그래서요? 얘기 더 해 봐요.
호열 거기서 제가 팍! 달려가서 (손짓 발짓해가며) 태클을 딱! 했죠. 저랑 안 이병은 거의 뭐 전생에 부부였을 겁니다. 환상의 페어, 그런 거죠.
수진 헐... (준호를 보고) 너 진짜 땡잡았네. 머리도 길러, 핸드폰도 있어.
준호 모 (준호는 고기만 주섬주섬 먹고 있고, 호열에게) 막 많이 위험하고 그런 건...
호열 어머님. 걱정 하덜덜 마십쇼. 안 이병도 뽁서였고 해서 워낙 건강합니다. 또 제가 있으니까? (웃으며 넉살)
준호 모 아이고... 감사합니다. 우리 준호 계속 잘 좀 부탁드려요.
호열 별말씀을요, 어머님. 준호가 누굴 닮아 이렇게 진국이고 가정교육도 잘 받고 그런가 했는데... 딱 우리 어머님이랑 빼박이었네요.
준호 (혼자 중얼) ...오늘따라 유독 신났네? (어디까지 하나 두고 본다...)
호열 (준호 모가 굽고 있던 집게를 빼앗아 본인이 굽기 시작하는) 어머님, 제가 할 테니까 좀 드세요. (수진에게) 동생도! 이게 제가 사 와서가 아니라 진짜 좋은 고기거든요. 예전에야 대패 삼겹살이라고 괄시했지. 지금은 제주 흑돼지만 써요. 한돈 아시죠? (준호가 한 점 집어먹으려 하자 먼저 집어 준호 모 밥공기 위에 올린다. 준호 모가 입에 넣자) 어떠셔요?
준호 모 (인상 좋은 얼굴로 웃고) 맛나네요.

준호, 뭔가 그 모습에 왠지 모를 짜증이 올라온다. 옆에 있던 된장국을 손으로 툭 치는 준호.

호열 (된장국이 호열의 무릎 위로 쏟아진다.) 아뜨뜨!!

준호 모 아고, 괜찮아요? (수진이 옆에 있던 휴지를 잔뜩 뽑아 호열에게 내민다.)

호열 아, 예예. (휴지를 받아 닦으며 준호를 본다.)

준호 (표정 변화 없이) 바지 갈아입으셔야지 말입니다.

6. 준호 집 앞 골목 / N

골목 구석에 있는 공동 화장실에서 츄리닝 바지로 갈아입고 나오는 호열.

호열 (앞에 준호가 담배를 물고 있다. 짜증) 너 이 시꺄, 일부러 그랬지?

준호 (쩝) ...남의 집 와서 뭐 하시는 겁니까.

호열 그럼 전활 받으시던가.

준호 충전을 못 했습니다. (사이) 그새 탈영입니까?

호열 (준호에게 담배를 하나 받아 피우고) 휴가철이잖냐, 우리한텐 성수기. 충전기 들고 나오자? (집 쪽으로 움직이며) 바로 움직여야 돼.

준호 (움직이지 않고) 그냥 가시지 말입니다.

호열 (멈칫. 얼레?) 야 이... 어무니한테 인사라도 드리고...

준호 괜찮습니다.

호열 (가만 준호를 보다가) 너 집 와서 어무니랑 한마디도 안 하지 않았냐?

준호 모(OFF) (끼익, 대문 열리는 소리와 함께) 준호야. (소리 난 쪽을 보는 준호, 호열)

호열 (준호와 준호 모 표정을 살피곤, 준호 모를 보고 웃으며) 어무이! 저희가 일이 좀 생겨서 조금 먼저 가봐야 할 거 같습니다. 정말 죄송해요.

준호 모 아... 그래요, 살펴가요.

호열 (준호에게) 앞에 가 있을게. (준호 모에게 90도로 인사하고) 또 뵐게요!

준호 모 (호열이 골목 밖으로 나간다. 준호에게) 몸조심하고, 그 탈영한 애들도 딱한 애들이니까 잘해주고...

준호 (고개를 숙이고) ...엄만 왜 안 물어봐? (사이) 휴가 나와 집엔 왜 안 오는지, 편지 답장은 왜 안 하는지...

준호 모 (웃고) 사정이 있나 보다 했지. 니가...

준호 (조금 힘줘서 말을 자르며) 그리고 엄만. (고개를 들어 엄마를 본다.) ...왜 안 도망가?

준호 모 (그 말에 잠시 무표정이 됐다가 표정을 풀고 웃으며) 그런 말 하는 거 아냐. (주머니에서 구겨진 오천 원짜리를 두어 장 꺼내 내민다.) 밥 챙겨 먹고.

준호 (더는 별말 없이. 돈은 받지

않는다. 입고 있던 후드를 눌러쓰며)
갈게요.

답 없이 어둠 속으로 점차 사라지는 준호의 뒷모습.

7. 헌병대, 면회실 / N

INS
호열과 통화하며 복도를 걷고 있는 박범구가 보인다.

박범구 출발하냐? 어, (사이) 호열이 형 나한테 왜 그래? 나 스트레스 받으면 요로 결석 도져. 도져서 뒈지는 꼴 보고 싶어서 그래? (지나가다 경례하는 병사. 대충 받고) 찜방 도착하면 전화해라, 그래.

*　　*　　*

덜컥 문을 열고 들어가는 박범구. 거기엔 (2부에 등장했던) 최준목과 준목 모가 마주본 채 앉아있고... 팔짱을 낀 채 그들의 면회 내용을 참관 중인 임지섭이 보인다.
여기서 뭐 하는 거야? 싶은 박범구의 얼굴. 임지섭도 박범구를 보자 일전의 기억 때문인지 살짝 흠칫 하지만 내색하지 않고 있다. 조용히 임지섭 옆 의자에 가서 앉는 박범구.

준목 모 엄마 오랜만에 봤는데 인사도 안 할 거야? (준목은 말이 없고) 준목아...
(손을 잡으며) 괜찮아, 인제 다시 시작하면 돼. 응?
최준목 ... (생기 없는 무표정)
준목 모 너 괴롭힌 나쁜 놈들도 다 재판받고, 처벌도 받고...
최준목 (툭) 엄마 바보야? (그 말에 임지섭, 박범구가 슥 최준목을 올려다본다.)
준목 모 뭐?
최준목 우리나라 그런 나라 아냐. (사이) 나 방독면 씌운 애들 전출 간대. 다른 부대로 간다고. 걔네가 전과자 되고, 영창에 가고 그런 게 아니라... 그냥 아무 일도 없었던 것처럼 딴 데로 간다고! (조금 올라오는 울분)
준목 모 (듣다가 임지섭을 보고) ...아저씨, 아저씨 높은 사람이죠?
임지섭 (?) 아, 네 뭐...
준목 모 진짜 그래요? 얘 말이 맞아요?
박범구 (나서며) 수사관들이 면밀히 조사 중입니다. 재판 여부는 아직...
준목 모 (흥분) 그럼 재판이 안 열릴 수도 있단 거네요? 그럼 안 되는 거잖아요?
박범구 (진정시키려) 저기요, 어머님...
준목 모 (고래고래) 나라 지키라고

보낸 군대에서 때리고 괴롭혀서 탈영했는데!!
(정확히 임지섭을 보며) 어떻게 아무도 책임을 안 져요?!

임지섭 (당황해서) 아... 재판은 군판사가 하는 거고요. (이래저래 생각하다가)
그 군판사는 특정 부대나 인원의 잇속을 위해 판결을 내리진 않을 겁니다.

준목 모 (준목을 안심시키려고) 거 봐, 엄마 말이 맞잖아. 요즘 세상이 어떤 데... 다 잘 될 거야. (하는데)

박범구 (씁쓸하게 둘을 보다 임지섭을 보면, 살짝 흔들리는 동공) ...

8. 헌병대 인근 일식집 / N

INS
일식 요리사가 살아있는 생선을 테이블에서 손수 떠준다. 입만 뻐끔거리는 생선.
*   *   *

요리사는 묵례 뒤 나가고... 카메라 빠져보면 룸 형식으로 된 일식집. 천용덕이 회 한 점을 입에 넣는다. 우물거리며 폭탄주를 제조하기 시작하는 천용덕. 맞은편엔 정자세로 나란히 앉아있는 임지섭과 박범구가 보인다. 임지섭은 좀 전의 일 때문인지 약간 멍해 보이기도 한다.

천용덕 자, 잔들 다 들고. (잔들을 돌린다.) 조국과 민족을 위하여!
(임지섭과 박범구, 둘 다 "위하여!" 외치곤 고개를 옆으로 돌려 원샷. 바로 또 제조) 내가 당신들 덕분에 요새 아주 맘이 편해. (다시 원샷하는 둘. 바로 또 제조) 지금 시대가 그렇잖아? 헌병들이 무슨 인권 눈치 보고, 병사들한테 인기 관리한다고 쩔쩔매니 강병 육성은커녕 군 전체 기강이 해이해졌단 말이지. 이래가지고 전시나 긴급 상황에 작전이 가능하겠어? (또 내민다.) 근데 우리 부댄 당신 둘이서 안팎으로 잘해주고 있으니 (웃고) 아주 든든해. (세 번째 원샷하는)

천용덕이 회를 집어 한 점씩 입에 넣어준다. "감사합니다!"하며 우물거리는 박범구, 임지섭.

천용덕 (박범구에게) 디피 애들도 요즘 실적 좋던데?

박범구 (노련한 눈으로 허허 웃는 천용덕에게) 더 열심히 하겠습니다.

천용덕 (웃고) 그리고, 그 코골이 애. 걔 이름이 뭐였지, 임 대위?

임지섭 (정신이 딴 데 있다가) ...
아, 최준목 일병입니다.

천용덕 어, 최 뭐시기 걔. (사이)
걔네 부대 병영 부조리 관련은 더 안 뿔리고 시마이 치기로 했으니까 그렇게 알아.

박범구 예? (조심스레) 아, 근데 그걸 그냥 묻어버리기엔 사안이...

임지섭 (본인도 예상치 못했지만 표정을 감추고 실 웃으며) 아, 그쪽 연대장님이 이번에 진급하신단 얘기가 있더라고요. 역시 탁월한 혜안이십... (하는데)

천용덕 (정색) 야 임지섭이, 이거 아주 큰일 날 소릴 하네? 대장을 뭐로 보는 거야?

임지섭 (사색이 돼서) 죄, 죄송합니다. (천용덕이 숟가락으로 테이블을 탕탕 때린다.)

천용덕 중요한 건 조직이고, 국가야! 이런 시시콜콜한 건으로 군 이미지에 똥칠을 하면 되겠나? 대장은 전체를 위한 판단을 하는 거다.

임지섭 (바짝 얼어서) 예, 알겠습니다.

박범구 (내키지 않지만 분위기가 어쩔 수 없다.) ...예, 알겠습니다.

천용덕(OFF) 먹어. (임지섭의 천용덕을 보는 혼란스러운 눈빛. 복잡 미묘한 기분이다.)

9. 수색대, 면회실 / N

INS
전환되는 음악과 함께 테이블 위에 올려져 있는 탈영병의 사진. 안경을 쓴, 동글동글 순해 보이는 인상이다. 사진 밑 메모에 '10군단 수색대대 **허치도** 병장'

*　　*　　*

사복 차림의 준호, 호열이 타 부대 면회실(공간에 '무적 수색'이라는 글자가 크게 쓰여 있다.)에 앉아있는 생경한 그림. 사진을 사이에 두고, 앞에는 군복을 입은 사병 한 명이 앉아있다.

준호 그니까 구타나 가혹 행위는 전혀 없었단 말씀이신 거죠?

수색대원1 네, 병장이라 괴롭힘 당할 것도 없고... 모범 병사도 두 번이나 한 사람이라.

호열 그럼 평상시 허치도 병장에게 불만을 갖고 있다거나, 자주 시비가 붙은 병산 없었습니까?

수색대원2 아! (사이) 허 병장님, 피엑스에서 냉동 드시고 외상값이 좀 있을 거지 말입니다. PX병이 정산 안 맞는다고 뭐라 그러던데? 만날 월급 다 어따 쓰는지.

준호, 호열 (쩝) 말씀, 감사합니다.

Cut to
이번엔 상사 계급장을 단 행정보급관이 준호, 호열 앞에 앉아있다.

행보관 우리도 많이 놀랐어, 애들 풀어서 밤새 야산까지 뒤졌는데 못 찾고.

준호 평상시에 특이사항은 없었습니까?
행보관 특이사항? (눈치 백 단)
아... 우리 부대는 군단 직할이라
그 뭐시기냐? 클린 병영 그거 되게
중요해. 전방에 수색이라 훈련도
많고... 알잖아? 빡세면 몸이
힘들어서 안 갈구는 거. 돌면 총으로
쏴 버리거든.

준호가 들으며 메모를 계속한다. 준호의 수첩을 슥 보는 호열.
좀 전 부대원과 대화 때 메모했던 내용 'PX, 금전 문제?' 등이 호열의 눈에 들어온다.

호열 돈 문젠 없었습니까? (준호가
호열을 슥 본다.) 사병 간의
금전거래라거나.
행보관 (음...) 치도 그놈이 돈을
좋아하긴 했지. 엄청 짠돌이에.
(생각하다) ...어깨가 찢어져도 괜찮다
우겨서 레펠도 뛰고.
준호 레펠? 말입니까?
행보관 아, 우리 수색은 일 년에 네 번
헬기 레펠 훈련이 있어. 위험수당으로
회당 15만 5000원씩 월급에 더해서
지급되고.
호열 오, 쎄네... 어쩌다 어깨는 해
먹은 건데요?
행보관 축구하다 자빠져서. 군의관이
치도한테 레펠 뛰면 팔 진짜 안 좋아질
수 있다, 위험하다 얘기했는데 (허허)
걔 그러더라, 그럴 확률이 얼마나
되냐고.

Cut to
또 다른 허치도 부대원이 앉아있다. "이거 진짜 말 나가면 안 되는데..."

수색대원2 (기대에 찬 준호와
호열을 보며) 그 수당들 모아서 맨날
내기했거든요.
준호 무슨 내기요?
수색대원2 뭐 종목 가리지 않고...
축구, 윷놀이도 하고, 인기가요 1등
맞추기도 하고...
호열 허치도 병장도 거기 참여했다? 그
짠돌이가?
수색대원2 (피식) 참여 정도가
아니고... 허 병장님이 시작한 겁니다.
그 내기들 다.(의아한 표정의 둘에게)
싹 다 털어먹은 것도 허뱀이고요.
준호 그게 무슨 소립니까?
수색대원2 허 병장님... 내기에서 진
적이 한 번도 없거든요.

그 소리와 함께 카메라 트래킹해서 옆으로 이동하면... 조명도 밤으로 변모하며 회상 속으로 변한다. "허 병장님 타짜 아닙니까?!" 소리. 허치도와 부대원들이 모여 포커를 치고 있다.

수색대원1 아버님 이름이 허영만?
허치도 (깁스한 팔을 보여주며) 손은

눈보다 빠르다? (웃고)

수색대원2 (머리를 긁으며) 아 만날 따라가는 거 같은데... 끝엔 다 뜯기지 말입니다?

허치도 (수북한 만 원권을 수거하며) 내가 그만하자고 했잖아.

수색대원1 와 씨... 어떻게 마지막에 포카드가 뜨지?

허치도 (개평을 나눠주며) 니넨 죽었다 깨어나도 안 된다. (사이) 왠 줄 알아?

(갑자기 A4 용지에 문 모양의 사각형 3개를 그린다.) 자, 여기 세 개의 문이 있어. 그리고 이 문 중 하나를 열고 들어가면 거기엔 5박 6일 포상휴가증이 있다. 영식이, 하나 골라 봐. (대원1이 맨 왼쪽에 있는 문을 고른다.) 오키. 영식이는 1번 문을 골랐어. 근데, (맨 오른쪽에 있는 문에 X를 치며) 고르고 보니 3번 문이 꽝이란 사실을 알게 됐네? (귀를 기울이는 부대원들) 그럼 여기서 내가 다시 물어볼게. 넌 계속 1번 문으로 고른 선택을 유지할래? 아니면 (중간에 있는 문을 볼펜으로 톡톡 치며) 2번 문으로 바꿔볼래?

수색대원2 (고심하다가) 안 바꿉니다.

허치도 (그럴 줄 알았다.) ...왜?

수색대원2 어... 그냥 안 바꾸고 싶지 말입니다.

허치도 내가 속일까 봐? 아님, 바꿨다가 휴가증이 없으면 멘붕이 올 테니까?

수색대원1 (대원2는 고개 끄덕. 껴들며) 어차피 반반무마니 아님까? 있거나 없거나.

허치도 진짜? 기분 말고 확률을 생각해. (사이) 그래도?

수색대원2 (고심) 알 것도 같고, 모를 것... 같지만 (에이 몰라) 남자라면 고, 아닙니까?

허치도 (웃고) 답은... (보여주지 않고 화면 넘어간다.)

10. 수색대, 연병장 / N

INS

다시 현재. 후우욱, 끈 쓸리는 소리와 함께 레펠 훈련탑 위에서 하강하는 수색대원들.

*   *   *

멀리 위병소 출구를 향해 걸어가며 수색대원들이 레펠 훈련 중인 걸 보는 준호와 호열.

호열 (쭈쭈바를 하나씩 먹으며 고개를 흔든다.) 어우, 15만 원 때매 저걸 한다고?

준호 (음?) 당연한 거 아닙니까? 제 월급이 11만 7천 원입니다.

호열 (이 새끼) 난 못해. 고소공포증

도저서 개토할 거야.
(흠) 그렇게 아득바득 모은 돈을 싹 쓸어서 현탈했단 말이지.
준호 (음?) 현탈... 이라고 말입니까?
호열 현지 이탈. 이런 산간 오지서 부대 담 넘은 또라이라고.
준호 듣기론 되게 이성적인 캐릭터 같았지 말입니다?
호열 글쎄, 이성적인 인간이 저지르기엔 현탈은 성격이 좀 다른데. 각오도 다르고.
준호 무슨 각오 말입니까?
호열 휴가 미복귀가 친구 만나고 술 처먹다가 아 부대 가기 싫다, 하는 거면 현탈은 살이 찢기는 한이 있어도 인계 철망을 넘어가겠다... 랄까?

호열의 말을 듣던 준호의 시선이 자연스레 레펠 훈련탑 옆 부대 담으로 옮겨진다. 마치 교도소의 담장처럼 높고 험한 느낌. 위에 덧대어진 철망(초반에 나왔던)도 보인다.

11. 철거촌, 골목 / D

INS
부내 남장의 풍경이 무너져 가는 가정집들 담장 그림으로 오버랩된다.
화면 빠져보면, 다 쓰러져가는 철거촌. 페인트가 벗겨진 벽들과 '재개발 반대!' 등이 쓰인 플래카드들. 철거를 알리는 통보문, 낙서와 농성 텐트들까지 즐비한 동네다.
사람이 살까 싶기도 한 느낌... 호열의 말이 이어진다.

호열(OFF) 길을 잃어 뒈지는 한이 있어도 야산을 타고 도망치겠다는 각오.

* * *

철거촌을 걸어가는 준호와 호열의 뒷모습. 준호가 계속 호열의 말에 귀 기울이고 있다.

호열 ...도둑놈이 될지언정 민가에서 옷을 훔쳐 입을 각오.
(사이) 그런 각오가 선 놈들은 보통 목적이 있더라고. 아주 뚜렷한.
준호 (한 층 복도로 들어서며) 그게 뭘까요?
호열 (한쪽 쪽문 앞에 서서) 물어보지 뭐. (하는데, 골목 끝에서 누군가 부른다.)
자원봉사자 (농성 중인 자원봉사자. 철거 반대 띠를 두르고 있다.) 누구세요?
호열 아, 안녕하세요. 육군 헌병대에서 나왔습니다. 여기 허치도 씨 집 아닌가요?
자원봉사자 허... 누구요?
(생각하다가) 아... (그 위로 철컥 문 열리는 소리 들리며)

12. 철거촌, 허치도 집 / D

붉은 압류 딱지로 가득한 집 안.
자원봉사자가 열쇠로 문을 따고 들어선다.

자원봉사자 맞을 거예요. 그 허치도 군, 여기 할머니 밑으로 세대에 이름 있었어요.
(뒤따르는 준호, 호열) 할머니도 여기 계속 계심 안 되는데... 위험하게.
호열 (떨어져 있던 고지서들을 주워보다 갑자기 코를 막고) 이게 무슨 냄새지?

안쪽의 중문까지 열자, 정신이 오락가락해 보이는 치도 할머니가 변을 지린 채 앉아있다.

준호, 호열 ... (!!)
치도 할머니 ...봄이여? 꽃이 피었당가?
자원봉사자 (익숙하게 수건을 가져다가 바닥을 닦기 시작) 아효, 할머니 또 지리셨어?

준호도 가서 거들고, 호열은 머리가 지끈거리는지 코를 계속 막고 있는데...
치도 할머니가 호열을 보고 빙긋빙긋 웃으며 다가온다.

치도 할머니 치도야, 치도야.
호열 (당황이 스쳐 간다. 볼을 만지는 치도 할머니)
치도 할머니 언제 왔어? 밥은 먹었어?
호열 아...
자원봉사자 (미소) 할머니 손주인 줄 아시나 보네. 근데 손자분은 왜? 무슨 일 있어요?
준호 아, 그게 허치도 병장이...
(하는데)
치도 할머니 (치도란 소리에 자동 반응) 응? 치도? 치도가 왜?
준호 (어떻게 말할까 난감해하다가) 그... 모범 장병들을 대상으로 포상 선물을 지급하는 중입니다.
자원봉사자 모범 장병이요?
호열 (엥? 준호를 보고 뭐라는 거야? 하는 표정)
준호 네, 성실하게 복무를 잘하고 있는 허치도 병장도 선정대상자라서요.
치도 할머니 (뭔지는 모르겠지만 반색하고 좋아하는 얼굴이 된다.)
준호 이번엔 부대 말고 가족들 통해 깜짝 전달할 계획이라... 혹시나 연락 오면 모른 척 저희한테 알려주세요.
자원봉사자 (고개를 끄덕이고) 아, 네. 그럴게요.
호열 (준호를 마뜩잖게 보다 한숨) 하아... (하는데 계속 호열의 뺨을 만지며 "치도야, 치도야." 하는 할머니)

13. 철거촌, 골목 / D

집 밖으로 나오는 준호와 호열. 호열이 골목에 잠시 몸을 기대며 마른 세수를 한다.

호열 안준호.
준호 이병 안준호.
호열 너 뭐냐? (사이. 비아냥) 깜짝 선물 있음 나도 좀 주라.
준호 ...죄송합니다. 너무 걱정하실...
호열 왜? 치매 노인은 걱정을 두 배로 하나? 나중에 탈영했다는 거 알면 어떻게 수습할라고? 너 그거 동정이야. 아픈 사람들이 제일 싫어하는 게 동정이고.
준호 ...죄송합니다.
호열 (중얼) 자꾸 이입하지 말라고, 새꺄. (하는데)
준호 ...한 상뱀이면 어쩌실 거 같습니까? (호열이 슥 보면) 부모는 없고, 키워준 할머니는 치매에 걸렸지, 집은 재개발 예정... 근데 난 군대에 있다... (호열을 보고) 어쩌실 거 같습니까?
호열 (마뜩잖은) 허치도 탈영 이유가 할머니 때문이란 거야?
준호 예, 그렇습니다.
호열 그렇게 효자였으면 할머니 옆에 딱 붙어있어야지. 없잖아?
준호 근데 그렇게나 돈을 모았다는 건...
호열 도박할라 그랬나 보지, 거기 환장했다잖냐? 경마장 가 말밥이라도 줬던가.
준호 이상하지 않습니까? 부대원들 기억 속 허치도는 확률을 얘기하던 냉철한...
호열 냉철한 새끼가 현탈을 하겠냐고!?
준호 (진짜...) 현탈까지 해가며 말밥 주는 것도 말은 안 되지 말입니다. (하는데)

사람들의 발소리가 프레임 밖에서 들린다. 준호, 호열 돌아보면. 맞은편에서 검은색 모자와 마스크를 쓴 철거용역들이 철거 도구들을 들고 우르르 몰려오고 있다.

용역1 (지도를 펴고 다가오며 옆의 용역에게) 오늘 가 구역 맞지?
용역2 가, 나 구역 남았고, 다 구역은 마저 정리하면 되는디...
용역1 다 구역은 청소만 하면 되는 거 아냐?
준호 (본인들이 있는 구역이 가 구역임을 확인한다. 호열에게) 어쩝니까?
호열 (?) 뭘 어째? 너 또 뭔 생각 하냐? (쟤네랑 한판 뜨기라도 할라고?)
용역2 (호열, 준호를 보고) 거기 딴

데 가서 놀아라잉, 일하는데 알짱대덜 말고.

호열 알짱 아니고 사람 만나러 왔는데요.

용역2 (다가오며 마스크를 벗고) 사람? 쪽방집 치매?

준호 (안 그래도 기분 별론데) 저기요.

용역2 뭔 사인디? 애새끼 하나 있다더만, 너여?

준호 니 알 바 없는 사이고요. (하는데)

호열 (준호의 뒷덜미를 잡고) 아니, (용역에게) 고생들 하시라고요.

반대편으로 걸음을 옮겨 걸어가는 둘. 그러다 갑자기 호열이 용역들을 향해 '야!'하고 외친다. 용역들 모두 움직이다 그 말에 멈칫. 호열을 쳐다보는.

호열 ...호. 나는 대관령이 좋다고 새끼들아!!

용역들 저 이, 썅...! (후다닥 도주하는 호열과 준호)

14. 철거촌, 허치도 집 / D

밖에서 들리는 용역의 목소리. "다 구역 먼저 끝냅시다! 차근차근...!"
초점 없는 눈으로 우당탕탕! 소리 나는 바깥쪽을 가만 보고 있는 치도 할머니의 모습. 그 모습이 덩그러니 풀숏으로 프레임에 담긴다.

15. 스타벅스 / D

스타벅스 서비스 바에 있는 무료 우유를 컵에 따르는 호열의 손. 초콜릿 파우더와 시나몬 파우더를 잔뜩 뿌린다. 스틱으로 휘휘 저어 들고 준호가 앉아있는 테이블로 오는 호열.

호열 시나몬 아이스 초코 나왔습니다. (호록 마시곤) 오, 존맛. 네스퀵인 줄?

준호 (이 사람의 끝은 어디까진가...) 어쩝니까, 다음은? 가볼 만한 데가...

호열 (주머니에서 뭔가를 꺼낸다. 치도 집에 있던 압류 고지서 '건강보험공단' 보고 전화를 건다.) 네, 안녕하세요. 저 허치도라고 하는데요. 아 예, 저 맞아요. 구이삼오일이 일사삼이사이삼. (준호가 뭐 하는 거지? 보면) 제가 입대를 했는데 계속 집에 독촉장이 날라와서요. 네, 안 그래도 지금 소득이 없는데 왜 이렇게 보험료가 많이 나오나 해서... (과장되게) 아아... 해. 촉. 증. 명. 서요? 그걸 받아오면 된단 말씀이신 거죠? (핵심-눈빛이 바뀌며) 근데 제가 알바 했던 데가 많아서요... 어디서 소득이

제일 많이 잡혀있나요? 네. (준호에게 손짓을 해 볼펜을 받는다. 카페 냅킨에 메모하는 '청파대학교 스쿨스토어 매점' ...대학교? 능청스레) 아, 거기구나, 그렇구나, 잘 알죠.
OFF(보험공단) 네, 보내주실 팩스 번호는... (하는데 탁! 그냥 끊어버리는 호열)
준호 (헐) 그런 건 대체 어디서 배우시는 겁니까?
호열 (냅킨을 들고 일어서며 윙크) 배움엔 끝이 없다네, 아들.

16. 대학교, 강의실 / N

INS
"안녕하세요. 헌병대에서 나왔습니다." 하는 호열의 목소리와 함께 매점 문이 빼꼼 열리면, 카운터에 선 남자가 보인다. 뭐지? 싶은 얼굴이었다가, 목소리 "치도가 탈영을 했다고요?!"
* * *

넓은 강의실에 앉아 얘기를 나누는 치도 친구와 준호, 호열. 당황한 그가 말을 이어간다.

치도 친구 (놀란) 저도 본진 오래됐어요. 걔 갑자기 자퇴하고 군대 가서 교내에 빵꾸 난 알바가 한둘이 아니었는데... 계속 미루던 군댈 갑자기 자원입대해서...
호열 한둘이 아니었다고요?
치도 친구 네. 치도 1학년 때부터 국가 장학금에 근로 장학금까지 싹 다 받았었는데 것도 모자라 교내 매점에, 사서에... 일반 알바도 닥치는 대로 했어요.
준호 그쯤... (호열에게) 허치도 입대 시기와 할머니 치매 걸린 시기가 겹칩니다.
치도 친구 치매요?! 치도 할머니가 치매에 걸렸어요?
준호 (몰랐구나) 예, 뭐...
호열 (흠) 허치도 씨, 대학 때에도 도박을 즐겨했었...
치도 친구 (놀람의 연속) 도박이요오? 치도가요? ...전혀 그런 이미지 아닌데, 걔?
호열 (혼잣말) 이거 무슨 미스터리 박스야, 뭐야...
준호 (뭐라도 건지려고 수첩을 뒤적이다가 네모 3개를 그려 놨던 페이지를 보고) 혹시 (수색대에서 들은 치도의 퀴즈) 이거 아세요? 문이 세 개 있는데, 그중에 두 개가 꽝이고 하나를 골랐는데, 하나를 까던가? (호열에게) 말입니다?
치도 친구 (보자마자 바로) 어? 이거 몬티홀 문젠데? 치도가 젤 좋아하던 문제.
호열 몬티? 뭐요? (옆에서 치도

목소리 들린다.)

허치도(OFF) ...정답은 선택을 바꿔야 한다. 입니다.

카메라 트래킹 해서 옆으로 이동하면, 조명도 변모하며 다시 회상 장면으로 변한다. 강의실엔 허치도와 치도 친구를 비롯 대학생들로 바글거리고... 앞쪽 칠판엔 3개의 문 그림과 함께 '경제학개론 몬티홀 문제'라 쓰여 있다. 신입생 허치도가 노교수에게 대답한 것.

노교수 (치도를 보고 씨익 웃고) 나와서 설명해 봐. (허치도가 걸어나온다.)

허치도 (마카를 들고 유창하게 설명을 시작한다.) 통계학에 근거합니다. 최초 3개의 문 중 하나를 골랐을 때 그 당첨 확률은 3분의 1, 다른 하나가 꽝인 걸 알고 선택을 바꾸게 됐을 땐 반반이 아닌 3분의 2의 확률이 됩니다. 첫 선택 후 알게 된 꽝이란 변수는 제가 처음 어떤 문을 선택했느냐에 따라 영향을 받고 달라지니까요. 고로 정답은 선택을 바꿔야 한다. 입니다.

노교수 정답. (학생들의 오오- 소리) 아직도 이해 안 가는 놈들은 전공 바꾸고.
(학생들 웃고) 변수가 바뀌면 모든 게 바뀌는 것임에도, 대부분의 사람들은 불신이나 두려움 때문에 선택을 바꾸지 않아, 오류가 나는 거지.
(하다가) 그럼! (학생들 슥 보고) 이걸 우리 일상이나 인생에 대입하면?
(사이) 여기에 하나가 더 추가된다.
(허치도에게 마카를 받아 칠판에 쓰며) 불확실성. ...우리 마음은, 감정은, 확률이 아니니까. (허치도의 무슨 생각인지 알 수 없는 얼굴)

17. 대학교, 복도 / N

치도 친구에게 "연락 주세요." 하고 강의실에서 나오는 준호와 호열. 호열이 "다시 들어도 뭔 소린지 모르겠다."며 중얼댄다. 대조적으로, 이해해 보려는 준호. "문이 열려서 꽝이면, 앞에 고른 게 무효가 된다는 건가? 무효, 유효? 무효?" 얼빵하긴 매한가지. 그걸 보며 절레절레 고개를 흔드는 호열. 이때, 다시 뒤에서 치도 친구가 고개를 내밀고는 "저기요." 둘을 부른다.

치도 친구 (뭔가 의아하고 당혹스러운 얼굴) 이거...? (하며 본인 핸드폰을 바꿔준다.)

OFF (? ...준호가 뭐지 싶지만 일단 받는데) 아저씨들 나 그만 찾아요.

준호 허치도 병장...! (호열도 그 소리에 화들짝 놀라 "뭐?!")

허치도(OFF) 때 되면 복귀할 거니까.

(바로 끊는다.)

준호 허치도, 야, 허치도...! (사이) 끊겼습니다.

호열 우리 여기 있는 거 어떻게 알았지?

그 소리에 서로 눈을 맞추고, 헐레벌떡 주위를 마구 살피는 둘. 멀리 건물 출구 쪽, 허치도가 호열과 준호를 보고 있다. 분명히 그다! 걸어나가는 허치도, 달리기 시작하는 둘!

18. 대학교 야외 / N

빠른 음악과 함께 컴컴한 교정을 내달리는 준호와 호열. 허치도는 거리가 있어서인지 그렇게까지 빨리 달리진 않는다. 건물 속으로 들어갔다 나왔다를 반복하는 허치도. 점점 준호, 호열과 거리가 좁혀지는가 싶더니... 결국 교정 구석에 있는 불 꺼진 작은 건물로 들어간다.

호열 (건물로 들어서며 소리치는) 치도야 나와라! 외통수다, 시까!!

건물 계단으로 움직이려는 둘! 그때, 건물 내 불이 타타탁. 들어온다. 범칫하는 준호와 호열.

잠시의 사이. 1층 방 여기저기서 잠에서 깬 여대생들이 문을 열고 고개들을 내민다.

여기는 여자 기숙사였던 것! 잠옷 바람으로 "뭐야...?", "누구야?" 하다 준호와 호열을 발견하는 여대생들. 이내, 눈을 비비다 "꺄아아!!!" 비명을 지른다. 사색이 되는 준호와 호열.

호열 (망했다...) 허치도 이 씹새... (화면 F.O)

19. 헌병대, 수사과 / N

"아고 두야, 두야..." 담배를 물고 중얼대는 박범구. 앞에 준호와 호열은 열중쉬어 자세다.

호열 (이 와중에도) 머리 아프신데 담배 태우시면 안 되지 말입...

박범구 아가리 닫아, 이 변태 새끼들아.

준호 (조심스레) 그건 저희가 함정에...

박범구 니 얼굴이 함정이다, 이 새끼야.

내 살다 살다 여대생 기숙사에서 민원을 다 받아보네?

준호, 호열 죄송합니다. (하아... 한숨 쉬는 박범구)

박범구 어차피 내일 사단장님 사열이니까. 내무실 가 좆 잡고 반성들

하고 있어.

준호, 호열 (억울하지만) ...예, 알겠습니다.

20. 헌병대, 생활관 / N

준호, 조석봉을 비롯한 부대원들이 생활관에 각을 잡고 앉아있다. 조석봉은 살도 좀 많이 빠져 보이는... 황장수는 생활관 가운데 서 있다. 당직인 임지섭에게 점호 보고를 시작하는 황장수.

황장수 3소대 보고!

임지섭 보고.

황장수 제3소대 일석점호 인원 보고 총원 12명 열외 둘 근무 둘 우에서 좌로 번호!

부대원들(고개를 탁, 탁 옆으로 돌리며) 하나, 둘, 셋, 넷, 다섯...

준호 열둘! 번호 끝!

임지섭 쉬어. (다들 쉬어 자세로 자세를 바꾼다. 준호에게) 디피 하나 더 있잖아?

준호 영창 근무 중입니다. (고개를 끄덕이는 임지섭)

임지섭이 생활관을 살펴보다 손가락으로 문틀을 슥 쓸어본다. 먼지 하나 나오지 않는.

임지섭 여기 뭘로 닦았냐?

황장수 치약 칫솔로 닦았습니다.

(임지섭이 고개를 끄덕)

임지섭 내일 드디어 사단장님 사열이다. 고생들 했고, 마지막까지 긴장 풀지 말고.

부대원들 예, 알겠습니다아!

임지섭 (문득 조석봉 팔에 멍 자국이 눈에 보인다.) 근데 조석봉, 너 팔이 왜 그래?

조석봉 (준호도 슥 본다.) 일병 조, 석, 봉! (옷을 내려 감추며) 별거 아닙니다!

임지섭 별거 아니긴 새꺄, 새파란데... (하는데 황장수가 웃으며 끼어든다.)

황장수 아, 저희 전투 축구 하다 좀 다쳤습니다. 내일 의무실 데려가겠습니다.

임지섭 (대충 상황이 눈에 보이지만) 그래, 조심들 하고. ...자라.

(넘어간다.)

황장수가 "충성." 경례하자 임지섭이 나가고, 부대원들 모두 침상에 눕기 시작한다.

못 보던 신병 강병수 이병이 후다닥 스위치로 뛰어가 "황장수 병장님 전역까지 디 마이너스 2일입니다. 취침 소등하겠습니다, 편안한 밤 되십시오." 외친다.

부대원들 편안한 밤 되십시오! (탁, 불이 꺼진다.)

황장수 (김일석, 이효상에게) 뽀글이 하나 말고 오자. (나가다 조석봉에게) 조특급이.

조석봉 (고개를 끄덕) 예, 알겠습니다. (어깨를 툭툭 두드려주고 나가는 황장수)

사이. 조석봉이 누워있는 준호에게 다가간다. 준호는 어둠 속에서도 수첩을 꺼내 허치도의 사진을 보던 중. 조석봉이 "준호야" 하고 그의 어깨를 두드린다.

준호 (아! 맞다!) 죄송합니다, 조석봉 일뱀. 부탁하셨던 거 제가 깜빡하고...

조석봉 (뭔가 묘하게 편해진 얼굴) 아냐, 괜찮아. 그럴 수도 있지. 잠깐 있어봐.

준호 (수첩을 넣고, 뭐지?)

조석봉이 건너편 침상으로 가더니, 방금 소등했던 강병수의 따귀를 갑작스레 짝! 후려갈긴다.
그 모습을 보고 깜짝 놀라는 준호. 신병이 뺨을 어루만지지도 않고 "이병 강병수!" 외친다.

조석봉 니 위, 내 밑으로 다. 생활관 뒤로 모이라고 해.

강병수 (다들 잠들기 전, 그 모습을 보고 있지만) 예, 알겠습니다!

신병들이 조석봉을 보고 침을 꼴깍 삼킨다.

21. 헌병대, 흡연 공간 / N

담배를 하나 꺼내 무는 조석봉. 옆에는 당황스러운 얼굴의 준호가 서 있고, 신병들 대여섯 명이 열중쉬어 자세로 그들 앞에 서 있다.

준호 조석봉 일병님, 갑자기 왜...

조석봉 (듣지도 않고 신병들에게) 씨발년들아 똑바로 안 서냐? (뭔가 좀 어설프다. 심지어는 조금 애쓰는 기분까지도) 12월 군번 신병들.

강병수 이병 강병수!

신병2 이병 신광섭!

신병3 이병 전은석!

조석봉 (준호를 가리키며) 얘 누군지 알아? (답을 못하자) 대가리 박아 가와사키들아. (신병들이 후다닥 땅바닥에 원산폭격 자세를 취한다.) 10월 군번.
(말하자 또 다른 이등병들이 "이병 조현민.", "이벙 김정인." 하며 앞으로 나온다. 바로 정강이를 빡, 빡! 걷어차는)

준호 조석봉 일병님, 저는 괜찮...

(하는데)
조석봉 (세게 소리 지르는)
씹새끼들아! 후임 관리를 어떻게 했길래 신병들이 선임 이름도 못 외우냐? 다 처 돌았지?! 어?!

정강이를 맞은 이등병들이 "죄송합니다, 시정하겠습니다!" 외친다. 그제야 준호를 보고 고갯짓을 하는 조석봉. 한마디 하라는 눈치다. 준호가 가만 조석봉을 보다 신병들에게 말을 건다.

준호 신병들. (머리를 박고 있던 신병들이 하나씩 관등 성명을 댄다.) 일어나.
조석봉 ?!
준호 (서로 눈치 보는 신병들에게) 일어나라고. (그러자 일제히 일어난다.) 머리에 흙 털고. 그리고 현민이랑 정인이. (그들도 관등 성명을 댄다.)
...잘하자. (조석봉의 눈치를 보다 "예, 알겠습니다." 답하는 이들)
조석봉 (어이없기도 하고 당황하기도 해서 일단 가만 본다.)
준호 (모두에게) 고참들도 다 니네 잘되라고 그러는 거니까, 이해하고. 들어가.

머뭇머뭇 눈치 보다 슬슬 생활관으로 들어가는 병사들. 준호와 조석봉만이 남았다.

조석봉 뭐 하냐?
준호 죄송합니다. 근데 저희도 많이 맞았잖습니까... 그니까 이런 거...
조석봉 니가 뭘 얼마나 맞았다고? 활동 나간다고 부대에 처 있지도 않았으면서?
준호 ...죄송합니다. (하아) 그래도... (하는데)

멀리서 빠악! 소리와 함께 다시 막사 밖으로 굴러 나오는 신병 하나가 보인다. 보면, 뒤이어 황장수가 다른 신병(강병수)의 뒷덜미를 붙들고 막사에서 나오고 있다.

황장수 (웃고) 말년이라 몸 사리고 있을랬드만... (조석봉에게) 오타쿠?
조석봉 일병 조석봉!
황장수 엎드려뻗쳐. (조석봉이 바로 자세를 취하자 군홧발로 손가락을 밟고 짓누른다. 으으... 하며 이를 깨물고 참는 조석봉) 너는 새꺄, 내무 생활 좆도 안 한 쫄따꾸한테 그렇게 휘둘리면 되겠냐?
준호 (화가 뻗친) 황장수 병...
(하는데 바로 배로 날아드는 발차기. 퍽!)
황장수 (준호가 이를 악물고 버티자) 어디 이병 짬찌가 아가리를 털어? 당나라 군대야? (강병수에게) 너 일로 와서 열중쉬어 해.
강병수 이병 강병수! (후다닥 달려와

황장수 앞에 열중쉬어 자세로 선다.)

황장수 (준호에게) 안준호.

준호 이병 안준호.

황장수 때려. (가만히 서 있는 준호. 침묵이 흐른다.)

예상했다는 듯 씨익 웃으며 본인이 강병수 배를 때리는 황장수. 컥, 풀썩. 쓰러지는 강병수.

황장수 기상. (강병수가 다시 관등 성명을 내며 일어선다.) 안준호.

준호 ...이병 안준호.

황장수 때려. (역시 가만 서 있는 준호. 망설임 없이 다시 강병수 배를 강타하는!)
준호야, 형이 몇 번 하다 말 거 같아? 아니이? 나는 오늘 밤도 새울 수 있어.

호열(OFF) 여어, 야밤에 체조 거하게 하십니다들?

막사 쪽에서 모습을 드러내는 또 다른 누군가. 호열이다. 이쪽으로 저벅저벅 걸어오는 호열.

황장수 (준호와 번갈아 보며) 커플 씨발년 등장하셨네? (호열과 붙으려 자셀 잡는데)

호열 (황장수를 그대로 스쳐 지나가며 준호의 얼굴에 신고 있던 슬리퍼를 던진다.)

준호 (빡! 얼굴 정면에 맞는다. ?!)

호열 이 개새끼가 진짜 고참을 좆같이 아나. (멱살을 잡고) 따라와, 새꺄.

그대로 빠르게 프레임에서 사라지는 준호와 호열. 황장수가 그 모습을 잠시 멍하게 본다.

22. 헌병대, 창고 / N

철컥! 창고 문을 잠그는 호열의 손.

준호 (끌려오자마자 당황) 한호열 상병, 그게 아니고... (하는데)

호열 (손가락 중지를 입술에 가져다 대며) 박스 차, 아무거나.

준호 잘 못 들었습니다?

호열 (소리를 일부러 크게 내며, 앞에 있는 빈 박스를 걷어차고 벽에 던지기 시작한다.) 이 꽉 물어 이 새꺄! 똑바로! 서라고!

준호 (이해했다. 똑같이 박스를 걷어차며 맞는 척 시작) 죄송합니다!

호열 비틀대? 미쳤냐? 개새끼야!

준호 (쿵쿵! 퍽퍽! 소리 속에) 시정하겠습니다! (우습지만 짠한)

23. 헌병대, 창고 앞 / N

창고 앞. 준호가 호열에게 맞는 (척) 소리를 어느새 다가온 황장수가 귀를 기울여 듣고 있다. 그 옆에는 김일석, 이효상을 비롯 조석봉도 보이고...

김일석 (황장수에게) 한호열 상병, 오늘 완전 날 잡았지 말입니다.
황장수 (마뜩잖으면서도) 아, 저 씹새끼. 밖에만 나돌면서 짬 대우는 챙기네.
이효상 담달이면 지도 상병 말호봉 아닙니까? 여우짓 하는 겁니다.

황장수가 피식 웃으며 "가자." 하고 모두 자리를 뜨는데, 조석봉만 뭔가 멍한 얼굴로 남아있다.

24. 헌병대, 창고 / N

계속 연기를 하다가 밖이 잠잠해지자 그제야 박스를 내던지며 바닥에 털썩 주저앉는 둘.

호열 아, 힘드네... (후) 부대에서 일 좀 만들지 말라니까! 황장수 제대해도 애들한테 짬 당한다, 너?
준호 ...죄송합니다.
호열 (아니다.) 니가 뭔 잘못이 있겠냐. 백 날, 천 날 탈영병 잡아오면 뭐하나? 여기서도 저 지랄들을 하는데... 탈영 안 하고 배겨?
준호 (박스를 치우다가 뭔가 생각한다.) ...
호열 이번엔 또 뭐야? 김전일. (머리를 만지며 계속 골똘한 준호)
준호 잠시만 말입니다. (박스를 세 개 나열하고 굴러다니던 매직으로 박스에 1, 2, 3을 쓴다. 1번 박스를 만지며) 첫 선택이 대학을 관두고 입대한 것...
호열 (헐) 하다 하다 치도 빙의까지 하니? (맞춰주는) 입대면 할머닐 버린 거잖아?
준호 할머니를 버린 거면 (3번 박스에 'X, 꽝'이라 쓰며) 나중에 알게 될 꽝이랄 게 없잖습니까? 이미 버린 걸로 끝이니까. (2번 박스를 만지며) 그 담에 바꿀 수 있는 선택도 없고. 근데 할머니를 지키려고 했다면?
호열 (3번 박스를 집으며) 그럼 이 변수가 할머니의 치매?
준호 아뇨, 허치도는 할머니가 치매에 걸리고 입대했어요. 아니면, 집의 철거면?
호열 (눈빛을 빛내며) 철거 사실을 알게 돼서 (2번 박스를 집고) 바꾼 선택?
준호 (정리) 하나, 왠진 모르지만

할머니를 지키기 위해 입대라는 선택을 했는데, 둘, 살던 집이 철거된다는 변수가 생겼고. 셋, 군대에 있는 것보다 확률적으로 더 확실히 할머닐 지킬 수 있는... '어떤' 다른 선택을 했다?

준호, 호열 (동시에) ...탈영.

준호 확실... 가장 확실한 곳에 있겠지 말입니다... (뭐지? 뭐지?)

호열 (같이 생각하다가 문득) 근데, 그때 치도가 우리한테 전화했을 때... 우리가 누군지 어떻게 알았을까?

준호 ... (그 말을 듣고 뭔가 떠오른! 중얼) 그걸 왜 몰랐지?

25. 헌병대, 수사과 / N

언제나처럼 문서 작업 중인 허기영과 담배를 피우고 있는 박범구가 보인다.

박범구 (앞에 서 있는 준호와 호열) 변태들아.

호열 상병 한호열.

준호 이병 안준호.

박범구 변태들아아. (다시 호열, 준호가 관등 성명을 댄다.) 오늘 부대 사열이야. 니네 복귀한 지는... (허기영을 슥 본다.)

허기영 14시간 25분 됐습니다.

박범구 (고개를 돌려 다시 둘을 보고) 들었지? 그렇다네?

호열 (툭 나서며) 허치도 바로 데려올 수 있습니다. 확신합니다.

박범구 (또) 안준호가? 확실해?

호열 의욕만은 확실합니다. (준호가 호열을 본다. 아휴 진짜)

박범구 (정색하며) ...와, 나 씨발 방금 쓸개 아팠어. 담석 생겼나 봐.

호열 (개의치 않고) 그래도 모험, 걸어볼 만하지 말입니다.

박범구 밭다리를 걸어벌랑, 개새끼가. (허기영을 보고) 허기영이. (허기영이 성명을 대면) 니 생각은 어떠냐?

허기영 어제 애들이랑 한 따까리하고 토끼려는 수작 오십. (호열이 째려본다. 저 새끼가?) 진짜 잡아올 확률 오십... (사이) 쩜 오 봅니다.

박범구 (저 새끼까지...) 하... 빡대가리들만 모여 있구나.

호열 기영이 서울대 다녔지 말입니다.

박범구의 어이없는 웃음. 드럼 비트 쪼개지는 음악 시작되며...

26. 철거촌 / D

INS
음악 속도에 맞춰 빠르게 전진하는 헬리캠 앵글. 마천루 솟구친 도심을 지나 도시 변두리로 진입한다. 철거촌이 프레임에 들어오기 시작하고...

*　　*　　*

음악 잦아들며, 일전에 등장했던 철거용역들이 벽들을 쇠망치 등으로 때려 부수고 있다.
쾅쾅... 수건으로 입을 가리고 떨어지는 돌덩이들을 피하는 용역들. 한데, 용역 하나만이 개의치 않고 미친 사람처럼 벽을 계속 두드리고 있다. "야, 밥 먹고 해!" 소리가 들려도 소음 때문에 들리지 않는 듯... 결국 용역1이 다가와 어깨를 잡자 멈춘다.

용역1 밥 먹고 하자고.
어린 용역 (그제야 마스크를 벗고 대답하는) 아, 예.

순해 보이기도 하는 얼굴의 어린 용역. 그는 다름 아닌 허치도다.

27. 임대아파트 인근 용역 식당 / D

배식판을 앞에 둔 허치도. 식판엔 된장국과 제육볶음, 계란말이 같은 몇몇 반찬이 보이고... 허치도는 입맛이 없는 표정이다. 그때,

호열(OFF) 왜? 짬밥이나 싸제밥이나 거기서 거기야?
허치도 (...! 놀라서 보면 식판을 들고 온 호열이 보인다.)
호열 우리 본 적 있죠? (식판을 내려놓으며) 덕분에 변태도 잘 돼 봤습니다. 허치도 병장. (하는데 들고 있던 식판을 호열에게 던지는 허치도!)

뜨거운 국이 팔에 닿으며 "아 뜨뜨!" 소리치는 호열. 허치도가 뒤를 돌아 도주하려는데!
악! 삽시간에 누군가에게 팔을 붙잡혀 제압당한다. 준호가 뒤에 있다가 잡은 것.

준호 (수갑을 꺼내며) 허치도 병장, 군무이탈죄로 영장 없이 긴급 체포합니다.
허치도 (숨을 거칠게 쉬며) ...어떻게, 어떻게...?
준호 (수갑을 채우며) 할머니를 가장 가까운 데서 확실히 지킬 수 있는 곳. (사이) 어차피 없어질 집이니까... 거기 숨어 돈도 벌기 제격이죠.
허치도 ... (모두 다 맞는 말. 호열이 다가와 일으켜 세운다.)
호열 자기 집까지 박살 내 가며... 그렇게 빡세게 모은 돈 어따 쓸라 그랬어요?
허치도 (한참 가만있다가) ...할머니 요양 병원 보내드리려고...

28. 철거촌 / D

허치도의 양손에 채워진 수갑. 철거 일을 해서인지 손은 상처투성이다.
웅성대는 사람들 사이로 허치도를 데리고 걸어가는 준호와 호열. 허치도는 멍한 표정이다.

준호 (준호가 가만 그를 보다가 잠시 멈춰, 툭 입을 연다.) 아무리 내일모레 집이 없어진대도... (허치도가 보자) 맨몸으로 철망을 넘고,

INS
밤. 앞에 나온 철조망을 넘는 누군가의 그림자. 카메라가 그림자를 쫓아간다.
이를 악문 허치도다. 전혀 이성적이지 않은 땀범벅의 얼굴. 이를 악물고 있다.

준호(OFF) 열댓 시간 야산을 타고, 수색대 추격을 피해 도망칠 확률은...

*   *   *

준호를 보고 있는 허치도.

준호 그것도 확실한 확률인가요? (표정 변화 없는 허치도)
허지노 (대답은 안 하고) 죄송한데... (사이) 잠시 할머니 좀 뵙고 가도 될까요?

29. 철거촌, 골목 / D

허치도 집 앞에 선 준호와 호열, 허치도. 준호가 수갑을 풀어주려 하자 호열이 제지한다.

허치도 (호열이 준호에게 고개를 절레절레. 그건 안 돼.) ...괜찮습니다.

30. 철거촌, 허치도 집 / D

철컥, 문이 열리자 어두운 방 안으로 불빛이 들어오며 늘 같은 자세로 앉아있는 듯 한 할머니의 모습이 드러난다. 이내, 허치도가 할머니 앞에 서고, 준호와 호열이 그 뒤를 보고 있다.

치도 할머니 (치도는 아랑곳없이) 꽃은...? 꽃은 피었당가? 꽃구경 가야한디?
허치도 할머니...
치도 할머니 (소리에 치도를 보지만, 알아보지 못한다.) 뉘슈? 누구여? (그러다 뒤에 호열을 보고 반색) 아이고! 치도야, 우리 치도 왔는가? (뛰어가 호열의 볼을 만지고 손을 잡는다.) 아코 내 새끼! 우리

똥강아지!

잠시의 사이. 허치도가 울음을 참고 있다. 눈이 벌겋게 충혈되지만 끝내 울지 않는 허치도.

허치도 (뒤를 돌아 자기를 보지도 않는 할머니에게 큰절을 하며) 봄 되면 돌아올게요... 꽃구경 가요...
호열 ... (할머니가 하는 대로 가만두다가 꼬옥 그녀를 안아준다.)

31. 버스터미널, 맥도날드 / D_ N

노을 지는 창밖. 포장한 햄버거를 들고 허치도가 앉은 좌석으로 가는 준호.

허치도 (그 앞에도 햄버거가 있지만 손도 대지 않았다.)
준호 하나 궁금하게 있는데... 어떻게 군대 오는 게, 할머니를 지키려는 선택인 거죠?
허치도 (한참을 가만있다가) 그때는 제가... 자꾸 못된 생각이 날 거 같아서.
준호 ... (마음이 아프다.)
호열 (분위기를 확 깨며 프레임 인 하는) 아! 변빈가? 왜 이렇게 안 나와?!
(준호를 보고) 이게 다 머리가 복잡해서 그래. 그 뭐였지? 몬티 뭐? 확률?
준호 (에효 이 인간) 몬티홀 문젭니다.
호열 그래, 그거. (음... 하다가 허치도에게 툭) 얼마나 더 모으면 돼요?
허치도 네? (무슨 말이지 싶은 얼굴. 준호도 호열을 보면, 사뭇 진지한 표정이다.) 두어 달... 이면 병원 계약할 수 있었어요.
호열 (머리를 긁적) 난 여전히 잘 이해가 안 가는데... (갑자기 키를 꺼내 찰칵! 수갑을 푼다.) 이런 게, 그 변수 어쩌고 맞아요? 다른 선택의 기회를 주는.
허치도, 준호 ...?!
호열 가세요. 할머니 입원시키고... 자수하세요.
허치도 (멍하다가... 울음이 터져 나온다. 고개를 연신 꾸벅이기 시작) 감사합니다, 진짜 고맙습니다. 정말, 정말로 고마워요...
준호 (준호 놀람 반, 기분 좋음 반의 표정) 허...

32. 헌병대, 막사 앞 / N

밤. 막사 건물에서 나와 어딘가로 걸어가는 박범구. 호열과 통화 중이다.

박범구 놓쳤다고? 이쩌다? (가만 듣고 있는데, 더 이상 길게 말하진 않는다.)...알았다. 고생했고 복귀해. (끊고, 뭔가 알겠다는 듯 피식)

그러다 김일석과 이효상을 비롯, 부대원들이 또 낑낑대며 큰 나무를 옮기는 걸 보는 박범구. 이번엔 부대 안에서 밖으로 옮기고 있다.

박범구 오밤중에 또 뭐 하냐?
김일석 (보면 모르나?) 나무 옮기고 있습니다.
박범구 대장님이 심으랬다매. 썰렁하다고.
이효상 사단장님이 뽑으라고 했지 말입니다. 보기 싫다고.
박범구 (어이가 없다. 중얼) 에라, 시부랄.

33. 고속버스 안 / N

버스 맨 뒷좌석에 앉아있는 준호와 호열. 준호가 맥도날드 햄버거를 꺼내 반으로 쪼갠다.
한쪽을 호열에게 내민다. 말없이 우물거리며 먹는 둘.

준호 ... (우물대다가) 왜 그러신 겁니까?
호열 뭐가? (사이) 그냥 그러고 싶어서. ...몰라 시꺄.
준호 (가만 듣는다, 뭔가 생각하다가) ...자수 안 하면 말입니다?
호열 어차피 확률은 반반 아니냐? 하건, 안 하건... (문득) 그놈의 확률.
준호 (툭) 3분의 2 아닙니까? (픽 웃는 호열)

둘의 얼굴 위로 Pink의 'Fuckin' Perfect' 전주 시작되고...

34. 헌병대, 흡연 공간 / N

음악 이어지며... 활동복 차림으로 흡연 공간에 있는 공중전화 부스로 들어서는 준호가 보인다. 고정된 앵글로 붙들어 둔 카메라. 이내, 수화기를 집어 드는 준호.

준호 모(OFF) 여보세요?
준호 (고개를 돌려 얼굴은 보이지 않는다. 한참 가만있다가) 엄마, 나. 응.
(또 한참 뜸을 들이다 겨우 한다는 말) ...밥 먹었어? (더 이상 대화 내용은 들리지 않는다. 프레임은 계속 준호의 뒤를 붙들고 있는데...)

흐르던 음악 점점 잦아들며,

35. 헌병대, 생활관 / N

어두컴컴했던 생활관에 텅, 텅, 텅, 불이 들어온다. 준호를 비롯해 자고 있던 인원들이 눈을 비비며 일어난다. 이내 덜컥! 문을 열고 생활관으로 들어서는 박범구.

호열 (이 시간에 뭐야?) 충성, 무슨 일 있습니까?

박범구 하... (호열과 준호를 보며 수심 가득한 표정) ...조석봉이가... 탈영했다.

준호, 호열 (당황한 기색이 스치는 얼굴)

다른 인원들도 웅성거리고, 홀로 비어 있는 조석봉의 관물대가 보인다. 주기 된 '조석봉'의 이름 옆에 보이는 사진 한 장. 여느 때처럼 밝게 웃고 있는 조석봉의 얼굴...

Cut to black 'D-570' 떴다가 사라진다. 이내, 다시 고조된 음악이 재차 이어지며...!

4화 끝

디.피. 5화

군견

D.P. Part 5

Military Dog

시놉시스

: 5화 군견 + 6화 방관자들

헌병대에 비상상황이 발생한다.
늘 준호에게 마음을 열었던 같은 생활관의 선임 '조석봉 일병'
죽도록 자신을 괴롭히던 황장수의 제대 후에도 여전히 계속되는 괴롭힘과 모멸을 견디지 못하고 탈영을 감행한다.

행방이 묘연한 석봉을 쫓는 준호와 호열. 수방사 D.P들과의 공조로 석봉을 잡으려던 순간, 석봉의 저항으로 수방사 D.P가 인명사고를 당한다. 도주하던 석봉은 칼을 휘두르며 저항하고 겁에 질린 민간인들과 뒤엉켜 아수라장이 된다. 석봉을 놓쳐버린 D.P들.
준호는 석봉의 목적이 황장수에 대한 복수라는 사실을 알게 되고,
준호는 가까스로 석봉을 저지하고 D.P들은 석봉을 잡는 데 성공한다.

박범구와 준호가 석봉을 호송하고 사건이 일단락 되려는 찰나.
울분을 터트리며 발광하던 석봉으로 인해 범구의 차량이 전복되고,
석봉은 다시 황장수를 납치해 사라진다.

탈영병이 민간인을 납치한 초유의 사태.
헌병대장은 사건이 확대되는 것을 우려해 경찰의 개입을 방해하고
특임대를 출동시키지만,
경찰들 역시 사건을 놓지 않는다.

비상시 발포명령까지 내려진 상황.

이제 D.P들은 모든 것을 걸고 석봉을 막기 위해, 아니 살리기 위해
그에게 향하는데...

1. 헌병대, 위병소 / N

Black에서 자막 '군견' 떠올랐다 사라지면... 선행되는 류이강의 목소리. "황장수 이 씹새끼 마지막까지 짬 시키고 가네?" 화면 바뀌면 위병 근무를 서고 있는 류이강과 조석봉이 보인다.

류이강 근무표를 어떻게 좆같이 짰으면 전역자 땜빵을 투고가 하냐? 안 그래?
조석봉 (뭔가 멍해 보이기도, 기운이 없어 보이기도 하는 얼굴) ...예, 그렇습니다.
류이강 (조석봉의 철모를 빡! 때리며) 씨발놈아, 영혼을 가지고 말을 해.
조석봉 ...죄송합니다.
류이강 (툭) 야. 심심한데 대공포 발사 쇼나 보자. (사이) 그때 못 봤잖아?
조석봉 아...
류이강 아? 오늘따라 이 새끼가... 드디어 맛이 간 거야? (손바닥으로 온몸을 툭, 툭 치기 시작한다.) 야, 야. 오타쿠. 너 카바 쳐주던 황장수 집에 갔어, 엉?(그러다 성기 쪽을 툭, 툭 치며) 한두 번 깐 것도 아닌데 왜 이렇게...!!
조석봉 (하는데, 턱! 손을 뻗어 막는다.) 그... 그만 하십쇼.
류이강 (?!) 아... 미안하다. 장난이었는데... 할 줄 알았냐?! (발로 조석봉의 안면을 올려 찬다! 뻑) 오, 태권도 승급 봐야겠다. 철권인 줄? (쓰러져 캑캑대는 조석봉) 씨발, 좆같으면 군대에 빨리 오던가? 응? (빡! 빡! 차는데)
조석봉 (갑자기 류이강의 발목을 붙잡으며) ...으아아아아!!!

조석봉이 류이강의 발을 당기자 그대로 자빠진다! 쿵!
당황한 류이강에게 올라타서 쓰고 있던 철모로 구타하기 시작하는 조석봉.

조석봉 뭐?! (퍽) 이?! (퍽) 개?! (퍽) 좆?! 같은...!! (퍽) 어?! 새끼야아?!! (이미 반쯤 죽은 거 같은 얼굴로 기절한 류이강. 숨이 차다.)
OFF 조석봉 일병님? (조석봉이 부릅뜬 눈으로 뒤를 보면, 그에게 맞았던 강병수다.)
강병수 (바싹 얼어 말이 말인 줄을 모르고 입에서 나오는) 다, 다음 근무자 좀 늦으신다고...
조석봉 (풀린 눈. 아무 말 없이 일어서 총과 철모를 다 벗어 던진다. 그대로 강병수를 스쳐 지나가 위병소를 나가버리고... 강병수는 아무것도 하지 못한다.)

2. 오프닝 타이틀 시퀀스

안준호, 한호열, 박범구 등의 실루엣과 대한민국 국군에 대한 뉴스릴들이 몽타주돼 등장했다 사라지길 반복하는 오프닝 타이틀 시퀀스. 음악과 앵커들의 목소리가 계속 부딪친다.
배우, 스태프 등의 크레딧이 화면 아래쪽에 함께 흐르고 마지막에 떠오르는 타이틀 'D.P.'

3. 헌병대, 헌병대장방 / D

INS
유유자적 위병소 밖으로 걸어나가는 조석봉이 CCTV 모니터 화면으로 보인다.
*　　*　　*

태블릿 PC 화면. 앞에는 천용덕, 임지섭, 박범구가 앉아 화면을 보고 있는 모습.

천용덕 ...그니까, 여기가 우리 부대고, 얘가 우리 애란 거지?
박범구 (면목없는) 예, 그렇습니다. 류이강 상병은 의무대로 일단...
천용덕 (그러거나 말거나 일단) 어떻게 할 거야?
박범구 (흠...) 이미 위수 지역은 벗어난 거 같으니 예하 부대들, 수방사까지 대규모 수색으로 전환하시죠. 군경 공조하고 체포조들도 전부 동원하겠습니다.
천용덕 (임지섭에게 툭) 임 대위 의견은 어때?
임지섭 (이견의 여지 없다.) 저도 같은 생각입니다.
천용덕 그래? 정말로? (멈칫하는 임지섭) 대장이 묻잖아, 정말 같은 의견이냐고.
임지섭 (의중을 파악하고) ...대규모로 찾는 것도 좋지만... 머릿수 는다고 꼭 능사는 아니니까요. (박범구의 뭐라는 거야? 싶은 표정을 무시하고) 조용히 움직여 접근하는 것도 방법이라고 생각합니다.
천용덕 (원하던 답) 그렇지. 우리가 누구야? 헌병이야, 헌병. 군사 경찰이라고! 근데, 탈영병 잡는 헌병대에서 탈영병이 나왔다? 어?! 것도 모자라 동네방네 사단까지 소문을 내서...
박범구 (참다못해 끼어들며) 그래도 경찰의 협조가 있어야 용이하게...
천용덕 (버럭) 경찰이 알고! 그 다음엔 언론이 알고! 군 위상이 어디까지 추락해야 정신을 차릴 거야? (어쩌지 못하는 박범구) 박 중사는 탈영병 잡는다 광고할 거 아님 임 대위 말 대로 하고. 임 대위는 뉴스, 경찰, 사단 다 얘기 안 나가게 해.

임지섭, 박범구 (마뜩잖지만) ...예, 알겠습니다.

4. 헌병대, 복도 / D

심각한 얼굴의 준호와 호열이 서 있고, 준호의 머릿속으로 스쳐 지나가는 기억들.

INS
근무 때 빙그레 웃던 조석봉, 준호에게 초코파이를 주던 조석봉, 괜찮다고 말하던 조석봉 등.
*　　*　　*

호열은 마른 세수를 하며 "하... 석봉이 이 미친 새끼." 중얼대고 있다.
덜컥 소리와 함께 문을 닫고 방에서 나오는 박범구, 임지섭이 보인다.

박범구 (나오며) 시간 없으니까 찢어져서 움직일 거야. (준호에게) 혼자도 괜찮지?
준호 예, 괜찮습니다.
임지섭 (그때 툭, 박범구를 부른다.) 박 중사님.
박범구 (무슨 말 하려는지 안다.) 괜찮습니다. 이해하고요.
(묵례하고 디피들에게) 뭐해? 움직여.
(걸음을 옮기는 셋)
임지섭 하아... (스스로가 짜증 난다. 중얼) 씨발, 진짜... (무거운 음악 시작되며)

5. 박범구 차 안 / D

운전 중인 박범구와 뒷좌석에 앉아있는 호열, 준호가 보인다. 창밖을 향한 시선들.

박범구 (뜬금없이) 개 키워봤냐?
호열 (신소리로 긴장을 풀려고) 제가 고양이 알레르기가 있지 말입니다.
박범구 (사뭇 심각. 신소리에 대꾸하지 않고) 키우던 개가 사람을 물면 그 개는 죽여야 돼. (호열이 슥 본다.) 한 번이라도 사람을 문 개는 용서가 안 되거든, 또 그럴 거라 생각하는 거지. (사이) 근데 개 입장에선 지한테 돌 던지고 괴롭히던 새끼를 문 거면... 그런 거면 존나 억울하지 않겠냐?
호열 억울해도 사람 말을 못하잖습니까? 개니까.
박범구 그니까 좆같은 거지.
준호 ...조석봉 일병이 개란 말씀이십니까?
박범구 우린 아닌 줄 아냐? (터미널 쪽 당도해서 핸드폰을 준호에게 내민다.) 가라... 데려오자, 석봉이.
준호 (결연한 얼굴로 받으며) 예, 알겠습니다.

박범구 굿. (음악 서서히 가라앉으며 여자 목소리 오버랩 된다. "석봉 쌤이요?")

6. 미술학원 / D

캔버스를 펼치고 그림 그리는 중인 교복 차림의 학생들. 준호는 복도에서 선생과 대화 중.

미술 선생 알죠, 군대 가시기 전에 2년이나 애들 가르쳤었는데요. 그림도 잘 그렸고, 애들도 잘 따랐고....
준호 조석봉 일병 군대 간 담에 연락을 주고받진 않으셨어요?
미술 선생 (고개를 절레절레) 아뇨, 그 정도까지 가까운 사인 아니라... 잠시만요. (문을 드륵 열고) 얘들아, 혹시 최근에 봉디 쌤한테 연락받은 사람 있니?
(학생들이 서로를 보다가 미술 선생을 보고 고개를 갸웃, 혹은 절레절레한다. 다시 문을 닫고 준호에게) 죄송해요. 없나 보네요.
준호 아, 네... 근데 봉디 쌤이라니...? (무슨...?)
미술 선생 아... (웃고) 석봉 쌤 별명이요. (사이) 조석봉 간디라고. (준호의 바로 이해가 가는 표정) 석봉 쌤이 워낙 착하셔서... 애들이 심하게 장난쳐도 혼 한번 안 냈었거든요. 그냥 허허 웃고 말지.
준호 (중얼) 그쵸, 그 형이 그렇죠... (그러다가) 암튼 그럼, 조석봉 일병이 갈 만한 곳이나 가까웠던 사람들 좀 아세요? 아니면, 아무거나 인적 자료 같은 거라도 보고 싶습니다.
미술 선생 (음...) 학원 웹하드에 석봉 쌤 이력서랑, 원고 파일 같은 게 있긴 한데...
준호 원고 파일이요?
미술 선생 석봉 쌤 전에 웹툰 작가 준비했었거든요. 학원 일도 보면서.
준호 (아... 고개를 끄덕) 그 웹하드 좀 볼 수 있을까요?
미술 선생 (난감) 근데 그게 외부인 열람이 안 돼요. 개인 정보랑 학생들 포트폴리오가 다 있어서... 죄송합니다.
준호 (후...) 어떻게 방법이 없을까요?
미술 선생 아! (그럼 되겠네! 밝게 웃으며) 영장 같은 거 있으시죠?

7. 미술학원 계단 / D

쩝, 쓰게 입맛을 다시며 "후..." 한숨 쉬는 준호. 계단으로 내려온다. 호열과 통화 중.

준호 예, 부모님은 아직 연락이 닿지

않고요, 지인들도 한 바퀴 돌았는데 별로 나온 게 없습니다, 옐겠습다. (끊는데, 뒤에서 누군가 "저기" 하고 부른다.)

석봉 학생 (준호 돌아보면, 좀 전 학생들 중 하나) 봉디 쌤 군대에서 무슨 일 있어요?

준호 (옅게 웃고) ...별거 아닙니다. 잘... (사이) 도와주고 싶어서 그래요.

석봉 학생 (걱정하는 표정) 혹시... (쪽지를 하나 준다. 웹하드 주소랑 아이디가 써 있는) 필요하신 거 같아서... (준호가 받자, 툭) 저 봉디 쌤 땜에 대학 붙었거든요. (사이) ...봉디 쌤 되게 좋은 사람인데... 꼭 도와주세요. (고개를 꾸벅)

준호 (받는다. 마음이 고맙다.) 그럴게요, 꼭.

8. 정비대, 생활관 / D

텅 빈 생활관. '**김루리** 일병' 이름이 붙어있는 관물대를 이것저것 뒤지는 중인 호열과 박범구.

호열 (애니메이션 삽지를 집어 보며) 석봉이 친구 맞구나...

박범구 (문을 벌컥 열고 들어오며) 뭐 좀 나왔냐?

호열 (고개를 절레절레) 별거 없지 말입니다.

박범구 루린가 루빈가, 얘는 왜 이렇게 안 와? (하며 창밖으로 시선이 가는데)

생활관 밖 창문으로 뭔가를 보고 살짝 표정을 찌푸리는 박범구.
박범구의 시야로 앳된 얼굴의 사병이 고참들에게 빰을 맞고 있는 광경이 보인다.

호열 (박범구의 시선을 따라가 보고, 중얼) 어딜 가나 종특이네...

박범구 (창밖을 향해) 야 이 시끼들아!! (그 소리에 창밖 현장의 일동 모두 호열을 쳐다본다. 누구지? 싶은 얼굴) 나 부대 조사 나온 헌병대 수사관인데! (당황하며 경례하는 일동) 니네 지금 뭐 하냐?

정비대 가해자 (맨 앞에서 주도하던. 건성건성) 아... 암 것도 아닙니다. (뭐야, 씨...)

박범구 아니긴 니미 개코가 아니다, 이 새끼들아. 헛짓거리 그만하고 다 안 꺼져?

그 소리에 후다닥 사라지는 가해자들.
홀로 남은 병사가 멀리서 박범구를 보고 고개를 꾸벅, 감사하다고 목례한다. 그의 명찰에 쓰여 있는 이름, '김루리'다.
호열의 "어?" 하는 표정.

9. 정비대, 접견실 / D

조석봉과는 대조적으로 작고 왜소한 외모의 김루리. 앞엔 박범구와 호열이 앉아있다.

김루리 ...감사합니다.
박범구 애들이 괴롭히면 소원 수리를 쓰든지. 들이박든지.
호열 (헐?) ...그게 말입니까, 방굽니까?
박범구 (째릿) 뭐 이 새끼야?
호열 (못 들은 척 김루리에게) 조석봉 일병 아시죠? 동반 입대하셨다고?
김루리 누구요? (하다가) 아... 조로요?
박범구 조로?
김루리 아, 그게 저랑 같이 만화 동아리였어서... 웹툰 준비도 같이 하고...
호열 (눈치 백단) 원피스? (김루리가 고개를 끄덕이자)
박범구 그럼 니가 루피야?
김루리 (좀 민망하지만) 네.
호열 (엥?) 담당관님, 원피스도 아십니까?
박범구 왜? 나는 원피스 알면 안 되냐? (사이. 김루리에게) 석봉이가 탈영을 했어. (놀란 표정의 김루리) 입대하고도 계속 연락 주고받았던 거, 맞지?
김루리 (고개를 끄덕이고) 네, 친해요... 휴가 때 같이 애니메이션도 보러 다녔고...
호열 최근엔 언제 봤어요? 군 생활 힘들다, 뭐 그런 얘기 안 하던가요?
김루리 (생각하는 얼굴에서) 어... (웅성거리는 소리 들리며)

10. 극장, 로비 / N

극장에서 걸어 나오는 조석봉과 김루리. 주위를 보면 그들과 비슷한 분위기의 오타쿠(?)들이 우르르 쏟아져 나온다. 신난 분위기의 김루리와는 대조적으로 뭔가 생각 많은 조석봉.

김루리 (둘 다 군인답게 스포츠머리. 신나게 떠드는) 다음 회차 몇 분 남았지? 난 이번에 나츠미짱 위주로 봤으니까 좀 이따는 레이코짱 위주로 보려고! (조석봉이 반응이 없자) 조로. (사이) 야, 조로!
조석봉 (그제야) 어? 어, 응.
김루리 조로 왜 그래? 하세가와짱 분량이 너무 없어서 그래? 괜찮아 속편에는...
조석봉 루피, 나 먼저 들어갈게. 몸이 좀 안 좋네...
김루리 (진짜 왜 그러지...) 어, 그래... (사이) 웹툰 공모는 어떡할 거야? 낼 거지?

조석봉 ...생각해 둔 거 있어, 연락할게. (조석봉이 움직이려는데)

턱! 지나가던 행인 하나와 어깨를 부딪치는 조석봉. 순간 주춤, 밀린 조석봉은 말없이 고개를 꾸벅하고 지나가려 한다. 헌데, 조석봉의 어깨를 잡아채는 남자.

행인남 아씨, 오타쿠 새끼가 냄새나게. 눈 똑바로 뜨고...

조석봉 (하는데, 조석봉이 손목을 잡아 내린다.) 죄송합니다. (다시 가려는데)

행인남 ! (옆의 친구가 "븅신."하고 긁자 "씨발." 말하며 조석봉에게 다가간다.)

체면을 구긴 남자가 다시 조석봉의 등쪽 옷을 잡는다. "야." 하는데 팔을 홱! 뿌리치는 조석봉.

조석봉 (이번엔 뭔가 파르르 떨리는 목소리) 내가 뭘 그렇게 잘못했냐? 어?

조석봉의 싸늘한 모습. 이내 행인남과 행인 친구가 못 이기는 척 자리에서 벗어난다. 김루리의 시선으로 보이는 조석봉의 오싹한 얼굴. 김루리 목소리로, "그런 표정... 처음 봤어요."

11. 국군 서울 병원, 1인실 / D

멍투성이 얼굴을 한 류이강이 환자복을 입고 침대에 누워있다.
피식 웃곤 "뭐가 궁금한 건데?" 하고 고개를 돌려 보면, 거기 준호가 서 있는.

준호 뭐든지요. 그날 무슨 일이 있었는지도 자세히.

류이강 (한쪽 눈에 실핏줄이 터져 있다. 그 와중에도 허세) 씨발놈이 존나 나대네?
고참한테까지 좆같은 탐정놀이 할라고?

준호 그 지경이 돼서도 좆같은 고참놀이 하고 싶습니까?

류이강 이 씨발이 진짜...!

준호 (냉정하게 자르며) 도망친 조 일병님 빨리 못 잡으면... (사이) 류이강 상병은 무사할 거 같습니까? (류이강이 멈칫한다.) 일 커지고 진상 조사 착수하면 부대 내 부조리 다 까질 텐데, 그걸 누가 전부 뒤집어쓸까요?

류이강 (버럭) 왜 그게 나 때문이야?! 왜 나만 책임져! 더 심한 새끼들도 많았는데! 씨발, 황장수 그 새끼는?! 그 새끼가 제일 많이 갈궜잖아! 집에 갔으니 그만이야? 이미지 세탁 오지게 했으니까 된 거냐고?! (숨을 거칠게 쉬다가) ...니네 디피들, 그날 부대 없었지? (준호의 날카로워지는 눈빛)

12. 헌병대, 막사 앞 / D_ N

과거, 노을이 지고 있다. 황장수 전역 날. 전역 모를 쓰고 전역 백을 멘 황장수가 위병소로 가기 전 부대원들과 인사를 나누고 있다. 김일석, 이효상을 비롯 조석봉과 류이강도 보이는.

김일석 (황장수가 한 명씩 악수하니, 웃으며) 와, 장수 형 집에 가네. 진짜 시간 참...

황장수 서울 오면 전화해라. 소주 한잔 빨게.

이효상 (역시 웃으며) 그간 수고하셨습니다. 싸제 나가서도 연락 드리겠습다?

황장수 (김일석과 번갈아 보며) 니네도 빡센 고참 만나 욕봤다, 고마웠고.

류이강 (장난) 빨리 가라, 장수야. 우리 작업해야 된다.

황장수 어쭈, 씨바. (웃고) 곧 말년 되면 시간 뒈지게 안 갈 걸? (마지막으로 조석봉에게 가서 훈훈하게) 우리 오타쿠. 형 때문에 고생 많았어.

조석봉 네... (악수는 하지만 별 말은 없다. 뭔지 모르게 복잡한 얼굴)

황장수 ...좋은 추억도, 좆같은 기억도 다 털자. (그 소리에 고개를 드는 조석봉, 머릿속에 뭐가 툭 끊어진 듯하다.)

INS
조석봉의 머릿속으로 황장수에 맞았던 기억들(1~4부에 걸쳐)이 하나씩 스쳐 간다.
그러다 찰칵, 소리와 함께 (류이강과 있던 그 터널 앞에서) 라이터를 켜는 과거의 황장수.

황장수 (악마같이 웃으며) 바지 빨리 안 벗어? 공짜 왁싱 해준다니까?

* * *

눈을 질끈 감았다 뜨는 조석봉. 황장수, 인사를 마치고 위병소를 나서려는데, 갑자기 조석봉이 황장수의 전역 백을 덥석 잡는다. 응? 하며 고개를 돌리는 황장수.

조석봉 (고개를 숙인 채 간신히 중얼) ...좋은 추억이 뭐가 있습니까?

황장수 뭐?

조석봉 (고개를 들자 눈물 한줄기가 주륵 떨어진다.) 미안하다고 하십쇼...

황장수 (?? 멍하니 조석봉을 본다.)

조석봉 미안하다고 말하십쇼.

황장수 (아 새끼 거참... 웃으며 대충) 알았어, 알았어. 미안하다. 미안해. 됐지?

류이강 (뒤따라 나서며 조석봉 뒤통수를 빡!) 야, 이 개새끼야. 분위기 파악 안 되냐?

"훈훈한 분위기를 새끼가..." 말하는 류이강. 동시에 황장수가 가방끈을 조석봉의 손에서 뺀다.
웃으며 다시 위병소 밖으로 걸어 나가는 황장수. "빵이들 쳐라, 형은 간다!" 마지막으로 "충성!" 외치는 부대원들 사이. 얼어붙은 듯 가만있는 조석봉. 아무것도 해소되지 않았다.

13. 국군 서울 병원, 계단 / D

골똘히 생각하는 얼굴의 준호가 계단으로 내려온다. 허기영과 통화 중.

허기영(OFF) 석봉이 웹하드 뒤져봤다.
준호 뭐 좀 나왔지 말입니다?

14. 헌병대, 수사과 / D

심각한 얼굴로 모니터를 보고 있는 허기영.

허기영 들어가서 이것저것 열어봤는데... (미술 학원 선생들의 이름과 이력서 폴더들 보이고, '조석봉 선생님' 폴더를 클릭해 본다.) 석봉이 개인 폴더에 두 시간 전 업로드 된 파일이 하나 있어. ('Day of Dog.jpg'라는 그림 파일)
준호(OFF) (!) 두 시간 전이요?
허기영 (클릭하면 짧은 웹툰이다. '군견'이라는 제목의 웹툰) 웹툰... 인데...

스크롤을 드르륵 내리면 군복을 입고 긴 칼을 든 'J'라는 주인공이 같은 군복을 입은 괴물들을 죽여 나가는 내용이다. "허 참... 이걸 뭐라 그래야 되나..." 하는 허기영의 목소리.

15. 국군 서울 병원, 계단 / D

"파일 보낼 테니까 봐 봐.", "옙겠습다." 끊는 전화. 이내 허기영이 보낸 그림 파일이 준호의 폰으로 도착한다. 캡처한 웹툰의 엔딩 그림. 주인공 'J'가 'H'라는 악당의 목을 댕강! 자르고 그 위에 서 있다. 누가 봐도 황장수와 닮아 있는 얼굴의 'H' 캐릭터.

준호 (...!! 후다닥 로비로 빠져나가며 전화를 건다.) 한호열 상뱀, 안준홉니다.

16. 정비대, 주차장 / D

차 문을 텅 닫으며 차에 타는 박범구와 호열. 긴박한 음악 시작되며,

호열 석봉이가 황장수를 만나러 갈 거라고? 그게 뭔 소리야?
준호(OFF) (급하게) 만나서 설명 드리겠습니다, 일단 움직이시지 말입니다.

17. 헌병대, 수사과 / D

빠르게 투타타타 키보드 치는 소리 들리며, 몰두해 있는 표정의 허기영.

준호(OFF) 조석봉 일병이 오늘 인터넷에 접속했고, 그 아이피를 찾고 있습니다.

18. 국군 서울 병원, 로비 / D

급하게 밖으로 나서며 말을 이어가는 준호. 음악도 계속 이어진다.

준호 현 위치도 파악 중이고요.

19. 박범구 차 안 / D

스피커폰으로 준호와 통화 중인 호열과 박범구.

호열 (박범구의 눈치를 살피는 척) 야, 영장도 없이 위치 추적을...
박범구 (자르며 준호에게) 상관없으니까, 빨리 찾기나...
호열 (오버스럽게) 해야지! 암, 한시가 급한 상황인데? 잘했으!!
박범구 (이 씹탱이가...) 급하면 운전이라도 하든가, (절레절레) 아주 상전이야, 이거. (그 위로 엔터 치는 소리 탁! 들리며)

20. 헌병대, 수사과 / D

다 마신 맛스타(군용 음료)를 데스크 위에 탁! 내려놓는 허기영의 손. 음악도 끊어진다.

허기영 (뭔가 찾았다.) 존나 갈증 나네... (전화를 집어 건다.) 어, 준호야.

21. 고속도로 휴게소 버스 안 / D

사람들로 내리고 있는 (중앙고속) 고속버스. 널찍한 휴게소에 사람들이 화장실로 음식점으로 움직이고 있다. 헌데 홀로 버스에서 내리지 않고 있는 조석봉의 뒷모습이 보인다.

허기영(OFF) 웹하드에 접속했던 아이피는 휴게소야. 고속도로 휴게소.

어디서 훔친 건지 액정 보호 필름도 떼지 않은 태블릿 PC로 만화를 완성하는 조석봉의 손.
조석봉의 손이 만화 파일을 웹하드에 업로드하고 태블릿 PC를 끈다.

허기영(OFF) 그 뒤에 같은 아이피 뜬 적은 없어, 딱 그것만 했고.

태블릿 PC를 집어넣으려 가방을 열자, 그 안에 전기충격기와 긴 사시미 칼 같은 게 보인다.

22. 헌병대, 수사과 / D

허기영이 컴퓨터를 끄며 준호와 통화 중이다.

허기영 (자리에서 일어나며) 니 말대로 황장수 집으로 간 거면...
준호(OFF) 휴게소는 수도권 방향... 시간이 없습니다.
허기영 그치, 문제는 어디로 도착하냐인데... 일단 더 알아볼게, 어.

전화를 끊은 허기영이 등 스위치도 끄고 정리하려는데...
그때 문턱에 기대 서 있는 누군가의 실루엣이 보인다. 임지섭이다.

허기영 (당황) ...보좌관님.
(하아... 썩은 표정의 임지섭)
임지섭 얼마나들 더... 상관을 좆같이 보겠단 거지?

23. 터미널 정문 앞 / N

INS
밤. 성남 터미널 인근 도심 야경.
OFF 사운드로 준호 목소리 "성남입니다. 황장수가 제대할 때 주소를 뿌리고 갔습니다."

* * *

거리에서 터미널로 들어서는 준호의 뒷모습. 바삐 걸음을 옮긴다.

준호 어디십니까? 빨리 오시지 말입니다.
호열(OFF) 아오, 차가 뒤지게 막혀. (옆에 박범구에게) 아 진짜 운전...

24. 박범구 차 안 / D

도로에 꽉 막힌 차들이 보이고... 말을 이어가는 호열과 답답한 표정의 박범구가 보인다.

호열 거기서 왜 안 껴들고... (박범구가 째려보자 다시 준호에게) 완전 주차장이야.
박범구 (전화기에 대고) 터미널 메가 커피에 타 부대 수사관들이랑 디피들 모여 있을 거야. 한 스무 명 될 테니까 먼저 합류해서 움직여.
호열 (준호에게) 대대적인 작전이다, 긴장하자.

25. 터미널 로비 / N

진중한 얼굴로 두리번거리다 바로 앞에 있는 메가 커피로 들어서는데... "여기가 맞는 거 같은데..." 썰렁한 메가 커피... 손님이라곤 구석에 두어 명밖에 없다.

준호 (당황) 담당관님 죄송한데, 여기 지금 아무도... (하는데 그 구석 두어 명의 목소리가 익숙하다.) ...?
목소리1 아 짜증 나. 작전 취소면 취소라고 빨리 말을 해주던가.
목소리2 잘 된 거 아닙니까? 그 새끼 유도 했다 그러던데...
목소리1 그게 새꺄 디피가 할 소리냐?
준호 (전화에 대고) 잠시만 말입니다. 아저씨들?

고개를 돌려보는 두 남자. 그들은 김규와 태성곤이다.

준호 (눈이 동그래져서) 어떻게 된 겁니까? 왜 둘만 있습니까? 다른 분들은...
김규 뭔 소리야? 전부 헌병대에서 다시 공문 받았다는데... 작전 취소라고.

26. 박범구 차 안 / N

당황한 표정이 역력한 호열.

호열 아니 갑자기? 누가 취소를 해?!
박범구 ...! (그제야 뭔지 알겠다. 중얼) ...임지섭... 씨...

INS
헌병대 임지섭 방. 후, 숨을 내뱉고 마른 세수를 하는 임지섭. 그의 앞에는 타 부대로 보내는 헌병대 공문 '...전파 실수에 대해 사과 말씀 전합니다.'
이내 폰으로 천용덕의 문자가 도착한다. '고생했어 임 대위. 테니스 한판?' 쩝, 임지섭의 알쏭달쏭 복잡한 얼굴.
* * *

27. 터미널 로비 / N

입술을 깨무는 준호, 시계를 보며 박범구와 통화 중이다.

준호 (박범구에게) 어쩝니까, 이제 곧 조석봉 일병 도착합니다.
김규 뭐야? 취소 아니었어?
박범구(OFF) 우리끼리 하자, 해 보자. (사이) 10분, 아니 그 안에 도착한다.
준호 예, 알겠습니다. (끊고 김규와 태성곤에게, 한 명이라도 아쉽다.) 도와주실 겁니까? (태성곤, 김규가 눈빛을 교환한다. 음악 시작되며)

28. 터미널, 플랫폼 / N

터미널 플랫폼으로 나오는 준호와 김규, 태성곤이 보인다.

태성곤 뭔 버스가 쉬지 않고 들어와.
준호 연말이라 차편이 늘었을 겁니다. 빨강에 검정 버스 00여객입니다. 제가 1, 2번 플랫폼으로 갈 테니 나머지 플랫폼 맡아주십쇼.
태성곤 (고개를 끄덕. 준호가 프레임에서 사라진다.) 그럼 제가 3, 4번으로...
김규 성곤아. (사이) 이번엔 꼭 우리가 잡자. 뺏기지 말고.
태성곤 예, 알겠습니다! (프레임 아웃)

29. 터미널로 들어서는 버스 안 / N

타타타탁 켜지는 불. "버스 곧 성남 버스터미널로 도착합니다. 오늘도 00여객을 이용해주셔서..." 방송 나온다. 하품하며 기지개 켜는 승객부터 트랙 인 하면, 무표정한 조석봉이 고개를 숙인 채 버스 뒤쪽에 앉아있다. 도착하는 모습. 컷 바뀌면 조석봉의 뒷모습. 조석봉의 앞뒤로 승객들이 짐을 내리며 서서히 내리고 있다.

30. 터미널, 플랫폼 / N

...내리는 손님들. (조석봉이 타고 있는 버스에서 내리는 승객들인지 다른 버스에서 내리는 승객들인지 정확하지 않은) 버스 기사는 버스 앞창에 영월-성남행 표지판을 빼고 있고... 버스 옆으로 스쳐 지나가는 태성곤... 두리번거리며 살피지만 조석봉은 보이지 않는다. 차 내부도 슥 보지만 없고... 창밖 멀리 김규에게 고개를 절레절레 흔들자, 김규도 고개를 끄덕이고 다른 곳으로 사라진다. 터미널 플랫폼 전체가 보이는 넓은 부감 앵글로 각기 다른 방향으로 사라져 사람들을 뒤지고 찾고 있는 준호, 김규, 태성곤...

Cut to 준호 쪽으로 넘어가면, 준호도 북적거리는 사람들과 버스들 사이에서 조석봉을 못 찾고 입술만 깨물고 있다. 그러다 저쪽 멀리 서 있는 빨간색과 검은색의 버스 한 대를 발견한다. 도착하는 쪽과는 달리 한적하게 정차해 있는 버스들 사이... 준호가 다가가 그 버스에 올라선다.

31. 터미널, 버스 안 / N

뭔가 기시감을 느끼며 버스로 올라서는 준호. 버스는 한참 전에 승객이 다 내린 듯 아무도 없이 적막한데... 그 가운데 놀랍게도 조석봉이 버스에 아무렇지 않게 앉아 음악을 듣고 있다.

준호 (...!!) 조석봉 일병님. (못 들은 듯하자) 조석봉 일병님!
조석봉 (그제야 스윽 준호를 고개를 돌려 준호를 본다. 음악은 계속 들으며)... (한데 표정은 미동도 없다. 무슨 생각을 하는지 모르겠는...)
준호 (후드를 벗으며) 접니다. 안준홉니다. (싸울 의사가 없다는 듯 양손을 들며 슬슬 다가온다.) 잠시만, 잠시만 얘기 좀 하시지 말입니다. (계속 미동도 없는 석봉) 답답한 거, 속상하신 거 압니다. 그래도 일단...
조석봉 (준호가 거의 다 다가오자 툭) 너도 나 병신으로 보냐?

그 말에 준호가 당황한 순간, 둘밖에 없는 버스 안에서 조석봉이 준호의 멱살을 거머쥐며 업어치기를 해버린다. 퍽! 버스 의자에 튕기며 버스 복도에 떨어지는 준호의 몸. 하지만 준호도 지지 않고 조석봉의 팔을 붙잡으며 일어선다.

"조석봉 일뱀!" 하지만 조석봉은 다시 준호의 정강이를 걷어차며 쓰러뜨리려 하고, 비틀거리던 준호가 하는 수 없이 주먹을 뻗는데 퍽, 퍽 조석봉의 안면과 몸에 적중하는 주먹들. 이번엔 조석봉이 십자로 준호의 멱살을 거머쥐며 조르기를 시도한다. 얼굴을 맞댄 준호와 조석봉의 얼굴에 핏대가 서는데... "조석봉 일뱀, 싸우기 싫습니다..." "너도 나 병신으로 보냐고... 응?" 하며 준호를 밀치는 조석봉. 쾅, 쾅! 버스 뒤창 유리가 깨지고... 감정적으로 격렬하게 대립하는 둘. 준호가 안 되겠는지 카운터를 날리자 조석봉이 뒤로 주춤 밀린다. 그때, 깨진 창 너머로... 삐이이익!! 호각 소리 들리고... 조석봉과 준호가 보면 터미널 경비 직원이 놀란 얼굴로 다가오고 있다. 조석봉이 인상을 쓰며 버스 앞문 쪽으로 도주한다. 준호도 바로 뒤따르는데...

32. 터미널, 버스 앞 / N

버스 앞으로 빠르게 튀어나오는 조석봉. 이때, 태성곤이 버스 사이에서 튀어나오며 조석봉의 어깨를 잡는데 순간 깜짝! 놀란 조석봉이 반사적으로 태성곤의 팔을 잡아 옆으로 밀어버리고! 동시에 플랫폼으로 들어오던 버스에 태성곤의 몸이 부딪히며 밀려 나간다. 꺄아아악!! 사람들의 비명소리! 조석봉의 당황하는 모습. 동시에 프레임 밖에서 김규가 "성곤아아아!!" 외치곤 태성곤에게 달려가고...! 바로 뒤따르던 준호는 고개를 돌려 조석봉을 보지만 일단 태성곤이 먼저다. 차 밑에 깔린 태성곤에게 뛰어가는 준호! 끌어내 보니 아직 호흡은 있다.

준호 119! 119 좀 불러주세요.

김규 (쫓아와 태성곤의 상태를 살피지만 본인도 패닉) 성곤아, 성곤이 형!

태성곤 (컥, 컥... 피를 꿀럭) 김 상병님...

준호 119 좀 불러 달라고요!!!

33. 터미널 — 아케이드 — 극장 로비 / N

1. 조석봉이 미친 듯이 달려 플랫폼에서 터미널 로비로 들어선다.
"엄마, 엄마" 하며 이미 반쯤 울고 있는... 그러다 유모차와 부딪쳐 미끄러지는데...! 그 순간 유모차가 넘어지고 아이가 울기 시작한다.
반사적으로 "미안해, 미안해." 유모차를 다시 반듯하게 세우는 조석봉. 그때, "아, 지금이 몇 십니까?" 투덜대며 터미널로 들어서던 박범구와 호열이 조석봉을 발견한다. 눈이 동그래지는 둘이 "석봉아!!" 외치자 조석봉이 바로 일어나 다시 뛰기 시작한다. 호열과 박범구도 따라 달리기 시작하는.

2. 터미널 로비와 연결된 아케이드로 들어서는 조석봉! 사람들이 밀려 올라오는 에스컬레이터로 뛰어 내려가기 시작한다. 사람들 사이를 헤집으며 뛰어 내려가는... 호열과 박범구도 연신 죄송하다고 외치며 올라오는 에스컬레이터로 내려가는데...!

3. 양옆으로 주르륵 상가들이 있고, 가운데로는 임시 가판(철 지난 오프 상품들이나 옷 등을 파는) 주르륵 서 있는 아케이드. 가깝게 뒤쫓아온 호열과 박범구에게 조석봉이 "따라오지 마!! 오지 말라고 개새끼들아!!" 외치며 디스플레이용 행거를 쓰러뜨리거나 집기들을 던진다. 끝내 크리스마스트리까지 자빠뜨리며 프레임에서 아웃 하는데...

4. 극장 로비 사람들로 바글거리는 극장 로비, 팝콘을 사거나 티켓을 구입하는 사람들로 빈틈없이 빼곡하다. 100, 150명은 돼 보이는 인파들 사이에선 뛸 수가 없다. 숨을 헉헉대며 빨리 걸어서 인파들을 지나치는 조석봉. 호열과 박범구도 뒤따르며 "석봉아, 조석봉이!!" 부른다. 사람들이 땀을 흘리는 박범구와 호열을 이상하게 본다. 조석봉이 불안한 눈빛으로 극장 복도로 사라진다. 호열과 박범구가 따라 복도로 들어서면 이미 사라진 조석봉.

박범구 내가 4,5,6관. 넌 1,2,3관.
호열 (하악하악) 옙겠습다. (박범구가 움직인다. 극장으로 들어서는 호열)

34. 극장 안 / N

호열이 극장 안으로 들어서자 바로 쏟아지는 사람들의 까르르 웃음소리. 영화 '국제시장'이 상영 중이다. 관객들은 만원. 화면 바뀌면 다른 관에서 조석봉을 찾고 있는 박범구도 보이고... 다시 "뭐야?" "죄송합니다." 하며 조석봉을 찾고 있는 호열. 사람들이 아이씨... 짜증을 내기도 하는데... 반복적으로 터져 나오는 사람들의 웃음소리. 그때 호열의 시선으로 혼자만 웃고 있지 않은 모자 (혹은 후드) 쓴 남자가 보인다. 그를 주시하자 파르르 떨리는 손이 눈에 들어온다. 조석봉이 맞다. 침을 꼴깍 삼키고 지나치는 호열. 눈을 굴린다. 사람들의 웃음 사이에 서서히 그 뒤로 다가가는데...

호열 석봉...!! (뒤로 다가가 잡으려는데)
조석봉 (이미 눈치채고 있었다. 옆 사람을 호열 쪽으로 밀치며) 으아아아악!! (당황하는 호열,

사람들도 크게 웅성대기 시작하는데... 조석봉이 좌석 사이로 뛰어서 스크린 앞으로 도주하기 시작한다.)

호열 (자기에게 밀쳐진 사람을 옆으로 다시 밀치며) 죄송합니다아!! 석봉아아!! (극장 내부 복도로 뛰어서 조석봉에게 다가가는데)

맨 앞줄까지 뛰어가던 조석봉. 험상궂은 관객 하나가 "아 이 새끼들이..." 하며 조석봉을 잡자 조석봉이 의자에 걸려서 바닥으로 와당탕 넘어진다.

험상 관객 (호열도 돌아보며) 미친 똘아이들이 영화 보는데 진짜...!

호열 (하 잡았다.) 아 죄송합니다. 죄송합니다. (하며 다가가는데 갑자기 험상 관객 뒤로 조석봉이 칼을 들고 일어선다.) ...!

조석봉 (울면서) 뭐 이 씨발놈들아아!!!

관객들이 "꺄아아!!" 비명을 지르며 상영관 뒤쪽 출구로 나가기 시작하고, 험상 관객도 뒤를 보고는 혼비백산 도주하기 시작한다.

Cut to

비명소리가 오버랩된다. 다른 관에서 극장 복도로 나오던 박범구가 홍수처럼 밀고 나오는 관객들을 본다. 박범구는 그쪽에서 무슨 일이 난 걸 직감하지만, 사람들을 뚫고 갈 수가 없다!

Cut to

다시 호열과 조석봉이 있는 관. 호열은 칼을 보자 얼어붙은 듯 움직이지 못한다. 호흡을 헉헉대며 "내가 뭘 그렇게 잘못했는데! 씨발 나한테 왜 그러냐고오!!" 소리 지르는 조석봉. 호열과 조석봉의 얼굴에 스크린 빛이 묻어난다. 스크린 안의 인물들은 웃고 있는데...

호열 (예상치 못한 공포에 움직이지 못하지만 간신히 입을 열어) 석봉아... 하...

조석봉의 눈은 사람의 것이 아닌 것만 같다. 사람들이 거의 다 밀려 나가자 씩씩대던 조석봉이 호열의 옆을 스쳐 지나간다. 눈을 감으며 움찔하는 호열. 하지만 조석봉은 그대로 앞쪽 출구로 나가서 사라진다. 조석봉이 나가자마자 호열이 바닥에 풀썩, 주저앉는다. 아무것도 할 수가 없었다... 잠시 뒤, 호열의 뒤로 박범구가 뛰어온다.

박범구 호열아! 석봉이는? 어?! (하고 호열을 보면 겁에 질린 얼굴)

호열 (하아...) 죄송합니다... 죄송해요. (텅 빈 극장 안. 화면 서서히 암전)

35. 헌병대 인근 소고기 집 / N

INS
치이익 소리를 내며 불판에 올라가는 소고기. 핏기가 가시기도 전에 집게가 프레임 인 하여 고기를 집어간다.

*　　　*　　　*

카메라 빠져보면, 룸 형식으로 된 소고기 집에 천용덕과 임지섭이 테니스복 차림으로 앉아 술을 먹고 있다. 임지섭의 앞 접시 위에 고기를 놓아주는 천용덕.

천용덕 야, 소고기 너무 익음 안 돼. 먹어 먹어.
임지섭 감사합니다. (먹는다.)
천용덕 임 대위 결혼했댔지?
임지섭 예, 그렇습니다.
천용덕 (위스키를 굳이 군용 반합에 따라 내밀며) 애들은?
임지섭 (받으며) 셋 있습니다, 딸 둘에 아들 하나.
천용덕 (헐?) 이야, 임 대위 왕성하구만?
임지섭 아닙니다. (받아 마신다.)
천용덕 애들한테 들어가는 돈이 한두 푼이 아닐 건데... 애국자야? (껄껄 웃는)
임지섭 ...감사합니다. (하는데 우웅, 문자가 와서 보면 박범구의 문자다. '이제 속이 후련합니까?') ...?!
(동시에 천용덕의 핸드폰도 울린다.)
천용덕 (전화 받고) 어. (하다가 사색이 되는) 뭐? (사이) 하... 알았어, 끊어.
(사이. 임지섭은 보지도 않고 담배를 물며, 툭) ...잘 좀 하지, 왜 그랬냐?
임지섭 네?
천용덕 OO 터미널에서 애 하나 다쳤다네? 탈영병은 놓쳤고. (얼굴이 굳는 임지섭) 그니까 내가 뭐라 그랬어? 작전은 인원이 넉넉해야 한다 했잖아?
임지섭 (눈이 휘둥그레져서) 아니, 저는 분명 헌병대장님 뜻대로... (하는데)

천용덕이 반합을 집어던지고, 쨍그랑! 임지섭의 뒤쪽 벽에 맞는다.

천용덕 야, 이 새끼야. 지금 작전 실패가 대장 탓이란 거야? 지 면피할라고 이게...
임지섭 (어안이 벙벙했다가 상황 파악이 됐다.) ...아닙니다. 죄송합니다.
천용덕 어디서 이게 못된 것만 배워서... 선배한테. (일어나 방을 나간다.)
임지섭 ... (혼자 남자 갑자기 어이없는 웃음이 새어 나온다.) 하하하...

36. 터미널 옥외 주차장 / N

경찰차와 박범구의 차가 주르륵 서 있고... 그 앞에 적당히 널브러져 앉아있는 준호와 호열.
호열은 조금 넋 나간 모습이고, 준호는 그런 호열을 걱정스레 보고 있다.

준호 ...한 상뱀, 괜찮으십니까?
호열 (한참 말이 없다가) 준호야.
준호 예, 말씀하십쇼.
호열 칼빵... 인제 안 무서울 줄 알았는데... 아니더라.
준호 ...그럴 수도 있지 말입니다.
호열 우리가 디피지, 형사가 아니잖아. 칼 맞고 뒤지면 그게 웬 개죽음이야... 아니 군대에서 뒤지면 어차피 다 개죽음이긴 하지.
준호 무서운 거... (호열이 슥 보자) 이상한 거 아닙니다. (뭔가 복잡한 표정)
호열 ... (그때 박범구가 멀리서 걸어오는 소리 들린다.)
박범구 수방사 애들은?
준호 좀 전에 국군병원으로 후송 갔습니다. 생명에 이상은 없답니다.
박범구 (굳은 얼굴) 그래...
준호 ...저희 복귀지 말입니다?
박범구 어, 어차피 완전히 터져버렸고... 경찰도 개입했으니 알아서 하겠지.
준호 ...바로 움직이는 겁니까 경찰이?
박범구 걔들도 시스템이 있으니까. 여기 수습 먼저 하고 방향 정해 움직일 거야. (대답 없는 준호) 암튼, 일단 들어가자. 빨리.
준호 네... 저 화장실만 금방 다녀오겠습니다. (묻은 피 좀 닦고 오겠단 제스처)

준호가 사라지고 호열 옆에서 담배를 태우는 박범구.

박범구 호열아.
호열 상병 한호열.
박범구 잘했다. (그 말에 슥 박범구를 보는 호열) 안 덤빈 거, 잘했다고.
호열 ... (가만 보다가) 감사함다.
박범구 (사이) 기영이가 황장수 집 주소 보냈지? 경찰한테 전달했고?
호열 (음?) 그거 준호한테 있지 말입니다?

그 말에 서로 눈을 마주치는 호열과 박범구. 아뿔싸! 하는 표정으로 프레임 밖을 돌아본다.

37. 시내버스 안 / N

'성남시 00 아이빌 오피스텔, 12XX호' 주소를 들고 있는 준호. 이미 버스에 타고 있다.
이내 박범구에게 걸려오는 전화. 단호한 얼굴로 받는다.

박범구(OFF) 야, 이 미친 새끼야! 너 지금 어디야?!
준호 ...늦습니다, 경찰은.
박범구(OFF) 뭐?
준호 조석봉 일병, 황장수 지금 바로 죽이러 갈...
박범구(OFF) (자르며) 무슨 근거로 이 새끼야아...!!
준호 (한참 가만있다가) ...직감입니다. 죄송합니다. (끊는다.)

38. 터미널 옥외 주차장 / N

박범구의 머리가 지끈 아프다는 얼굴.
옆에 있던 호열은 대충 상황파악이 됐다.

호열 (미묘한 얼굴로 박범구를 보다가 엉덩이를 툭툭 털고 일어나는)
박범구 (호열이 옆을 슥 지나가 자연스레 박범구 차에 탄다.) 뭐 하냐?
호열 저 차 좀 빌리겠습니다.
박범구 응?
호열 (문을 닫으며) 탈영한 안준호 이병 잡아 와야죠.
박범구 야, 한호열! (눈앞에서 뒤통수를 두 번이나 맞고) 너 거기 안 서?!
(하지만 부우웅 출발하는 차. 머리가 두 배로 아프다.) 아오... 진짜!!

39. 서울 어딘가, 편의점 / N

근무복을 입고 상품들을 매대에 챙겨 넣고 있는 젊은 남자의 뒷모습. 얼굴이 보이면, 그는 황장수다. 계속해서 걸려오는 전화가 있지만, 모르는 번호라 받지 않는 황장수. 진동 소리에 조금 신경은 쓰인다. 그때, 편의점 사장이 프레임으로 들어서며 황장수를 혼낸다.

편의점 사장 야, (빵을 집어) 너 내가 이거 나한테 물어보고 치우랬잖아? 어?!
황장수 아, 그게 유통기간이 지나서...
편의점 사장 이 새끼가 어디서 말대꾸야? 유통기간 지났다고 바로바로 치우면 응? (빵으로 머리를 툭툭 치며) 적자 나는 건 니가 메꿀 거야?

황장수 (인상이 쓰이지만 바로 애써 웃으며) 죄송합니다, 잘하겠습니다.

40. 주거형 오피스텔, 황장수 집 / N

띠리링, 문 열리는 소리와 함께 작은 원룸으로 들어서는 황장수. "하 씨발... 저 새끼 언제 죽이지?" 중얼대며 신발을 벗는다. 피곤한지 가방을 대충 벗고, 잠시 바닥에 털썩 앉는.

황장수 (마른 세수를 하며) 하... 군대 있을 때가 좋았지, 씨... (하는데, 딩동! 초인종 소리 울린다.)

황장수가 의아한 얼굴로 문으로 다가가 열면 거기엔 허름한 행색의 준호가 서 있다.

준호 황장수 병장님. 전활 왜 이렇게 안 받으십니까?
황장수 (준호를 보고 눈이 휘둥그레) 뭐냐? 이거 꿈이지?
준호 꿈 아닙니다. 시간이 없어서... (본론) 조석봉 일병 있잖습니까...
황장수 아이 씨발... 꿈에 나와도 좆같은 새끼가 뭔 좆같은 새끼 얘길 하고 있어?
준호 (황장수가 맘에 안 들지만) 조석봉 일병이 찾아올 겁니다.
황장수 뭐? (찰나 얼굴이 굳었다 풀린다, 머리 굴러가는) 아, 그래. 알았어, 고맙다.
준호 (뭐야 이 태도는?)
황장수 (준호의 어이없는 얼굴) 조심히 꺼져라.
준호 황장...! (하는데, 텅! 문을 닫는 황장수)

준호는 짜증 반, 걱정 반인 표정이 되고...
집 내부. 황장수가 하... 웃는다. 뭔가 알겠다는 듯 희번덕거리는 눈빛.

41. 주거형 오피스텔, 지하 주차장 / N

INS
차 안. 꽉 막힌 도로에 갇힌 호열이 보인다. 계속해서 준호에게 전화를 거는 중.

호열 (받지 않는 준호. 죽겠네...)

*　　　*　　　*

오피스텔 지하 주차장 분리 수거함 쪽에 앉아 잠복하고 있는 준호가 보인다.

윙윙 진동 소리와 함께 그제야 핸드폰을 꺼내 받는 준호.

호열(OFF) (다급하게) 야, 안준호. 전화 왤케 안 받아 새꺄?!
준호 죄송합니다. 배터리가 별로 없어서...
호열(OFF) 장수는 만났냐? 있어 봐, 나 지금 가는 중... (하는데)

멀리 엘리베이터 쪽에 웬 그림자가 움직이는 것이 보인다.

준호 (!) 잠시만 말입니다. (전화를 끊고 그림자 쪽을 주시하며 살금살금 걸음을 옮겨본다. 툭) 조석봉 일뱀? (그 말에 멈칫하는 그림자)

서서히 뒤를 돌아보는 그림자. 준호가 침을 꿀꺽 삼키는데,
조명이 닿는 곳으로 얼굴을 들이민 이는 이어폰을 끼고 있던 고등학생이다.

준호 ("네?" 말하는 고교생) 아... 죄송합니다.

하는데 갑자기 준호의 뒤에서 누군가 다다다닥! 빠르게 달리는 소리!
준호가 반사적으로 뒤를 돌아 뛰기 시작한다! "조석봉 일뱀!!" 외치는 준호!
답도 없고 쉴 새도 없이 계단을 뛰어 올라가는 누군가. 조석봉이 맞다! 준호도 지지 않고 뛰는데...!
조석봉이 주차장에서 복도로, 복도에서 다시 계단으로 빠르게, 빠르게 방향을 꺾는다!
이내, 가정집들의 초인종을 딩동, 딩동! 마구 누르며 도주하는 조석봉!
집들마다 불이 하나씩 켜지고, 웅성대는 소리도 들리기 시작한다.
간격을 좁혀가던 준호는 짜증스러운 목소리의 "뭐야?", "누구세요?!"와 함께 벌컥! 열리는 문들을 요리조리 피하느라 속도가 더뎌지고, 결국 쾅! 어깨까지 부딪히고 만다.

준호 으으... (부딪친 어깨에 통증. 조석봉은 복도 끝에서 계단 위로 사라져 버린)

준호, 옆에 있던 엘리베이터 버튼을 누른다.

42. 주거형 오피스텔 엘리베이터 / N

어깨를 감싸 쥐며 엘리베이터를 타는 준호. 일단 12층을 누르지만, 눌리지 않는다.
하강 중인 엘리베이터였던 것. 핸드폰을 꺼내 호열에게 전화를 거는데...

신호가 가던 중 결국 전원이 나가버리고 만다... "이런... 씨..." 그새 엘리베이터는 1층에 당도하고, 준호는 입술을 깨물고 다시 키패드로 손을 뻗어 12층 버튼을 누른다.
우우웅- 소리와 함께 상승하는 엘리베이터. 준호, 어째야 할지 골똘히 생각하는 표정인데...
순간, 띵! 소리와 함께 엘리베이터가 멈춘다. 준호의 긴장감 가득한 얼굴.
그 위로... 지잉- 엘리베이터 문 서서히 열리는 사운드 들리며! 보면,
...아무도 없다. 준호가 "하아..." 숨을 내뱉는데... 순간 어둠 속에서 튀어나오는 손! 조석봉이 엘리베이터로 들어오며 준호를 기습한다. 잠시 당황한 준호지만 반사적으로 피하며 조석봉의 가슴과 턱을 빡, 빡 가격하는데...

준호 (다시 당하지 않으려고 위악을 하며) 병신으로 안 봐, (일부러 더 세게 맘을 다 잡는다.) 조석봉 일병 데려갈 겁니다.
조석봉 (이이... 이를 악물고 덤벼들지만 준호의 잽에 당할 재간이 없다. 결국 지쳐 숨을 몰아쉬다가) 왜 너만, 너만... (준호를 보고) 너도 박성우 깠잖아...
준호 !! (뭔가 울분이 더 치솟는데)

순간, 치지직! 빠르게 품에서 꺼낸 전기 충격기로 준호를 가격하는 조석봉!

준호 (으윽... 몸이 맘대로 움직여지지 않는다.) ...조석봉 일병...
조석봉 (숨을 몰아쉬며) 미안하다...
준호 (하아) 조석봉 일병... 그러지 마요. 진짜... 그럼 안 돼요. (혼절할 거 같은)
조석봉 미안해, 준호야... (다시 계단으로 사라진다. 텅 닫히는 엘리베이터 문)

43. 주거형 오피스텔 계단 - 복도 / N

진중한 음악과 함께 계단을 오르는 조석봉. '12F'라고 써진 글자가 보이자 뒤춤에서 다시 스르르, 사시미 칼을 빼어 든다. 복도로 들어서자 드디어 보이는 황장수의 집!
헌데, 이상하게도 황장수 집의 문이 반쯤 열려있다. 뭐지 싶은 조석봉인데...

황장수(OFF) 여어, 오타쿠. 형 보고 싶었구나?
조석봉 (! 그 소리에 뒤를 돌아보면, 이미 기다리고 있던 황장수가 보인다.)

퍼억! 황장수가 들고 있던 야구 배트를 휘둘러 조석봉의 안면을 강타한다.
악! 바닥으로 나자빠지는 조석봉. 칼도

놓친다.

황장수 (칼을 보고) 와... 이 아주 상 똘아이 새끼... 뭐 하냐? 고참을 봤으면 벌떡 일어나서 경례를 해야지...! (다시 배트로 누워있는 조석봉을 내리치는데)

조석봉 (간신히 피하며 일어나지만 칼을 집진 못한다, 공포에 말이 안 나오는)

황장수 (기세에서 위에 있는. 웃으며) 너 사실은 그렇게 유도를 잘한다며? 근데 왜? 난 여전히 무서워? 막상 만나니까 안 되겠어?

조석봉 (분하지만 다리가 떨린다.) 으... 으...

INS
엘리베이터. 이를 악물고 정신을 차려보려는 준호가 보인다. 허나 맘처럼 되지 않고...
그때, 띵! 소리와 함께 엘리베이터 문이 열리려 한다.

준호 (보지도 않고 간신히 힘을 쥐어짜 일어서며) 저기, 저 좀 도와주세요... (하며 열린 문으로 시선을 돌리는데) ...!

*　　　*　　　*

조석봉이 다시 몸을 움직여 칼을 집으려는 상황.

황장수 (칼을 발로 차 버리며 다시 안면을 빡! 갈긴다. 다시 나자빠지는 조석봉) 하, 요 오타쿠 새끼... (그로기 상태에 가까운 조석봉에게 다가간다.) 야, 나 뭐 좀 물어보자. (피를 꿀럭거리며 토하는 조석봉 앞에 쪼그리고 앉아) 뭘 어쩌고 싶은 건데? (뺨을 톡톡 치며) 나 제대했잖아... 다 끝났잖아? 근데 뭘 더 어쩌고 싶은 거냐고? (점점 따귀의 강도가 세진다. 짝짝) 아니, 아니 니가... 뭘 어쩔 수는 있다고 생각한 거냐? 어?! (목소리도 커지고) 말을 해, 이 폐급 새끼야! 언제까지! (때리며 쩌렁쩌렁 소리 지른다.) 이 지랄을 하려고 했는지 대답하라고!! (때리다 지쳐 잠시 멈추는데)

조석봉 (잠시의 정적 후. 황장수의 손과 다리가 떨리는 게 보인다.) 왜 떠십니까?

황장수 뭐?

조석봉 (그제야 황장수를 마주 보고 씩 웃는다.) 무서우십니까?

황장수 (찰나, 오싹한 느낌이 지나간다.) 이런 미친 새끼가...! (다시 손을 치켜드는데)

순간 덜컥 문 열리는 소리가 들리며 옆집 남자가 고개를 내민다.
"거 좀 조용히 좀 합시다. 신고하기 전에." 말하자...

황장수 (고개를 돌려 희번덕한 눈으로) 하세요. 이 새끼 범죄자 새끼니까.

하는 사이! 조석봉이 황장수의 팔을 뿌리치고 다시 비상계단으로 뛰어 내려가기 시작한다!
타타타탁!! 빠른 속도로 폴짝, 폴짝 뛰며 내려가는 조석봉의 얼굴. 그 어느 때보다 기쁜 얼굴이다. "저 새끼 무서웠어. 씨발... 내가 무서웠어!!" 매우 크게 낄낄거리며 내려가는 조석봉. 멀리 옅은 불빛이 새어 나오는 출구가 보인다.
밖으로 나가려는데...

44. 주거형 오피스텔, 지하 주차장 / N

턱. 누군가의 발에 걸려 앞으로 쏠리는 조석봉의 몸! 조석봉이 크고 아름다운 포물선을 허공에 그리며 앞으로 쾅! 나자빠진다. 환희에 차 있던 표정이 경악으로 바뀐다.
보면, 준호와 호열이 출구에서 그를 기다리고 있었다.

호열 하... 석봉아 미안하다. (조석봉의 등을 무릎으로 누르고 수갑을 채운다.)
조석봉 왜에에... 왜에에에!!!! (광분하며 발광한다. 눈물을 줄줄) 이제 시작인데...!!

"이제 내 차렌데...!" 우는 조석봉. 그런 그를 안타깝고도 복잡한 눈으로 바라보는 준호.

45. 터미널 옥외 주차장 / N

아까 준호, 호열과 헤어졌던 그 자리에 그대로 앉아 담배를 태우는 중인 박범구. 바닥엔 이미 꽁초가 수두룩, 해탈한 얼굴인데... 그때 위잉 핸드폰 진동소리 들린다.

박범구 (시계를 보고 전화를 받는다.) 해 뜨면 니네 다 탈영 처리 할라 그랬어.
호열(OFF) 동절기라 해가 늦게 뜨지 말입니다.
박범구 (호열의 농담으로 결과는 알게 된다. 하아... 안도의 한숨)

46. 주거형 오피스텔, 지하 주차장 / N

사이렌 소리와 뒤섞여 오피스텔 주민들의

웅성거리는 소리 선행된다.
건물 앞에 경찰차 두어 대와 박범구의 차가 서 있고...
처음으로 등장한 짜증스러운 표정의 형사들(**나 형사, 배 형사**), 그리고 그들과 대화 중인 박범구가 보인다.

나 형사 아, 이거 형사 사건인데 얘기도 없이 이러시면 어떡합니까?
배 형사 (박범구는 계속 "죄송합니다."를 반복하는데, 슥 나 형사 옆으로 나서며) 야, 그만해. (담배를 바닥에 비벼 끄며) 담엔 그냥 안 넘어갑니다, 가자.

조석봉은 박범구의 차에 태워져 있고, 한 팔에 채워진 수갑 한쪽이 손잡이에 고정된 상태. 나라 잃은 사람마냥 넋이 나가 있다. 그 모습을 보며 준호, 호열과 대화 중인 황장수.

황장수 아니, 저 새끼 왜 경찰차에 안 타고 저기 타?
호열 (맘에 안 드는) 타, 는 반말이고. 민간인 황장수 씨야.
준호 (참는다.) 조석봉 일병은 군인 신분이라 군 병원으로 먼저 갑니다. 치료 뒤에 경찰과 헌병대가 공조 수사할 거고요.
황장수 (짜증을 확) 야 이 씨발, 저 오타쿠 새끼가 나 죽이려고 했다고!
박범구 (이쪽으로 다가오며) 누가 봐도 죽을 뻔한 건 석봉인데? (황장수를 보며) 야, 황장수. (할 말은 많지만) ...진짜 전역한 걸 다행으로 여겨라.

"경찰이 부름 성실하게 튀어가고." 말하는 박범구의 보이지 않는 노기. 움찔하는 황장수.
박범구가 호열, 준호에게 가자고 고갯짓한다. 차로 이동하는 셋.

박범구 (호열에게) 호열이는 경찰서 가서 용산 일 정리하고 복귀해.
호열 옙겠습다. (경찰차 쪽으로 걸어간다.)

승용차 앞엔 박범구가 타고 준호가 뒤에 타려고 문을 여는데...
그러자 갑자기 황장수를 바라보는 조석봉. 사이. 얼굴이 일그러지더니 원통한 듯 눈물을 쏟기 시작한다. 으흑흑... 피와 눈물이 뒤섞인 그야말로 피눈물...

황장수 (살짝 오싹하나, 입술 비죽) 뭐 하냐? 븅신이... (오피스텔로 들어가 버린다.)

그 위로 처연한 음악 시작되며, 서서히 다음 신으로 디졸브 되는 화면...

47. 박범구 차 안 / D

INS
드론 쇼트. 이른 아침, 국도를 달리는 박범구의 차.
* * *

창밖을 보는 준호. 어느 때보다 생각이 많은 표정이다. 사이. 운전하며 조석봉을 부르는 박범구.

박범구 조석봉. (대답은 없다. 툭) 죽인다고 복수가 아니다. 사람이 죽을 때 되면 반성할 거 같냐? 그냥 그러고 죽는 거야, 존나게 평화롭게. 그럼 죽인 사람은? 그때 가서 후회하지. 아, 씨발 뒤진 놈은 암 것도 반성 안 했는데, 이젠 책임이고 나발이고 물을 수가 없네? (사이) 그렇게 평생 후회한다. 살려둘걸, 살려두고 책임지게 할걸... (백미러로 조석봉을 보는데)
조석봉 (툭) 잘난 척은.
박범구 뭐?
조석봉 (떨리는 눈동자) 다 알고 있었으면서, 다들 방관했으면서 잘난 척은...
준호 (느낌이 안 좋다.) 조석봉 일병.
조석봉 왜 내가 벌을 받아? 나쁜 건 황장순데...
박범구 야, 조석봉.
조석봉 (수갑이 채워졌음에도 발광하기 시작) 왜!! 왜!! 내가 벌을 받는 거냐고!!!
준호 석봉이 형!! (잡으려는데)

조석봉이 "왜에에!!" 소리를 지르며 앞으로 돌진한다! 우드득, 수갑과 연결되어 있던 차 손잡이가 잡아 뜯겨지고! 조석봉은 수갑이 손등을 찢지만 개의치 않고 박범구의 팔을 낚아챈다. 끼이익!! 돌아가는 핸들!!! 박범구가 유지해보려 이를 악물고 애를 쓰는데...!

48. 국도 / D

스키드 마크를 내며 꺾이는 타이어. 빵빵! 클랙슨 소리와 함께 박범구의 차가 가드레일로 돌진한다! 콰광! 이내 가드레일과 충돌하며 전복되는 박범구의 차. 이내 정적이 지나가고...
더 이상 음악은 흐르지 않는다.

5화 끝

디.피. 6화

방관자들

D.P. Part 6

Onlookers

1. 헌병대, 수사과 / D

박범구와 면담 중인 조석봉이 보인다. 조석봉 전투복에 멋들어지게 붙어있는 '특급전사' 휼장.

박범구 그냥 의례적인 면담이니까, 긴장 빨지 말고. 응?
조석봉 일병 조석봉. 예, 알겠습니다.
박범구 (서류를 보며) 중학교 때까지 유도했었네? 전국체전도 나가고. 왜 관뒀어?
조석봉 (머쓱하게) ...누구 때리는 걸... (사이) 못 하겠어서...
박범구 아이고 야, (쯧) 군 생활 빡세겄다. (근데) 특급전사는 어떻게 땄냐?
조석봉 아 그거는... 해야 되니까... 하다 보니 됐지 말입니다.
박범구 하면 된다, 뭐 그런 거야? 좋은데... (슥 보고) 너무 애쓰진 마, 탈 난다.
조석봉 (음?) 잘 못 들었습니다?
박범구 아냐. 존나 먼 얘기긴 한데... (뜬금없이) 나중에 제대하면 뭐할 거냐?
조석봉 네? 아니... (사이. 아무 생각이 안 난다.) 생각 안 해 봤지 말입니다.
박범구 (툭) 그럼 지금 생각해 봐.
조석봉 ... (뭔가 생각하는)

그 위로 조석봉 자신의 목소리. "선아, 너 왜 안 그려?" 선행되며...

2. 미술학원 / D

미술학원. 입대 전 조석봉이 교복을 입은 아이들과 함께 드로잉을 하고 있는 모습. 일전에 준호가 만났던 석봉 학생에게 지도 중이다. 창으로 해가 들어오는 따스한 분위기다.

석봉 학생 (교복 차림. 뭐가 안 내키는지 입술을 비죽 내민) 어차피 안 될 건데요 뭐. 내신도 엉망이고, 실기도 그렇고...
조석봉 야, 뭐라도 해야... (빈 스케치북에 라인을 슥슥 그리며) 뭐든 바뀌지. (웃고, 준호에게 그려줬던 만화 캐릭터 스케치를 그려나가는)

3. 헌병대, 수사과 / D

한 방 맞은 듯한 얼굴로 조용히 입을 여는 조석봉.

조석봉 그냥 만화 그리고... 애들 가르치고 그런 거...

그 위로 수도에서 물 흐르는 소리 졸졸졸 들려오며,

4. 주거형 오피스텔, 황장수 집 / D

다시 현재. 화장실 세면대 앞에서 황장수가 조석봉을 구타하다 다친 손의 상처를 소독하고 있다. 흐르는 물에 씻겨 내려가는 피.
"쓰읍..." 인상을 찌푸리면서도 블루투스로 통화 중.

황장수 (통화) 아 별일 아녜요. 시간 맞춰 출근할 수 있습니다. 네네. 교대 전에 가겠습니다, 네. (끊고. 상처에 약을 바르며) 씨발, 진짜...

그러다 문득, 이상한 기시감에 고개를 들어 앞을 보는 황장수.
물론 거울에 비친 건 자신밖에 없다.
그런 스스로가 웃긴지 허, 웃곤 거울을 열어 공간 뒤 수납장에 약을 돌려 넣는데... 탁, 다시 거울을 닫으면... 어느새 공간에 들어와 있는 조석봉의 모습이 보인다!

황장수 (귀신을 본 거 같은 얼굴. 하지만 진짜다.) 너...? (어떻게?)

조석봉 쫄지 마, 이제부터 시작이니까.

황장수가 순간을 노려 뒤로 돌려는데...! 조석봉이 먼저 황장수의 뒤통수를 잡아 그대로 거울에 퍽! 박아버린다.
와장창! 깨지는 거울과 함께 Cut to 오프닝 시퀀스.

5. 오프닝 타이틀 시퀀스

안준호, 한호열, 박범구 등의 실루엣과 대한민국 국군에 대한 뉴스릴들이 몽타주 돼 등장했다 사라지길 반복하는 오프닝 타이틀 시퀀스. 음악과 앵커들의 목소리가 계속 부딪친다.
배우, 스태프 등의 크레딧이 화면 아래쪽에 함께 흐르고 마지막에 떠오르는 타이틀 'D.P.'

6. 국군 서울 병원, 다인실 / D

비몽사몽 하며 눈을 뜨는 준호. 병원 침상이다. 옆에는 준호 옆을 지키며 졸고 있던 호열이 보인다.
아마 준호를 간병하다 잠이 든 듯.

호열 (부스럭 소리에 깨서) 깼냐? (사이) 계속 뒤척이던데 꿈꿨나?

준호 예... 조석봉 일뱀을 잡았는데, 놓쳤습니다.

호열 (이 와중에도 씁쓸하게 농담) 슬픈 꿈을 꾸었구나. (사이) 너 그냥 타박상이라곤 하는데, 일단 안정...

준호 (됐고) 괜찮습니다. (몸을 일으켜) 담당관님은 어디 계십니까? 괜찮으십니까?

호열 으이그...

호열이 옆에 커튼을 걷으면, 머리에 붕대를 두른 채 기절한 박범구가 보인다.

호열 (머리를 보며) 잘 터졌어, 아주.

준호 잘 못 들었습다?

호열 에어백이 잘 터졌다고. 생명에 지장은 없고... 살짝 머리 몇 바늘 꿰맸디야. (사이) 후송 대기 타다 연락해봐서 망정이지... (크게 다칠 뻔했어. 쩝) 아, (맞다, 지나가던 기간병에게) 기간병 아저씨! 여기 깼는데?

병원 기간병 예, 금방 갈게요. (바쁜지 가던 길을 가는)

그때, 박범구와 다른 방향에서 커튼이 휙! 걷히며 김규가 얼굴을 드러낸다. 짜증스러운 얼굴.

김규 (호열에게) 전세 냈냐? 조용히 좀 하자. (준호의 시선으로 김규 옆을 보면 아직 의식을 차리지 못한 태성곤이 누워있다. 호열처럼 간병하던 중인 듯)

호열 (김규가 다시 커튼을 휙 닫는다.) 아 새끼 성질은...

준호 ...이제 어떻게 되는 겁니까?

호열 하... (급 어두워지는 얼굴) 석봉이가 결국 빅엿을 줘버렸네... (괜스레 박범구의 눈치를 보며) 그 새끼 황장수 납치했대. 차까지 훔치고...

준호 네??

호열 ...이제 경찰이 나서겠지... 군경 합동수사가 될 수도 있고... (하는데)

박범구(OFF) 디피야... (준호와 호열이 보면 박범구가 깨어났다.)

준호, 호열 담당관님!

박범구 (혼미한 정신을 부여잡고) ...조석봉이 어쨌다고? ...군경 합동... 뭐?

아, 씨... 말실수했다 싶은 표정의 호열.

7. 헌병대, 보좌관 방 / D

힘없는 얼굴로 자기 방 안에 앉아 있는 임지섭. 이때 밖에서 누군가들의 발소리가 우르르 들리고...
반쯤 열려 있는 문틈으로 보이는 복도.
사복을 입은 일군의 형사들이 지나간다.
"이거 그냥 협조 요청 느낌이 아닌데?

뭔데 수사까지 군인들 눈칠 봅니까?"
"낸들 아나 서장이 까라면 까야지. 들어나 보자."

임지섭 ...? (또 뭐지?)

8. 헌병대, 헌병대장 방 / D

느긋한 얼굴의 천용덕과 그 앞에 사복을 입은 형사 두 명. 배 형사와 나 형사다.

천용덕 (반갑게) 아이고, 김 서장네 식구분들이시죠?
나 형사 네, 안녕하십니까. (일단 명함을 내민다, 배 형사도 내밀고, 받는 천용덕)
천용덕 (미소) 앉으시죠.
배 형사 (뭘 앉기까지? 아직 서서) 서장님께 말씀은 들었습니다. 황장수 씨 납치 상황 실시간 위치 추적을 공유 요청하셨다구요.
천용덕 네, 형사님들 바쁘실 텐데 이런 사소한 내부 일은 저희가 알아서 해야죠.
나 형사 (음? 내부 일? 천용덕 다시 보고) 알아서라 하심은...
천용덕 저희는 바로 화기 소지한 특임대 2개 소대, 출동할 수 있습니다.
상황 인접한 부대에서도 당연히 같은 규모의 지원이 따를 거고요.
나 형사 지금 무슨 말씀을 하시는...?
(하는데 누군가 똑똑 노크하는 소리)

형사들이 문쪽을 보자, 머리부터 발끝까지 검은색 특수 전투복-흑복을 입은 특임대들이 우르르 들어온다.
앞에는 흑복을 입은 김일석과 이효상도 보이는...!

배 형사, 나 형사 (뭐야...?!)
김일석 (천용덕에게 경례) 충성.
오대기 특임 임무 준비 완료했습니다.
천용덕 어, 그래. 잠시 대기. (그제야 일어서서) 우리 애니까 우리 선에서 잘 처리하겠다, 그냥 그 말입니다.
이미 얘기 끝난 걸로 아는데?
(복잡하게 왜 이래?) 황장수 병장도 안.전.하게 넘겨 드릴 테니 공과는 걱정 마시고.
배 형사 (그들을 슥 보다가 천용덕에게 시선을 맞추고) 그니까 저희는 위치만 던지고 구경해라 이건가요?
천용덕 (빙긋 웃으며) 뭐 비슷하네요?
나 형사 말씀은 알겠는데 황장수 씨 이제 병장 아니고 민간인입니다.
그래서 대충 손은 못 놓고요.
배 형사 잘못되면 독박은 담당이 쓰거든요.
천용덕 (잠시 표정없이 형사들 보다가 웃고) 그러시든가, 그럼. 참 못 주워드시네.

9. 국도, 마티즈 안 / D

INS
국도를 달리고 있는 마티즈.
부우우웅! 굉음을 내며 터널로 들어선다.
*　　　*　　　*

운전석엔 조석봉. 뒷좌석엔 청테이프로 입이 막히고 노끈에 결박된 황장수가 보인다.

황장수 읍읍... 읍...!
조석봉 걱정되십니까? 알바 못 가서? (황장수는 얼굴이 피투성이가 돼서 계속 읍읍 거린다.) 황장수 병장님? (계속 낑낑대자 잠시 차를 세운다.) 관등 성명 안 대요?
황장수 (공포와 분노에 찬 눈빛. 조석봉이 청테이프를 뜯자) 너 이 미친 새끼야, 어쩌려고... (하는데 조석봉이 시가잭을 뽑아 황장수의 허벅지에 툭, 갖다 댄다.) 으아아악! (치이익... 타들어 가는 고통)
조석봉 (초점 없는 눈빛) 관등 성명.
황장수 ...병장 황 장 수...! (다시 청테이프로 입을 막는 조석봉)
조석봉 (별로 기분이 나아지지 않는다.)

눈물까지 찔끔 나오는 황장수. 카메라 틸다운 해서 그의 뒷주머니로 내려가 보면, 황장수의 핸드폰이 'SOS 긴급구조요청 모드'를 실행시켜놓은 상태다.
그 위로 호열의 목소리 들린다.

호열(OFF) 아, 왜 이러세요!!

10. 국군 수도 병원, 다인실 앞 / D

박범구가 팔에 꽂힌 링거 주사를 뽑으며 병실에서 나온다.

준호 (뒤따르며 말리는) 담당관님.
박범구 시간 없어, 빨리 가야 돼. (천용덕에게 계속 전화를 걸지만 받지 않는다.) 이 인간은 전화를...
호열 저희 손 떠났다고요! (듣는 체도 않는 박범구) 아 잠시만 말입니다.
박범구 뭘 잠시만이야 새끼야, 지금 애들이 같은 부대원 쏴 죽이러 간다잖아?
호열 갈 수도 있단 거고요... 어차피 사단 특전이 위력 시위하는데 인력 딸려 가는 거겠죠! 이렇게 흥분하시면 몸에...
박범구 (알아?) 우리 대장이 그 사단 특전사 출신이야. 진급에

환장한 인간이 상황 생기면 뭔 짓이든 못하겠냐? 뭐, 손을 떠나? (준호를 보고) 너도 그렇게 생각하냐? (사이) ...최선을 다했어? (말 없는 준호)

호열 (준호 분위기가 심상찮음을 느끼고) 야, 뭐야? 분위기 왜 이래?

준호 저... 담당관님이랑 같이 가겠습니다.

호열 (아 놔... 미치겠네. 준호와 박범구가 가만 호열을 보고 있는다.) 왜? 뭐? (한참의 사이) 으... 아, 몰라 뭐든 해봅시다. 씨. (하는데 문이 드륵 열린다.)

김규 저기, (나와서 끼어드는) 저도 같이 가도 되겠습니까? 걔한테 볼 일이 남아서. (문틈으로 보이는 태성곤. 호열을 가리키며) 얘보단 도움이 될 겁니다.

호열 (살짝 반색) 그래, 머리 하나라도 더 있으면...

박범구 (자르며) 맘은 알겠는데 여기 있어라. (태성곤을 가리키며) 조원 지키는 것도 조장 역할이야.

김규 아니, 그래도...

박범구 (자르며) 맘대로 움직이면 탈영이다.

움직이는 준호, 호열, 박범구.
그 뒤를 보고 있던 김규가 하아... 숨을 내뱉고 슥 태성곤을 바라본다.

11. 헌병대, 막사 앞 / D

INS
막사 앞에 덜덜덜 시동 걸린 소리와 함께 육공 트럭(수송용 트럭) 두 대가 서 있다.

*　　　*　　　*

육공엔 이미 흑복 차림의 특임대원들이 타 있고, 뒤따라 김일석과 이효상이 트럭 뒤에 올라탄다. 총을 만지작거리는 김일석. 옆엔 긴장한 이효상의 눈빛도 보인다.

이효상 김일석 상뱀, 저희 그럼 오타쿠 쏠 수도 있는 겁니까?

김일석 (아까와는 달리 긴장과 두려움이 스물. 하지만 안 그런 척) 뭔 개소리야. 우리가 무슨 특전사냐? 그냥 겁주러 가는 거야 새꺄.

이때, 흑복을 챙겨 입고 무장 차림으로 막사에서 나오는 천용덕이 보인다.

천용덕 (검은 복면을 들고 있는) 야, 오대기 보급 누구야?

김일석 (거수한다.) 상병, 김일석!

천용덕 어, 탄약고 가서 실탄 좀 불출해라.

이효상 (자기도 모르게 튀어나오는) 실탄 말입니까? 왜 말입니까?

천용덕 (이 새끼들이) 왜는 새끼야, 탄 가지고 공기놀이하겠냐? (특임대들 전원에게) 특임대.

특임대원들 (실탄 소리에 다들 잠시 넋이 나갔는데)

천용덕 아, 씨발 특임대엣!

특임대원들 (그제야 대답) 악!! (특임대 특유의 대답 구호)

천용덕 실제상황이다. 상대가 칼을 들었는지 폭탄을 들었는지 알 수 없어. 일촉즉발의 상황이 되면 니들 옆 전우의 생명은 너희한테 달린 거라고! 알겠나?!

특임대원들 악!!

덜덜 떨리는 아이들의 손.
천용덕이 육공에 타려는데 다름 아닌 임지섭이 앞을 막아선다.

천용덕 뭐야, 너?

임지섭 ...대장님, 특임은 대테러 특수부댑니다. 지금은 대테러 상황이라기엔...

천용덕 야 이 새끼야. 94년 혜화동 무장탈영 몰라? 그때 탈영한 애가 민간인 일곱 명을 쐈어! 하나가 죽었고! 조석봉이가 황장수를 납치했...

임지섭 (계속 용기 내서) 혜화동 때는 소총 들고 나간 거고요!

천용덕 칼 들고 찾아갔잖아?! (허? 어이가 없네) 너 이거 항명이야?

임지섭 (흥분을 누르며) ...원래 말씀하셨던 대로 군탈담당관이랑 디피들한테 시간을 주시거나, 아님 경찰한테 맡기...

천용덕 (빰을 짝! 때리며) 항명 맞네. 전시였음 즉결처분이었어, 너. (지나가려는데)

임지섭 ...혹시 책임 소재 때문에 그러시는 거면...

천용덕 (멈칫. 얼굴이 싸늘해진다.)

임지섭 이렇게까지 안 하셔도, 문제 생기지 않게 제가... (하는데)

천용덕 (뒤에 사병들이 신경 쓰이는. 미소를 지으며 임지섭에게 다가와 싸늘하게 웃고) 뭐. 책임? 너야말로 그 말에 책임지고, 옷 벗을 준비 하면 되겠네. (탄 지급이 끝나자 육공 트럭에 올라탄다.) 가자. (출발하는 육공)

임지섭 ... (말릴 수 없었다. 입술을 깨물고 뭔가 생각하는데)

문득 임지섭의 시선에 육공 떠난 자리에 서성거리는 걱정스러운 표정의 허기영이 보인다.

12. 어딘가, 철문 앞 / D

끼익- 정차하는 마티즈. 흐린 날씨에 안개가 자욱하게 뻗쳐 있는 어딘가다.

덜컥, 차 문 열리는 소리와 함께 비닐봉지를 쓰고 있는 황장수가 프레임에 드러난다.

황장수 후우... 후우... (들숨, 날숨 할 때마다 팽창했다 줄어드는 봉지)

그대로 황장수의 뒷덜미를 덥석 잡는 조석봉!

황장수 (극도의 공포) 뭐야, 어디야...? 야...!! 악!! 어디냐고오오!!
조석봉 (대답 없이 차 밖으로 패대기치듯 끄집어내는) ...
황장수 (바닥에 몸이 끌리자 통증이 느껴진다.) 으악, 악... (사이) 잘못했어. 잘못했어요. 으으...!

개의치 않고 질질 황장수를 바닥에 끌고 가는 조석봉. 다시, 그 사람 같지 않은 눈빛.
그대로 어딘가 작은 철문으로 들어가는 조석봉과 황장수.

13. 국군 수도 병원, 로비 – 헌병대, 수사과 교차 / D

프레임 인 해서 건물 밖으로 걷는 중인 박범구, 호열, 준호...

호열 (준호가 전화를 꺼내자) 기영이 전화 안 받아. 영장 없이 위치 추적한 거, 걸린 거 같다.
준호 보좌관님한테 말입니까? (호열이 고개를 끄덕) 하... 그럼 어쩝니까?
박범구 호랑이 전화 왔네. (준호, 호열이 본다. 임지섭의 전화다. 받는) 여보세요.
임지섭(OFF) 허기영 일병 일하느라 바쁩니다.
박범구 (적대적인 목소리였다가, 엥?)

Cut to
수사과. 허기영이 모니터 앞에 앉아 키보드를 두드리고 있다. ('나의 스마트폰 찾기' 같은 일상적인 프로그램을 해킹해 사용 중) 힐끗힐끗 옆을 보며 계속 의아한 눈빛으로 임지섭을 보는 허기영.
임지섭은 박범구와 통화 중이다.

임지섭 석봉이랑 장수 위치 찾고 있거든요.

Cut to
뭐지? 싶은 얼굴의 박범구.

박범구 (의심이 아직) 뭡니까? 갑자기 왜?
임지섭(OFF) 속이 안 후련해서요.
박범구 (내가 보냈던 문자...)

Cut to
도 아니면 모, 나름 결연한 얼굴의 임지섭.

임지섭 (쩝. 암튼) 특임대랑 경찰도 움직이고 있습니다. 서둘러야 돼요.
박범구(OFF) 고맙다고 해야 됩니까?
임지섭 (답은 않고) ...여기서 할 수 있는 일은 이 정돕니다. 부탁드려요. (끊는다. 자신을 계속 힐끗 보는 기영에게) 그만 힐끗대라. 사팔이 되겠다.
허기영 그게 아니고... (살짝 걱정) 이래도 괜찮으신가 싶어서 말입니다.
임지섭 괜찮겠냐? (하다가) ...더 안 괜찮을까 봐 이러는 거야. (황장수의 겁에 질린 신음 "으으으...!!" 이어지며)

14. 어딘가, 좁은 공간 / D

온통 흐릿한 황장수의 시점. POV로 조석봉의 실루엣이 얼핏 보이는 정도다. 의자에 황장수의 손발을 결박하는 조석봉의 손이 타이트한 쇼트로 스쳐 지나가고...
이내, 조석봉의 손이 비닐봉지를 벗기고 황장수는 불안한 눈길로 의자에 앉아있다.

황장수 으으... 여기 어디야... (하며 이곳이 어딘지 시선을 돌리면, 끝도 없이 기다란 동굴 같은 공간이 눈에 들어온다. 어딘지 전혀 감도 안 오는... 더 겁에 질려) 너... 너, 너. 지금 실수하는 거야... 이러고 나중에...

조석봉이 생기 없는 눈으로 주머니에서 무언가를 잔뜩 꺼내 든다. 보면 라이터!

조석봉 왁싱 기억나십니까?
황장수 ...?!

라이터를 황장수의 입에 쑤셔 넣는 조석봉. 다시 테이프를 붙인다.

황장수 ...!! (읍, 읍, 으읍!! 하는데)
조석봉 매일매일... 얼마나 뜨겁고...

얼마나 아팠는데... (바로 얼굴을 주먹으로 뻑!)

황장수 (윽!!)

조석봉 (연달아 뻑, 뻑, 뻑! 황장수의 안면을 내려친다.) ...내가... (숨이 넘어갈 거 같은 황장수의 뒷덜미를 다시 잡아 일으키며) 나중을...! 생각하겠습니까?!!

공간 한쪽에 오래된 유리로 황장수를 끌고 가는 조석봉.
그대로 머리통 채 유리에 던져버린다.
쨍그랑! 깨지는 유리.
그 위로 준호 목소리 선행된다.

준호(OFF) 경기도 벗어났고... 아직 움직이고 있습니다.

15. 택시 안 / D

박범구, 호열, 준호가 택시에 타고 있다.
모두 다들 긴장, 상기된 얼굴로 택시 안에 타고 있는데...
미터기가 십만 원을 넘어가고 있다.
택시기사는 미터기를 보고 걱정스러운 얼굴인데...

택시기사 (조심스레) 저기... 이제 강원돈데...

박범구 (개의치 않고) 신경 쓰지 말고 가주세요.

호열 거의 다 와 갑니다. (후우) 데려올 수 있겠죠?

박범구 (창밖을 응시하며 한참 답이 없다가) ...데려와야지.

준호 (뭔가를 생각하는 얼굴) ...

호열 (내비를 보다가 뭔가 이상한 기분. 고개를 갸웃) 근데 우리 지금... 맞게 가는 거지?

16. 어딘가, 좁은 공간 / D

계속 린치를 당하다 바닥에 쓰러지는 황장수.
격하게 숨을 내쉬는 조석봉이 다가가 황장수 입에서 청테이프를 다시 뜯는다.
깨진 라이터와 이빨들이 후드득 뱉어져 나오고...

황장수 (말도 잘 안 나오는) 잘못했어... 잘못했어...

조석봉 ...물어보고 싶었습니다. (다시 발로 퍽! 퍽! 차 버리고) ...왜 그랬습니까?

황장수 (어억... 신음한다.) ...어... 어... 으...

조석봉 (머리카락을 움켜쥐며 그렁그렁한 눈으로) 묻잖아!! 왜 그랬냐고 나한테?!!!

황장수 (만신창이가 된 얼굴로) ...그... 냥... 그래도 되는 줄 알았어... (울먹인다.)

조석봉 ...이, ...이... (말로 형언할 수 없는 기분. 다시 입을 봉하고 때리는데!)

그러다 바닥에 굴러떨어지는 황장수의 핸드폰. 'SOS 요청 중'인 걸 보고 놀라는 조석봉.

조석봉 ...!

핸드폰을 발로 퍽! 밟아 깨부순다. 다시 황장수의 입을 봉하곤 그를 일으켜 프레임 아웃 한다.

17. 어딘가, 철문 앞 / D

건물 밖에 도착한 자동차는 택시가 아닌 일반 승용차다. 드르륵 문이 열리며 나오는 건 나 형사와 배 형사다.
OFF "군바리들보단 빨리 왔네." 중얼대는 배 형사.

나 형사 (핸드폰을 보고 내리며 배 형사에게) 위치추적 꺼졌습니다.
배 형사 됐어, (문 열린 차를 보고) 도난차량 저기 있잖아. 들어가자.
나 형사 (음?) 지원 요청 안 하고요?
배 형사 애새끼 하나 잡는데 대가릴 몇이나 쓰게?

자욱한 안갯속. 앞의 건물로 들어서는 둘.
"군바리들 육공 타고 기어 오나 보네."
"빨리 잡고 밥이나 먹으러 가시죠."
중얼대는 형사들. 긴장 고조되는 음악 시작되며...

18. 어딘가, 동굴 안 몽타주 / D

A. 터덕터덕 빠르게 걸어가고 끌려가는 조석봉과 황장수의 발.
조석봉이 황장수를 붙들고 다른 곳으로 걸음을 옮기고 있다.

조석봉 씨... 씨...

패닉이 온 조석봉과, 그런 조석봉의 빈틈을 노리는 황장수의 눈...

B. 둘 다 핸드폰 플래시를 켜고, 동굴 내부를 살피는 형사들.

배 형사 이거 뭐... 어디까지 이어진 거야?
나 형사 (내부를 살피며) 간첩이라도 나오겠네요.
배 형사 (그러다 바닥에 뭔가를 보곤) 잠깐만. (폰으로 바닥을 비추면 핏자국이!)

나 형사 (자연스럽게 허리를 숙여 만져본다.) 아직 끈적합니다. (눈빛이 교차하는 둘)

나 형사와 배 형사가 각각 가스총과 삼단봉을 꺼낸다.
카메라 빠져보면, 그들과 멀지 않은 동굴 안 임시로 만들어 놓은 간이 초소 안에서 황장수가 숨소리를 못 내게 입을 틀어막고 한쪽 벽에 붙어 나 형사를 주시하는 조석봉이 보인다. 그 위로 호열 목소리 선행된다.

호열 석봉이 이 새끼 무슨 생각이야?

19. 어딘가, 철문 앞 / D

INS
(형사들이 내렸던 철문 앞) 표지판에 '출입금지-103사단 관리 위수 지역' 이란 문구와 함께 103사단의 사단마크가 크게 붙어있다.
* * *

택시에서 내린 준호, 호열, 박범구가 그 마크를 보며 혼란스러운 얼굴.

호열 ...부대 근처까지 왜 온 거지?
박범구 (뒤에 서 있는 마티즈와 승용차를 보고) 위친 여기서 끊어진 거지?
준호 예, 허기영 일뱀 추가 정본 아직입니다. (호열에게) 일단 생각 말고 들어가 보지 말입니다.
호열 (고개를 끄덕)
박범구 (갑자기) 니네 먼저들 가야겠다.

준호, 호열이 뭐지 싶은 표정으로 박범구의 시선을 쫓아보면, 멀리서 육공 트럭 두어 대가 이쪽을 향해 오는 게 보인다.

박범구 (천용덕이구나... 준호, 호열에게) 가, 가서 빨리 석봉이 데려와. (육공 트럭 쪽으로 걸어간다.)

20. 어딘가, 동굴 한복판 간이 초소 / D

상황 이어진다. 형사 둘이 경계태세를 취하고 천천히 움직이기 시작하는데... 프레임의 반대편에서 두 형사를 등지고 숨죽인 조석봉과 황장수.
조석봉은 계속 "쉬쉬..." 하며 느린 걸음으로 벽에 붙어 움직이려는 중이다.
그러다 빠직! 소리와 함께 무언가를 밟는다.

조석봉 ....!! (유리조각을 밟았다. 반사적으로 형사들 쪽을 보면, 다행히 사라진)

황장수 (잠시 안도하는 조석봉을 보고 때를 놓치지 않고) 으읍!!

황장수가 안간힘을 써서 조석봉을 몸으로 강하게 밀친다. 퍼억!! 소리와 함께 초소 벽에 붙어있던 잡동사니들과 함께 우당탕 나자빠지는 조석봉과 황장수!

INS
갈림길에 선 준호와 호열, "찾음 바로 연락하자." 말하고 서로 갈라진다.
* * *

다시 황장수, 조석봉 쪽 상황.

조석봉 으으... (그 사이 황장수는 눈을 희번덕거리며 일어선다.)

황장수 (조석봉을 발로 차기 시작) 읍! 읍!! (개새끼가! 씨발 새끼가!)

나 형사 (프레임 인하는 나, 배 형사. 황장수에게 가스총을 겨눈다.) 손들어!

황장수 (나? 억울한 눈빛으로 바닥에 쓰러진 조석봉을 가리키는데) ...읍읍!!

배 형사 뭐라는 거야 이 새끼가. 손 들라고! (그 말에 일단 손을 드는 황장수) 다 끝났다, 조석봉. (나 형사에게 턱짓하면 배 형사가 수갑을 꺼낸다.)

황장수 (나 형사가 자기에게 다가오자!) 으읍! 읍읍!!! (흥분해서 말을 하려 애쓰는데)

조석봉 (그 꼴이 우스운지 낄낄 웃는) 병신아... 너랑 나랑 똑같나 보지...

나 형사 (황장수에게 가까이 오며 방심) 귀 아프니까 그만 앵앵거려... (하는데)

순간, "이야앗!" 조석봉이 몸을 일으키며 나 형사와 함께 그대로 벽에 전신을 들이박는다.
배 형사가 "철아!!" 하고 부르는데,
나 형사가 치이익!! 가스총을 분사하지만 쿵, 벽에 부딪혀 단숨에 기절하고 만다!
그 충격으로 파팡! 소리와 함께 엠버등이 박살 나며 그나마 어둠을 옅게 물리던 공간 전체의 조명이 꺼진다!

INS
준호가 있던 땅굴 속 어딘가에도 그 소리와 함께 조명이 꺼진다. 순간 멈칫하는 준호.
소리가 난 쪽으로 시선을 돌리고 더 빨리 뛰어간다.
* * *

시커먼 어둠 속... 새하얀 분말 사이.
배 형사가 그 와중에 삼단봉으로 조석봉의 허리와 안면을 후려친다. 빡! 빡! 이어 벽으로 얼굴을 들이 받치는 조석봉!
반격해서 배 형사의 얼굴을 박치기로

들이박는데!

배 형사 (코피가 나자) 이 미친 새끼가...!!

화가 뻗친 배 형사가 조석봉을 무참히 구타하기 시작한다.
애당초 강력계 형사에겐 상대가 되지 않는 조석봉.
선 채로 계속 맞으며 눈물이 나지만 조석봉은 눈을 부릅뜨고 버틴다.
그사이 덜덜 떨던 황장수는 혼자 도주하기 시작하고!

배 형사 개새끼가! (부하가 쓰러지고 본인도 피를 보자 흥분. 수갑을 너클처럼 잡고 때린다 빡빡! 불쌍할 정도로 얻어맞는 조석봉) 미쳐가지고! 경찰을!! (후우... 잠시 소강상태가 지나고 다시 때리려는데...)
준호(OFF) (일갈) 그만 해요!!!

보면 숨을 헐떡거리는 준호가 드디어 조석봉을 찾아냈다.
조석봉이 준호를 보고 옅게 히죽 웃는다.

준호 ...그만하시라고요. (그 위로 박범구의 목소리 선행된다.)
박범구(OFF) 스탑, 스탑!!

21. 어딘가, 동굴 인근 도로 / D

도로 한복판, 끼이익! 급정거하는 육공 트럭의 타이어가 보인다.
깜짝 놀란 운전병이 앞을 보면 박범구가 튀어나와 막아서고 있다.

운전병 군탈담당관님?
박범구 야, 이 미친 새끼들아! 여기가 어디라고 육공을 끌고 와! 전쟁 났냐?!
천용덕 (음? 하는 얼굴로 육공에서 내리는) 뭐야, 박 중사? 여기서 뭐 하나?
박범구 (참으며) 대장님이야말로 여기까지 무슨 일이시...
천용덕 (다가오며) 이 새끼야, 내가 묻잖아, 여기서 뭐 하냐고.
박범구 (육공에 있던 병사들이 웅성거리며 보는) 이게 지금 특임대까지 출동할...
천용덕 (주먹으로 박범구의 가슴을 툭툭 치며) 조석봉 저 대범한 새끼가 지금 우리 따돌리고 부대 위수 지역까지 왔는데? 무슨 테러를 저지를 줄 알고...!
박범구 석봉이가 무슨 테러 그런 걸...
천용덕 (버럭) 너도 명령

불복종이야?! 작전 중 지휘관한테 지금...!

박범구 (작심하고 턱 주먹을 붙들고) 여기 전쟁터 아닙니다, 저 그냥 직장인이고요.

천용덕 (허... 뒤에 대고) 특임대, 도보로 이동한다! 작전 위치로...

박범구 (애들에게) 석봉이 쏴 죽일 거야 너네?! 차에서 내리기만 해 봐 이 새끼들!

김일석, 이효상을 비롯해 특임대들의 어쩌지 싶은 얼굴들.

22. 어딘가, 동굴 한복판 간이 초소 / D

조석봉의 멱살을 잡고 있던 배 형사가 준호를 본다.

배 형사 뭔데? 공범이야?

준호 (그가 많이 흥분한 상태인 걸 알고) 아뇨, 저는 육군 헌병대...

배 형사 (듣지도 않고) 공무집행 방해로 끌려갈래? 꺼져.

준호 그게 아니고...

배 형사 (준호는 개의치 않고 자신을 공격한 조석봉을 계속 때리며) 야, 야. 일어나 봐. 콩밥 먹으러 가야지 새꺄.

준호 그만 때리라고...!! (보다 못해 다가가 어깨를 쥐며 막아서는데)

배 형사 (기다렸다는 듯 준호 얼굴에 퍽! 주먹을 날리며) 씨발, 군바리 새끼들이 진짜!

하며 공격하는데...! 순간, 조석봉이 배 형사의 뒤에서 목을 잡아 조르자 배 형사가 눈을 까뒤집으며 쓰러진다. 기절한 줄 알았던 조석봉이 기습한 것!

준호 (가드 자세를 잡고 반격하려다가 배 형사가 쓰러지자 당황, 그 뒤를 본다.) 조석봉 일... (!!!)

조석봉 (바닥에 떨어진 배 형사의 총을 주워 준호를 겨눈 상태) 제발, (준호가 무슨 말을 하려 하자 고개를 젓고) 따라오지 마.

공간의 문 밖으로 나가는 조석봉. 밖에서 철컥, 문을 잠근다. 마치 영창 속에 갇혀 있던 준호에게 초코파이를 줄 때와 동일한 기분. 이번엔 초코파이가 아니라 총을 쥐고 있다.
슬프게 웃고 사라지는 조석봉. 준호가 입술을 꽉 깨문다. 왔던 길을 멀리 보자 익스트림 롱샷으로 작게 보이는 준호. 돌아서 가기엔 너무 멀다. 다시 자물쇠를 보는 준호. "씨..."

23. 어딘가, 동굴 다른 쪽 / D

한편, 땀에 젖은 채 주위를 여기저기 살피며 움직이는 호열. 거대한 동굴 안, 플래시를 켠 핸드폰을 보지만 전파도 터지지 않는다. "미치겠네." 중얼대는데, 그때 꽤나 먼 거리(혹은 머리 위? 높이 보이는?)에 빠르게 움직이는 실루엣이 보인다. "...!" 이내 그 뒤로 또다시 누군가의 실루엣이 따라간다. 눈이 동그래져 그쪽으로 걸음을 옮기는 호열.

24. 어딘가, 동굴 출구 쪽 / D

헉헉대며 황장수가 살기 위해 달리고 있다. 어디든 입구를 찾아 쏜살같이 뛰는 황장수.
미로 같은 동굴 속... 이곳이 대체 어디인지도 모르겠다... 일단 무조건 나가야겠다...
그러다 멀리 뭔가 출구인지 빛이 보인다! 환희에 찬 표정을 하는 황장수가 마지막 스퍼트를 하며 출구로 뛴다.
그 뒤를 쫓는 흔들리는 카메라. 끝내 문 앞에 도달해 문을 열어젖히면...!

25. 헌병대 인근, 터널 / D

정면의 풍경을 보고 당황한 표정이 되는 황장수.
이곳은 조석봉이 황장수, 류이강 등에게 가혹행위를 당하던 (철교와 이어진) 터널 안이다.

황장수 (...이게 뭐야?) 어, 어.... 허... (그때)
조석봉(OFF) 왜? 다시 올 줄 몰랐어?
황장수 (휙 돌아보면)

어느새 뒤따라온 조석봉이 서 있다.
완전히 희망을 상실한 얼굴이 되는 황장수.

황장수 (멍하게 조석봉을 보다 무릎을 꿇는다. 울기 시작... 조석봉이 다가와 입에 테이프를 뜯어준다, 여전히 손은 결박된 상태로,) 석봉아. 내가 잘못했어... 아니, 제가 잘못했습니다... (양손을 들어 빌기 시작하는) 제가 어리석었습니다. 죽을죄를 지었어... (흑흑흑 울기 시작하며)
조석봉 ...
황장수 (말이 없자 뭔가 먹힌다 생각하는!! 벌벌벌 기어서 조석봉에게 다가온다. 바짓가랑이를 붙들고 빠르게 말하는) 그냥 넘어가 달라는 거 아냐! 자수할게! 죗값 받을게! 그니까 한 번만..!

조석봉 (회한이 가득하다.) 여기 있잖아... 여기서 니가 나 괴롭힐 때마다... (철교 난간을 보며) 그냥 저기 떨어져 죽고 싶었거든? (사이) ...근데 뭐 이렇게 다 쉽냐, 너는...

총을 들어 철컥! 방아쇠를 장전하는 조석봉. 그 위로 챙! 챙! 소리 반복해 들리며...

INS
준호가 짱돌을 사용해 비상문의 잠금쇠를 내려치고 있다. 챙챙!
잘못 내리치면 손이 다칠 듯 위험한데 개의치 않고 계속한다.

준호 ...제바알!! (짱돌을 크게 휘둘러 내리친다. 채애앵!!) 제발 좀.

*　　　*　　　*

다시, 조석봉과 황장수의 상황.

황장수 제발... 살려주세요...

조석봉 (눈동자에 미동도 없다.) ... (곧 쏠 것 같은 가운데, 순간)

호열 석봉아 거기까지. (하며 황장수 앞으로 들어서며 조석봉과 마주 선다.)

조석봉 ...비키십쇼.

호열 (총을 보자 자기도 떨리기 시작한다. 하지만 맞서는) 여기 이제 곧 포위된다. 헌병 특임대도 출동했고.

조석봉 (다가오면서) ...왜? 왜 다들 이렇게까지 해요? 내가 그렇게 괴롭힘 당하고 죽고 싶을 때는 어디 있다가... (슥 황장수를 보고) 이런 새끼는 살리려 기를 쓰고...

호열 아냐, (조석봉이 다시 쳐다보면, 말이 떨린다.) 우린 너, 너 살리려는 거야.

조석봉 (미묘한 표정으로 본다.) 안 비키면... (호열에게 총구 방향을 바꾼다.) 한호열 상뱀부터 쏠 겁니다. (박범구의 목소리 "사람 죽여 보셨습니까?")

26. 어딘가, 동굴 인근 도로 / D

박범구와 천용덕의 팽팽한 대치가 계속되는 가운데,

박범구 그게 얼마나 좆같은 건지 알긴 해요? (죽일 듯이 노려보며 애들을 가리킨다.) 쟤들이 나라 지키려 군대 왔지, 지들이랑 같이 밥 먹고, 잠자는 애 죽이러 군대 왔냐고요?

천용덕 (화가 뻗친 건 마찬가지) 어디 한 마디만 더 말해 봐.

너부터...

박범구 (지지 않고) 대답하세요, 사람 죽여 봤냐고오!!

천용덕 이... 미친 새끼... 그만 안 해?

27. 헌병대 인근, 터널 / D

이쪽도 팽팽한 대치 상황이 이어지는 마찬가지.

황장수 (호열 뒤에 숨어) 으으으... (벌벌 떨고 있다.)

호열 (오줌 쌀 지경이지만 이번엔 버틴다.) 석봉아 이렇게는 아무것도 해결 못...

조석봉 이렇게...? 그럼 어떻게 해결할 수 있는데요?

호열 우리 부대 전부 조사하게 만들 거야. 황장수 범죄 사실. 우리가 방관했던 거. 끝까지 다 파내서...

조석봉 (피식) 개소리... (조석봉이 저벅저벅 걸어와 굳어 있는 호열을 스쳐 지나간다.)

조석봉이 황장수 앞에 당도한다. 호열, 무섭지만 그 와중에도 간신히 손을 뻗어 조석봉의 옷깃을 겨우 붙잡는데...! 그러자 분노한 조석봉의 얼굴. 하늘로 총을 탕! 발포하는 조석봉.

28. 어딘가, 동굴 인근 도로 / D

총소리와 동시에 모두 움찔! 하는 박범구, 천용덕 및 특임대원들!

천용덕 뭐야? 어디야?!

박범구 (이런 씨...!!)

천용덕 이래도? 응?! 궤변 그만 지껄이고 나와아! (옆으로 박범구를 확 밀치는!) (애들에게) 특임대! 뭐해, 빨리 안 내려!!

김일석, 이효상 악!!

육공에서 우르르 내려 철문 안으로 뛰어 들어가기 시작하는 특임대원들.
박범구도 더 이상은 막을 수 없다. 하... 뒤쫓아 올라가기 시작하는 박범구.

29. 헌병대 인근, 터널 / D

이미 반쯤 넋이 나간 황장수가 보이고, 권총 총구에서 옅은 연기가 피어오르고 있다.
눈을 질끈 감은 호열이 그 와중에도 조석봉의 옷깃은 붙들고 있었다. 하나 그도 잠시 조석봉이 팔을 살짝 움직이자 바로 놓쳐버리는 호열의 손. 정신도 간신히 붙들고 있었다.

조석봉 한호열 상뱀... 차라리 군대가 바뀔 거라 그러십쇼. (황장수를 붙들고 일으키려는데)
준호(OFF) 야!! 봉디 쌤!!
조석봉 (멈칫, 그걸 어떻게......? 도착한 준호를 본다.) ...뭐?
준호 (숨을 헉헉대며) 선아 대학 붙었대,
조석봉 (급격히 흔들리는 눈빛) ...!!
준호 실기에 크로키 나왔다고, 고맙대. 휴가 나오면 떡볶이 먹으러 가자더라,
조석봉 어... 어...?

조석봉 머릿속에 뭔가 응어리 같은 게 깨진 듯 눈물이 나오기 시작한다.

조석봉 (총을 든 채 눈물이 줄줄 나는데)
황장수 (조석봉이 무의식적으로 총을 겨눈 채 황장수를 일으킨다.)

그대로 황장수와 함께 터널 밖으로 슬금슬금 걸어가는 조석봉.

INS
1. 김일석, 이효상을 필두로 우르르 굴 안을 달리고 있는 특임대원들
2. 철교 위를 열심히 달리고 있는 박범구.
* * *

오늘따라 더 쨍하게 보이는 해가 조석봉의 뒤를 비춘다.

조석봉 (중얼) 내가 고마운 건데...? 잘했다고 말해줘야 되는데...?
준호 (효과가 있다! 슬슬 다가오며) 말하면 되지, 만나서 말하면 되지!
조석봉 (울다가 버럭) 이제 와서 어떻게 해? 이제 와서 뭘 어떻게 해에...!

조석봉은 혼란스러운 얼굴로 총과 황장수를 번갈아 본다.
총구는 여전히 황장수의 관자놀이에 가 닿아있다.

호열 아냐, 석봉아 괜찮아. 괜찮을 거야. 우리가 도와줄게.
황장수 (웅얼웅얼... 제발 살려주세요.) 너는 나하고 다르잖아... 나 같은 개새끼 아니잖아... 응...?

흔들리는 조석봉... 터널 안과 밖에 걸쳐 서 있자, 조석봉 몸의 반쯤 그림자가 진다.
한 두 발자국 뒤엔 철교로 이어지는 낭떠러지 가장자리다.
그림자까지 드리우자 표정이 잘 보이지 않는 조석봉의 얼굴.
이제 곧 준호와 호열 모두 조석봉에게 닿을 거리까지 다가왔는데...!
순간 준호, 호열의 뒤 열린 문으로 우르르 들어오는 특임대원들이 보인다!

준호, 호열 ...!! (아뿔싸)

준호와 호열, 조석봉과 황장수를 둘러싸는 특임대원들.
조석봉의 POV로 (사운드 OFF. 고속으로 보이는) 수많은 총구들과 자신을 향해 고래고래 소리 지르는 천용덕이 보인다.
걱정 반, 경악 반인 얼굴로 반대편에서 온 박범구까지...
화면 다시, (사운드 ON. 정속으로 돌아온다.)

조석봉 (박범구에게 꽂혀있던 시선. 갑자기 울음을 멈추고 중얼) 뭐라도 바꾸려면 뭐라도 해야 돼.
준호 ...뭐?
조석봉 (툭 웃으며 준호를 본다.) 준호야. 나 이제 봉디 쌤 못하겠지?
준호 (...!) 안 돼.
조석봉 (황장수에게) 책임져, 살아서.

순간, 조석봉이 황장수의 머리에서 총을 거두어 자신의 턱을 겨눈다. 동시에 준호가 달려들고...!
손을 뻗는 준호. 조석봉도 방아쇠를 당긴다. 탕!!
둘의 몸이 포개어지며 바닥으로 풀썩 떨어지고, 황장수의 얼굴로 누군가의 피가 튀는데...
(고속 촬영으로) 경악한 표정의 호열과 박범구. 비명을 지르는 황장수.
쓰러졌던 준호, 고개를 들어 손을 보면... 잔뜩 피가 묻어 있다.
옆의 조석봉을 보는데, 턱인지 목인지를 스친 건지 피가 새어 나오고 있다.

준호 (잠시 완전히 멍한 얼굴이 된) 아... 아...
조석봉 (피를 뿜어내며) 어, 엄마... 엄마....

조석봉을 보며 점점 넋이 나가는 준호의 얼굴. 곧 비명이라도 지를 거 같은데 그조차 잘 나오지 않는 표정에서 Cut to Black 되는 화면.

30. 납골당 / D

화면 서서히 페이드 인 되면 과거 어느 시점인지(활동인지, 휴가인지도 알 수 없지만) 사복을 입은 준호가 어딘가 복도에 서서 무언가를 보고 있다. 그가 보고 있는 것은 (조석봉이 아닌) 환하게 웃고 있는 후드, 신우석의 사진이다. 카메라 빠져보면 한적한 납골당 내부다. 지인들의 편지나, 선물 등도 놓여 있고... 그때, 누군가 말을 건다.

후드 누나(OFF) 우석이 친구세요?
준호 (멈칫, 보면 1부 끝에 눈이 마주쳤던 과 잠바 차림의 그녀다.) 아... (머뭇대다 둘러대는) 군대... 후임입니다.

후드 누나 (아) 휴가 나왔나 보네요. 여기 와 준 거 알면, (사진으로 시선 보내며) 걔도 좋아할 거예요.

준호 ...네. (이 상황이 불편한 기분)

후드 누나 (툭) 어땠어요? 부대에서 제 동생.

준호 (예상 못한 질문에 멈칫하다가) ...착했습니다. 성실하고.

후드 누나 어떻게요?

준호 솔선수범하고... (술술 거짓말) 후임들도 잘 챙기고, 농담도 잘했고...

후드 누나 (듣다가 툭) 근데 왜 보고만 있었어요.

준호 네?

후드 누나 (살짝 굳어지는 표정) 그렇게 착하고, 성실한 애가 괴롭힘 당할 때... 왜 보고만 있었냐고요.

준호 (할 말이 없다.) ...죄송합니다.

후드 누나 (맘을 추스르며. 더 얘기하면, 곧 울 거 같다.) 아니에요, 제가 괜히 엄한 사람한테... (사이. 중얼) 좋은 사람이라 여기 온 걸 텐데. (준호가 고개를 들어 그녀를 본다.) 앞으로는... 이런 일 없음 좋겠다. (옅게 웃고 준호에게) 그쵸?

준호 ...(한참 가만있다 어색하게 웃으며) 네.

준호의 얼굴 위로 방송 소리가 들린다. "행정반에서 전파한다. 안준호 일병 보좌관실로. 안준호 일병 보좌관실로."

31. 헌병대 보좌관 방 – 복도 – 현관 – 외부 / D

덜컥 소리와 함께 열리는 임지섭의 방. 준호의 뒷모습이 걸어 들어가면, 거기엔 임지섭이 아닌 처음 보는 새 보좌관이 앉아 있다. 옆에는 원래부터 있던 수사관도 보이는...

새 보좌관 (테니스 라켓을 박스에 넣어 뒤로 치우다가) 어 안준호 일병. (준호 손에 감긴 붕대를 보며) 손은 좀 괜찮아? 거 덧나면 안 되는데. (친절) 아, 한호열 병장도 치료 잘 받고 있으니까 너무 걱정하지 말고.

수사관 (뒷모습의 준호가 말이 없자) 얌마, 보좌관님 말씀하시는데 대답을...

새 보좌관 (저지하며) 됐어, 됐어. (준호에게 괜찮다는 듯 고개를 끄덕이며) 뭐 아무튼 큰일이 있었고, 부대에 이런저런 변화들이 생겨서 생각이 많아질 수도 있을 거야. 근데... 다 괜찮아. 아무것도 아니고, 군 생활 금방 지나간다. (계속 대꾸 없는 준호의 뒷모습. 수사관은 못마땅하게 보고 있고) 사열 시간 다 됐지? 나가 봐. (충성 경례하고 뒤돌아 나가는 준호)

쿵, 문이 닫힌다. 카메라가 준호의 시선을 따라 복도의 한쪽을 보면, 허기영이 또 다른 간부(임지섭 첫 부임 시 헌병대장 방에 있던 부사관 중 하나)에게 혼나는 중이다.

부사관 야. 내가 그날 자료 다 제대로 폐기하랬지? (손에 들고 있던 서류를 흔들며) 근데 이거 뭐야? 어? 일부러 남겨놨냐?
허기영 아닙니다. 죄송합니다.
부사관 이 새끼 이거, 박 중사랑 같이 골로 보냈어야 되는데. (쯧)

부사관이 짜증 내며 프레임에서 사라지면 허기영이 준호를 힐끗 본다. 이내 괜스레 눈을 피하는 허기영. 뭔가 생기 없는 기분... 허기영도 프레임에서 사라진다. 준호가 다시 걸어가 코너를 돈다. 해가 쨍하게 내려 비추는 현관엔 이미 3소대 부대원들을 비롯한 수십의 인원들이 가득 도열해 있다. 그 뒤에 서서 합류하는 준호. 3소대 부대원들 누구도 서로 대화를 나누고 있지 않다. 그들 뒤로 처음 보는 헌병대장이 말한다. "날도 좋은데 부대 분위기가 왜 이래?"
"아닙니다!" 외치는 부대원들.

헌병대장 (천용덕과는 다른 분위기) 부대 앞으로 가!

소리에 도열해 있던 부대원들이 척척척척 프레임 왼쪽으로 아웃 하며 연병장 쪽으로 걸어가기 시작한다. 준호의 앞에 있던 이들이 점점 프레임 밖으로 사라진다. 마치 입소 때의 모습과도 같다. 이내 홀로 남게 되는 준호의 뒷모습. 한데 준호는 잠시간 멈춰 있다가 프레임 오른쪽으로 저벅저벅 걸어가기 시작한다. "안준호 너 뭐 하냐?" "야 안준호?" 등의 소리들이 뒤에서 들려오는데... 그러다 문득 달리기 시작하는 준호.

Cut to 달리고 있는 준호의 얼굴.

32. 정비대, 생활관 (쿠키) / N

Black에서 크레딧 흐르다 뭔가 노이즈 같은 소리가 섞이는데... 조석봉에 대한 뉴스 사운드다.

뉴스(OFF) 얼마 전 발생한 육군 병사 살인미수 사건 소식입니다. 피의자인 헌병대 소속 조 모 일병이 계속 의식 불명인 가운데, 수사가 난항을 거듭하고 있습니다.

불쑥, TV 화면이 등장한다. 아나운서가 뉴스 멘트를 이어가는...

여자 앵커 ...평소 조 일병은 부대에서도 관심병사로 분류돼 특별

관리를 받아 왔으며, 정신적으로 우울증을 앓아와 부대 생활에 적응하지 못한 것으로 알려졌습니다. (점점 카메라 TV화면 밖으로 빠지면)

카메라 빠져보면, 이곳은 예전 호열과 박범구가 방문했던 조석봉 친구, 김루리 소속의 정비대다. 헌병대 생활관과 다를 것 없는 풍경 속에서 TV를 보고 있는 부대원들.

정비대 병장 (누워서) 야, 저거 땜에 우리 부대도 오지 않았냐? 그때 헌병대에서?
정비대 상병 맞는 거 같습니다. 그때 저 새끼 카바 쳐주던 그... 수사관인가 뭔가? (하며 손가락으로 가리킨 생활관 구석. 거기 김루리가 보인다.)

일전에 박범구가 구해줬던 김루리, 또 구타를 당하며 TV 소리를 듣고 있는 중. 김루리는 근무를 마치고 왔는지 전투복 차림에 어깨엔 총을 걸치고 있다.

정비대 일병 야 씨발, 쥐 좆만 한 새꺄. (짝! 짝! 빰을 때리며) 대답 안 하냐?
김루리 (맞으면서도 공허한 시선은 TV에 가 있다.) ...
정비대 일병 약을 덜 쳤네... (들고 있던 에프킬라를 치이익 얼굴에 뿌리는)
김루리 (그제야 콜록콜록거리고, 곧 토할 거 같은 표정이 된다.) 악... 윽...
정비대 일병 (미소) 오늘도! 세스코 성공! (김루리가 노려보자) 이 새끼가...
정비대 병장 야! 환복은 시키고 갈궈. 저 새끼 총질할라.
정비대 일병 옐겠습다. (김루리에게) 1분 준다. 총기함 가서 총 넣고 환복해.

이내 생활관 구석 총기함으로 걸어가는 김루리. 그사이 TV 채널이 바뀌고, 예능 방송이 흘러나온다.
낄낄 대며 웃는 생활관 병사들. 김루리가 총기함 앞에 우뚝 멈춰 서더니 입고 있던 탄띠에 손을 넣어 탄창을 꺼낸다. 그대로 총기에 철컥, 결합하는 김루리.
그 철컥! 소리에 생활관 일동이 물을 끼얹은 듯 조용해진다. 모두 루리를 쳐다보는.

정비대 일병 (응?) 뭐 하냐 지금?
김루리 (중얼) ...죽어.

동시에 김루리가 총을 들어 탕탕탕탕!! 난사하기 시작한다. 다시 암전되는 화면. 준호의 목소리 들린다.

준호(OFF) 충성, 일병 안준홉니다.

암전 상태로 크레딧이 마저 흘러간다.

6화 끝

스토리보드

Storyboard

본 스토리보드는 실제 촬영에 사용된 최종본이며, 일부 한글 맞춤법에 어긋나는 표기도 현장에서 사용된 그대로 살렸습니다.

Ep.1#36	**국군 서울 병원 - 건물 뒤**	**O / D**	**34 CUT**
	라이터를 발견하는 준호, 성우의 태도에 이성을 잃고 때리기 시작한다.		

1-1

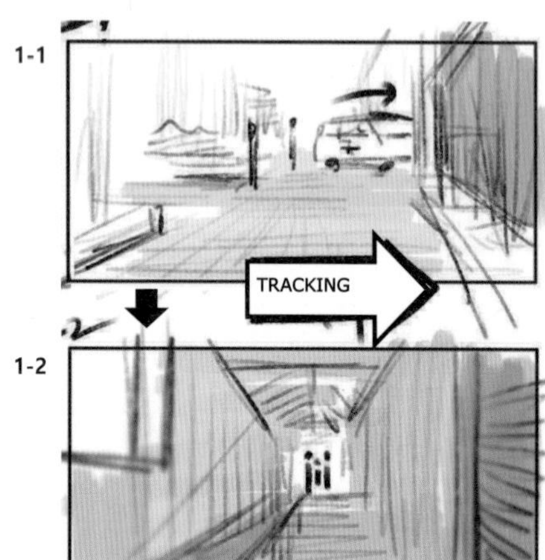

싸이렌 소리를 내며 밖으로 나가는 구급차를 따라 트래킹을 하면

1-2

저 멀리 보이는 범구와 성우, 준호 풀샷

2

헝클어진 옷차림의 박범구. 담배를 물려다 그냥 뚝, 꺾어 버린다.

박범구 : 말해 봐, 애 죽을 동안 어디서 뭐했냐?

3

앞에는 열중 쉬어 자세의 준호와 박성우

박성우, 준호 : ...

4

박범구 : 대답 안 해?

Ep.1#36	국군 서울 병원 - 건물 뒤	O / D	34 CUT
	라이터를 발견하는 준호, 성우의 태도에 이성을 잃고 때리기 시작한다.		

5

범구 os 성우, 준호

박성우 : 정말로 잠복했는데 말입니다

6

박범구 : 근데?

7

박성우 : (술술 거짓말) **그게 잠깐 탐문 갔다 피곤해서...**

8

박범구 : 바로 잡음 되는 건데 탐문을 갔다? 나보고 그 말을 믿으라고?

9

박성우 : (우물쭈물) **예, 그렇습니다.**

Ep.1#36	국군 서울 병원 - 건물 뒤	O / D	34 CUT
	라이터를 발견하는 준호, 성우의 태도에 이성을 잃고 때리기 시작한다.		

10

박범구 : 안준호.

11

안준호 os 박성우

준호 : 이병 안 준 호.

12

박범구 : 니가 말해 봐, 사실이야?

13

안준호 : ...

14

박범구 : 말 안 해?

Ep.1#36	국군 서울 병원 - 건물 뒤	O / D	34 CUT
	라이터를 발견하는 준호, 성우의 태도에 이성을 잃고 때리기 시작한다.		

15

포커스는 박성우에게 맞아있고,

박성우 : (끼어들며) **아, 얘가 좀 충격을 먹은 거 같습니다. 아까부터 말도 안...**

16

박범구 : 잘 들어. 니네가 안 도와줘서 재 죽은 거야. (화를머금은얼굴_준호에게 증거품 비닐 팩을 들이민다) **니네가 그냥 보고만 있어서 저렇게 된 거라고.**

17

비닐팩 -> 포커스 준호로 이동.

준호의 시선에 들어오는 건 청 테이프 쪼가리와 남은 번개탄, 그리고 준호가 줬던 라이터다. 검게 그을린 라이터에 형체...

18-1

박범구 : (박성우가 비닐 팩을 받으면) **알아서들 복귀해라, 씹새끼들아.**

자리를 뜨는 박범구.

18-2

박성우 : ...예, 알겠습니다. 충성.

Ep.1#36	국군 서울 병원 - 건물 뒤	O / D	34 CUT
	라이터를 발견하는 준호, 성우의 태도에 이성을 잃고 때리기 시작한다.		

19

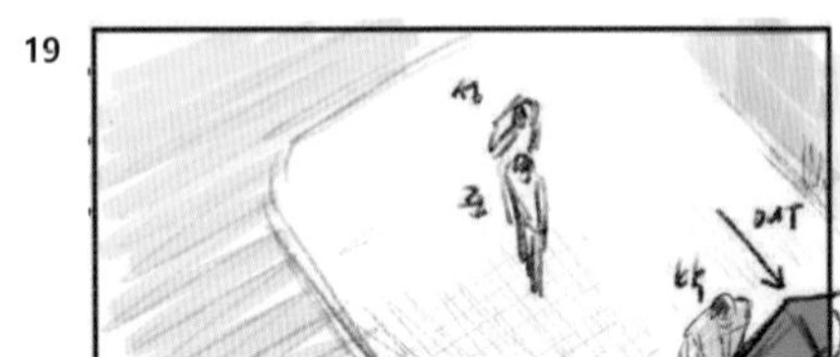

부감 풀샷.

밑으로 내려가는 박범구

20

움직이지 못하는 준호. 넋이 나간 얼굴이다.

21-1

박범구가 사라지자마자 짝 다리를 짚으며 말보로를 꺼내 무는 박성우. 앞으로 움직이며,

21-2

박성우 : 돕기는 뭘 도와 하 씨발 재수가 없을라니까...

준호에게 다가가는 박성우

21-3

박성우 : 야, 너무 신경 쓰지 마, 똥 밟았다 치고...

<table>
<tr><td rowspan="2">Ep.1#36</td><td>국군 서울 병원 - 건물 뒤</td><td>O / D</td><td>34 CUT</td></tr>
<tr><td colspan="3">라이터를 발견하는 준호, 성우의 태도에 이성을 잃고 때리기 시작한다.</td></tr>
</table>

22

그 말에 처음으로 라이터에서 박성우의 얼굴로 시선을 옮기는 준호

23

박성우 : 그딴 새끼는 군대엘 오지 말았어야 돼. 좆같은 국방부. 어디 정신병자들까지 다 때려 받으니까 도망치고 자살하고 저 지랄 나지. 안 그냐?

24

준호는 넋이 나간 얼굴

25

박성우 : 이 새끼 씨발 표정이 왜 그래?
(살짝 오싹하지만 웃고) **야, 그리고 어제 일은 비밀이다. 서로 피곤해지니까. 알겠지**?

준호 : (답은 않고 가만 보는데 눈시울이 붉어지고 있는)
...

박성우 : (준호의 태도에 슬 겁이 나는데 억지로 쎈 척)
아 근데 진짜 이 씨발이 눈깔에 힘 안 빼냐?

준호 : (작게 중얼) **사람이 죽었잖아...**

박성우 : 뭐? (손을 쳐들며) **이 새끼가 돌았..!** (하는데)

Ep.1#36	국군 서울 병원 - 건물 뒤	O / D	34 CUT
	라이터를 발견하는 준호, 성우의 태도에 이성을 잃고 때리기 시작한다.		

26

준호의 번개 같은 주먹이 먼저 박성우의 안면을 강타한다.. 퍽.
그 위로 Rolling Stones의 'As tears go by' 서정적인 전주가 흘러나오기 시작하고_

27-1

억, 소리가 나기도 전에 놈을 쓰러뜨리곤 올라타는 준호. 이성을 잃고 미친놈처럼 주먹을 날린다. 퍽, 퍽!

27-2

28

부감으로 보여지는 박성우를 때리는 준호.

29

준호 : (그렁그렁한 눈_ 곧 눈물이 쏟아질 거 같다)
사람이 죽었다고 씨발, 사람이..! (하는데)

Ep.1#36	국군 서울 병원 - 건물 뒤	O / D	34 CUT
	라이터를 발견하는 준호, 성우의 태도에 이성을 잃고 때리기 시작한다.		

얼굴이 피 떡이 돼서 터져나가는 박성우. 반복해서 옆으로 돌아가는 얼굴이 순간, 준호 자신 의 얼굴로 겹쳐 보인다. 무표정하게 터져나가는 준호의 얼굴..

돌아보는 박범구.

퍽, 소리에 주위에 있던 병원 기간병들과 가던 박범구까지 뛰어와 준호를 뜯어 말리기 시 작한다! 하지만 폭주기관차 같은 준호는 성인남자 네다섯이 붙어도 막을 수 없다.

엉망이 되어있는 박성우.

박범구 : 야, 안준호 뭐 하는 거야?! 놔 이 새끼야! 안준호!!

준호 : (이미 박성우는 기절했지만 타격을 멈추지 않는) **개새끼야, 사람이 씨발... 사람이...**

계속 이어지는 음악 속_ 주먹에서 피가 흘러도 개의치 않 준호의 눈빛...

Ep.3#14	정현민 집	S / N	24 CUT
	현민을 발견한 준호와 호열. 도망가는 정현민.		

3-1 

- 현관 앞 -

호열 : 너 제대로 외운 거 맞아?

준호를 타박하는데

3-2 

정현민, 거칠게 문을 열며 **"안 믿는...!"**

4 

정현민 os 호열, 준호

준호 : (당황) **정현민?**

호열 : 갑자기?

5-1 

정현민도 당황을 넘어선 황당한 얼굴.

5-2 

찰나의 포즈가 지나자마자 쾅! 문을 닫는 정현민.

Ep.3#14	정현민 집	S / N	24 CUT
	현민을 발견한 준호와 호열. 도망가는 정현민.		

6 

문을 잡고 씨름 씨름하는 현민. 당황하는 현민부

집 안쪽으로 도주하려는 정현민! "**이런 씨발!**"

7 

문을 잡고 씨름하는 준호와 호열.

8 

준호가 "**정현민!!**" 악다구니 쓰며 현관문에 몸을 비집어 넣는다!

9 

우당탕탕 현관에 있는 신발들을 던지는 정현민.

10 

정현민 os 현민부

현민부 반응.

Ep.3#14	정현민 집	S / N	24 CUT
	현민을 발견한 준호와 호열. 도망가는 정현민.		

11

현민부 os 정현민

문을 잡고 씨름 중인 정현민

12-1

현관 밖에서 문을 잡고 씨름 중인 호열과 준호.
정현민이 손잡이를 놓자

12-2

문이 열리면서 넘어지는 호열과 준호.

12-3

먼저 들어가는 호열.

13

자기 방 쪽으로 달리는 정현민.

Ep.3#14	정현민 집	S / N	24 CUT
	현민을 발견한 준호와 호열. 도망가는 정현민.		

14-1

카메라 화장실 안

아버지를 지나쳐 가는 정현민.

14-2

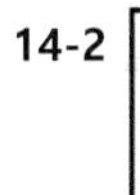

뒤따라 가는 호열

호열 : 현민아, 휴가 끝났...!!

뒷덜미를 잡으려는데,

15

호열 : 으악!

넘어지는 호열.

16

호열의 발목을 잡고 있는 현민부

현민부 : 핸민아, 빨랑 가라, 도망 가!

Ep.3#14	정현민 집	S / N	24 CUT
	현민을 발견한 준호와 호열. 도망가는 정현민.		

17-1

- 현민 방 -

호열 : 아저씨... 아, 씨!
(꼭 잡은 현민부를 떨어뜨리려 애쓰다 시선이 마주친다)

17-2

닫히는 문.

18-1

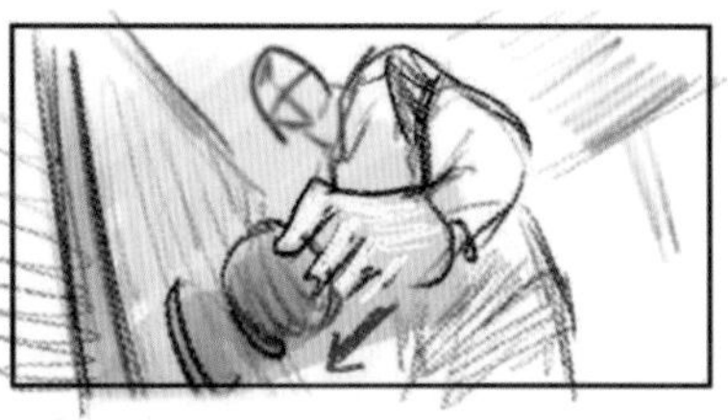

정현민은 철컥, 방문을 잠그고 들어가

18-2

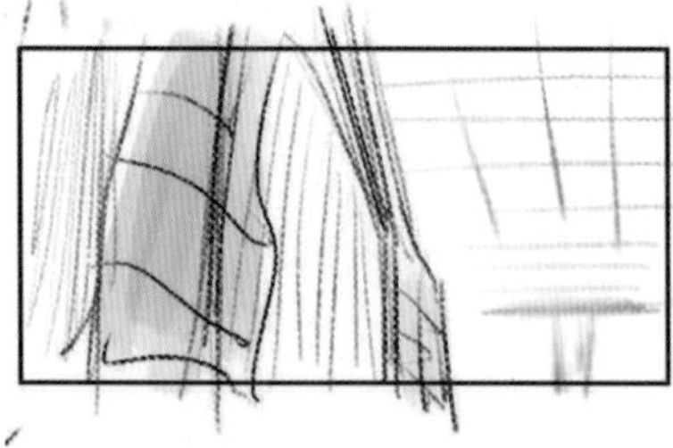

자기 방 창문의 안전망을

18-3

손으로 뜯어낸다.

Ep.3#14	정현민 집	S / N	24 CUT
	현민을 발견한 준호와 호열. 도망가는 정현민.		

19

안전망을 뜯고 있는 정현민
밖에서 나는 소리에 한번 뒤돌아 보고.

20-1

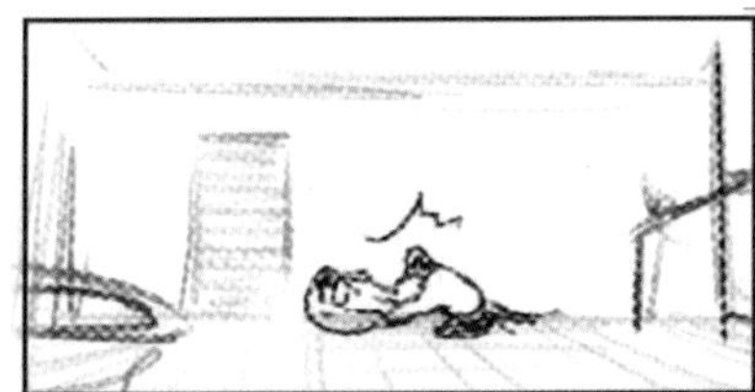

실랑이를 벌이고 있는 호열과 현민부.

20-2

그들을 지나 잠긴 현민 방 앞에 당도한 준호.

21

이걸 발로 차도 되나 싶어 머뭇하는 준호. 호열을
쳐다보자

22

호열 : 빨리 차 인마!!

Ep.3#14	정현민 집	S / N	24 CUT
	현민을 발견한 준호와 호열. 도망가는 정현민.		

23-1

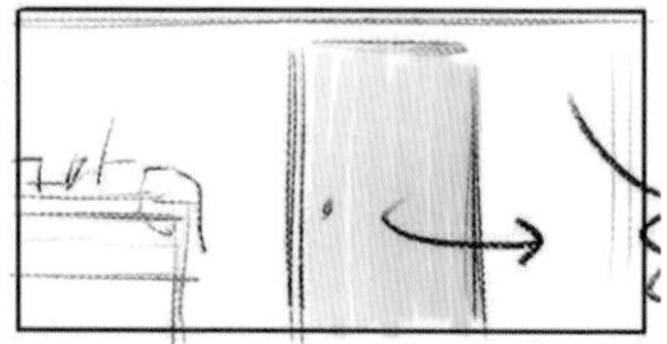

쾅! 문을 발로차고

23-2

들어오는 준호.

카메라는 계속 빠져 창문 밖으로 나가고

23-3

창문으로 달려 오는 준호.

23-4

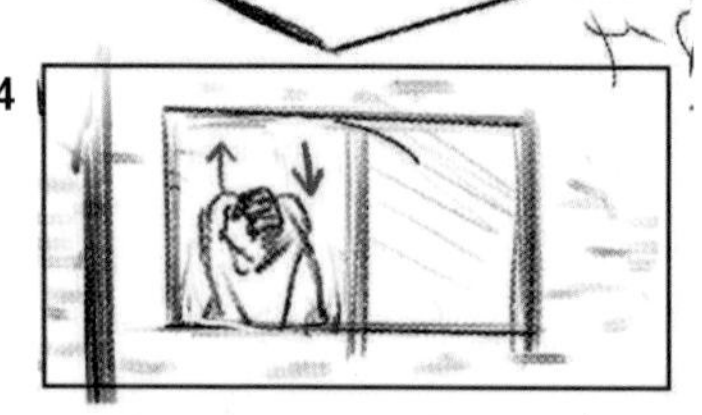

아래를 보고 아무것도 보이지 않자 다시 위를 보면

카메라 붐업,

23-5

맨발로 배수관을 타고 빌라 옥상으로 올라가는 정현민이 보인다.

23-6

호열도 결국 현민부를 떨어뜨리고, 준호 옆으로 와 그 광경을 목도하는데_

Ep.3#14	정현민 집	S / N	24 CUT
	현민을 발견한 준호와 호열. 도망가는 정현민.		

24-1

올라가는 정현민을 보고 있는 준호와 호열

24-2

서로를 마주본다. 말하지 않아도 안다는 듯 고개만 서로 끄덕거리곤,

24-3
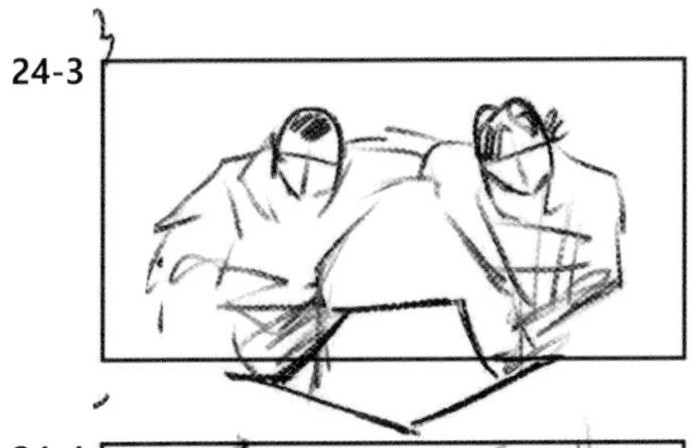

이내 호흡이 척척인 것처럼 호열과 준호가 동시에 정현민 방 문 쪽으로 뛰어간다.

24-4

문틈에 둘이 콱! 끼어 부딪히고.

호열 : (엉망진창) **야이 씨, 넌 밖으로 가야지!**

Ep.5#09	정비대 - 접견실	O / D	14 CUT
	조석봉의 베프 김루리를 만나 석봉에 대해 물어보는 범구와 호열.		

1-1

조석봉과는 대조적으로 작고 왜소한 외모의 김루리.

1-2

앞엔 박범구와 호열이 앉아있다.

2

박범구, 호열, 김루리 3Shot F.S

3

박범구 : 애들이 괴롭히면 소원수리를 쓰던지. 들이박던지.

호열 : (헐?) **...그게 말입니까, 방굽니까?**

4-1

박범구 : (째릿) **뭐 이 새끼야?**

Ep.5#09	정비대 - 접견실	O / D	14 CUT
	조석봉의 베프 김루리를 만나 석봉에 대해 물어보는 범구와 호열.		

4-2

호열 : (못 들은 척 루리에게) **조석봉 일병 아시죠?**
동반 입대하셨다고?

5

김루리 : 누구요? (하다가) **아... 조로요?**

6

박범구 : 조로?

7

김루리 : 아, 그게 저랑 같이 만화 동아리였어서...
웹툰 준비도 같이하고...

호열 : (눈치 백단) **원피스?** (김루리가 고개를 끄덕이자)

8-1

박범구 : 그럼 니가 루피야?

김루리 : (좀 민망하지만) **네.**

Ep.5#09	정비대 - 접견실	O / D	14 CUT
	조석봉의 베프 김루리를 만나 석봉에 대해 물어보는 범구와 호열.		

8-2

호열 : (엥?) **담당관님, 원피스도 아십니까?**

9-1

박범구 : 왜? 나는 원피스 알면 안 되냐?

9-2

박범구 : (사이_ 루리에게) **석봉이가 탈영을 했어.**

10

(놀란 표정의 김루리)

11

박범구 : 입대하고도 계속 연락 주고받았던 거, 맞지?

Ep.5#09	정비대 - 접견실	O / D	14 CUT
	조석봉의 베프 김루리를 만나 석봉에 대해 물어보는 범구와 호열.		

12

김루리 : (고개를 끄덕이고) **네, 친해요... 휴가 때 같이 애니메이션도 보러 다녔고...**

13

호열 : 최근엔 언제 봤어요? 군 생활 힘들다, 뭐 그런 얘기 안 하던가요?

14-1

김루리 : (생각하는 얼굴에서) **어...**
(웅성거리는 소리 들리며)

카메라 트랙 인.

14-2

Ep.5#10	극장 - 로비	O / N	14 CUT
	극장에서 애니를 보고 나오는 석봉과 루리. 석봉의 다른 모습을 본 루리.		

1

극장에서 걸어 나오는 조석봉과 김루리. 주위를 보면 그들과 비슷한 분위기의 오타쿠 (?) 들이 우르르 쏟아져 나온다.

2

신난 분위기의 김루리와는 대조적으로 뭔가 생각 많은 조석봉.

김루리 : (둘 다 군인답게 스포츠머리_ 신나게 떠드는) **다음 회차 몇 분 남았지? 난 이번에 나츠미짱 위주로 봤으니까 좀 이따는 레이코짱 위주로 보려고!** (석봉이 반응이 없자) **조로.** (사이) **야, 조로!**

조석봉 : (그제야) **어? 어, 응.**

3-1

김루리 : 조로 왜 그래? 하세가와짱 분량이 너무 없어서 그래? 괜찮아 속편에는...

조석봉 : 루피, 나 먼저 들어갈게. 몸이 좀 안 좋네...

김루리 : (진짜 왜 그러지) **어, 그래...** (사이) **웹툰 공모는 어떡할 거야? 낼 거지?**

조석봉 : ...생각해 둔 거 있어, 연락할게.
(조석봉이 움직이려는데)

3-2

4

턱! 지나가던 행인 하나와 어깨를 부딪치는 석봉.

Ep.5#10	극장 - 로비	O / N	14 CUT
	극장에서 애니를 보고 나오는 석봉과 루리. 석봉의 다른 모습을 본 루리.		

5

순간 주춤, 밀린 석봉은

6

말없이 고개를 꾸벅하고 지나가려 한다.

7-1

헌데, 석봉의 어깨를 잡아채는 남자.

7-2

**행인남 : 아씨, 오타쿠 새끼가 냄새나게.
눈 똑바로 뜨고...**

8

조석봉 : (하는데 석봉이 손목을 잡아 내린다)
죄송합니다. (다시 가려는데)

Ep.5#10	극장 - 로비	O / N	14 CUT
	극장에서 애니를 보고 나오는 석봉과 루리. 석봉의 다른 모습을 본 루리.		

9

행인남 : ! (옆의 친구가 **"븅신."**하고 긁자

10-1

"씨발." 말하며 석봉에게 다가간다)

10-2

체면을 구긴 남자가 다시 석봉 옷의 등 쪽을 잡는다.

10-3

"야." 하는데 팔을 홱! 뿌리치는 석봉.

11

조석봉 : (이번엔 뭔가 파르르 떨리는 목소리) **내가 뭘 그렇게 잘못했냐? 어?**

Ep.5#10	극장 - 로비	O / N	14 CUT
	극장에서 애니를 보고 나오는 석봉과 루리. 석봉의 다른 모습을 본 루리.		

12

석봉의 싸늘한 모습_

13-1

김루리 P.O.V

이내 행인남과 행인친구가 못 이기는 척 자리에서 벗어난다.

13-2

김루리의 시선으로 오싹해 보이는 조석봉의 얼굴.

14

김루리 반응.
루리 목소리로_ **"그런 표정... 처음 봤어요."**

〈D. P.〉의 공간

Production Design

1. 102사단 입소식

2. 102사단 보충대 생활관

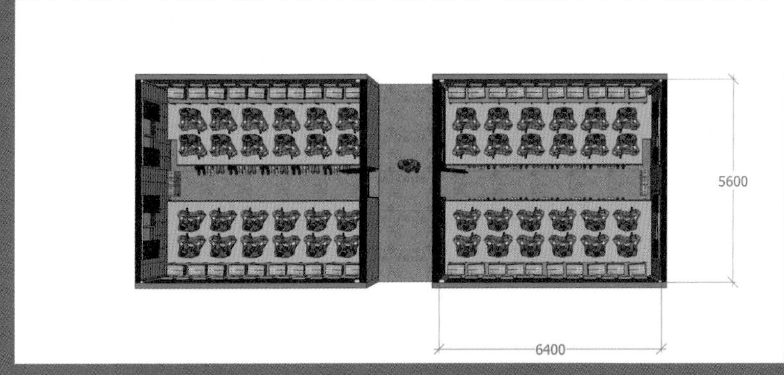

3. 103사단 생활관

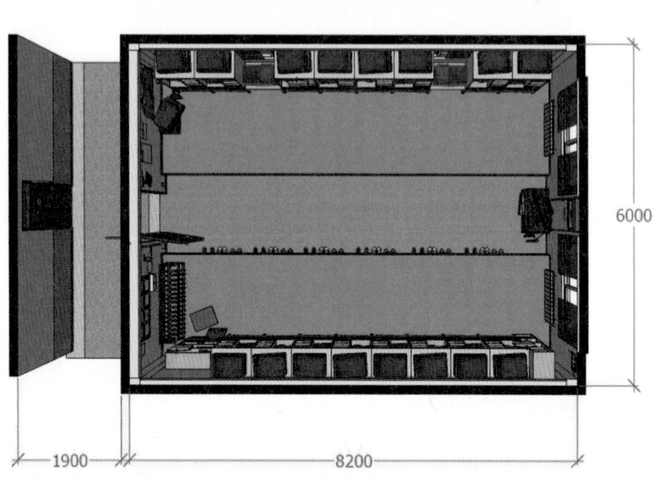

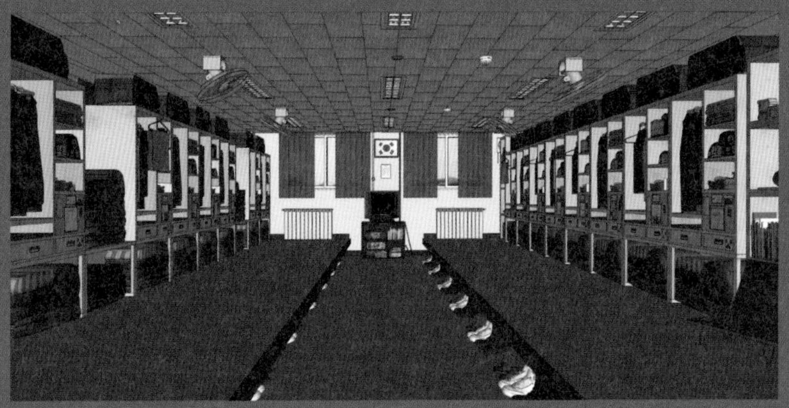

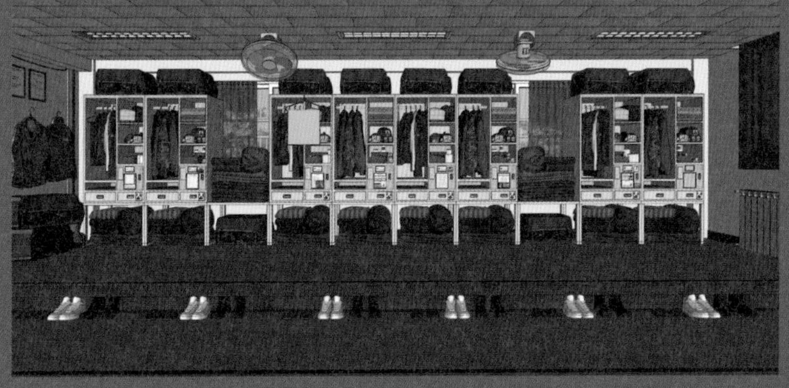

4. 103사단 수사과

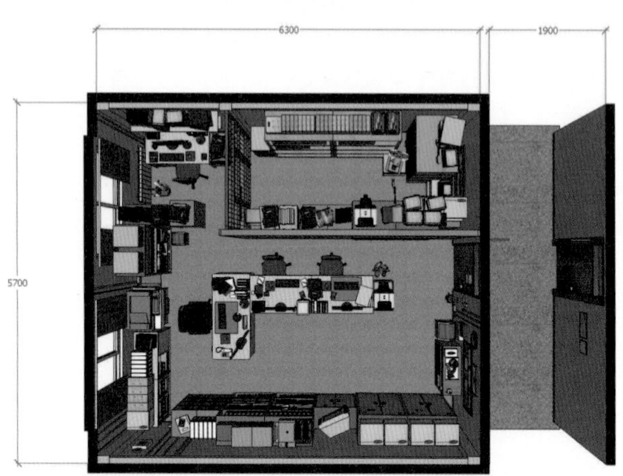

인사과
수사과

통제구역

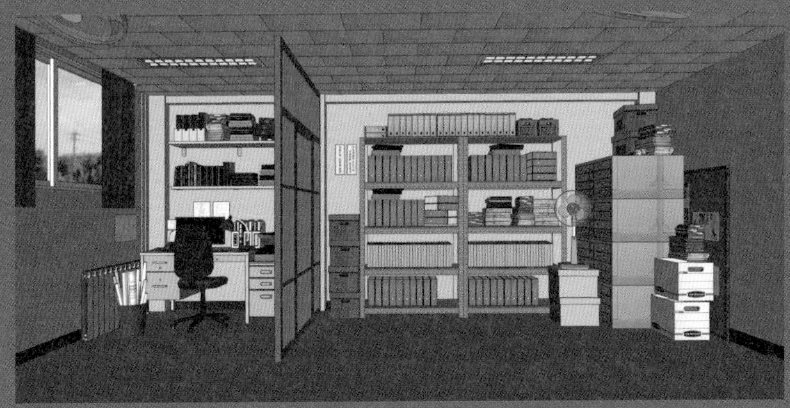

5. 103사단 수사과장 방

6. 103사단 임지섭 대위 방

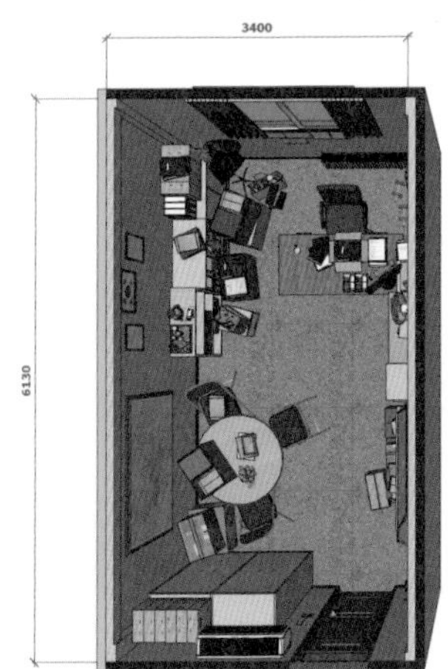

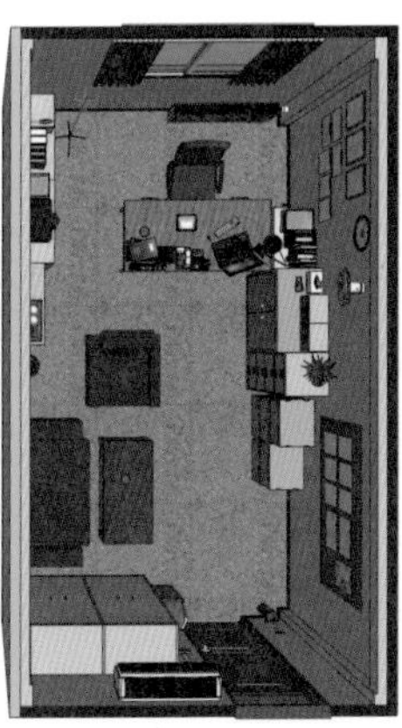

7. 103사단 헌병대 영창

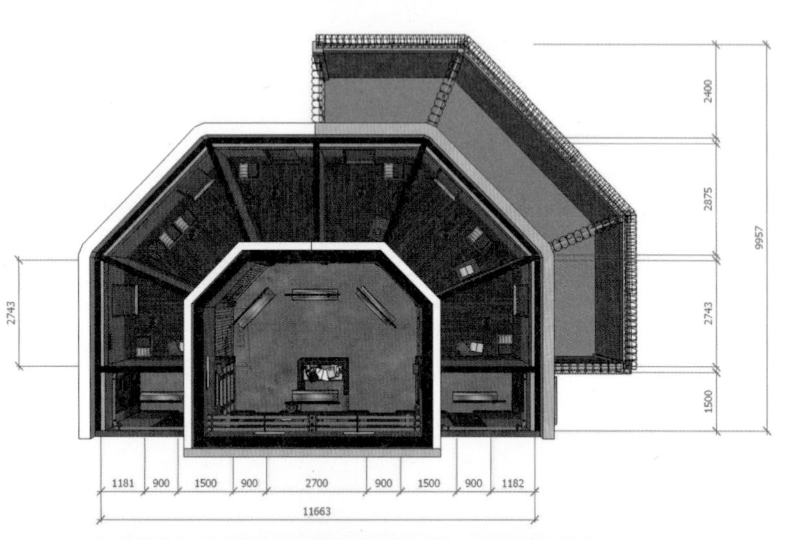

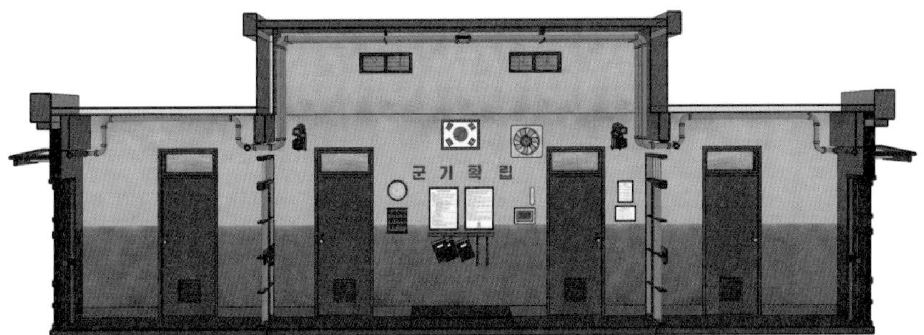
군 기 확 립

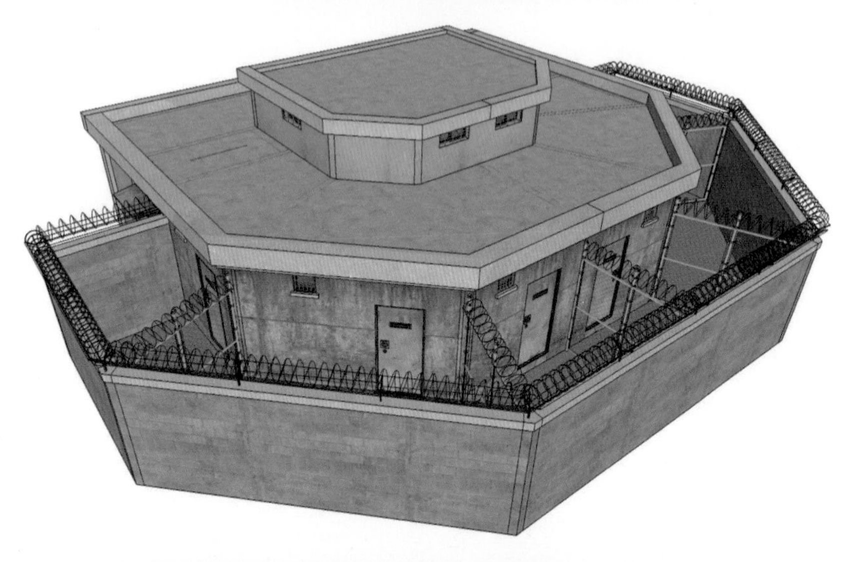

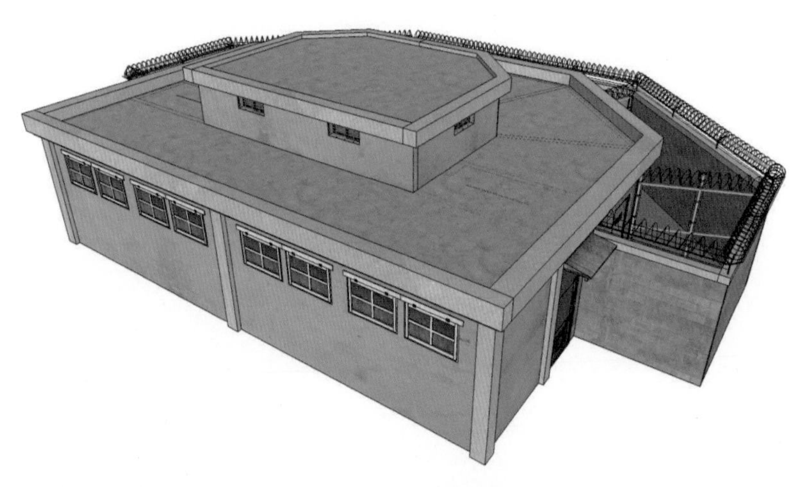

군기확립

8. 103사단 헌병대장 방

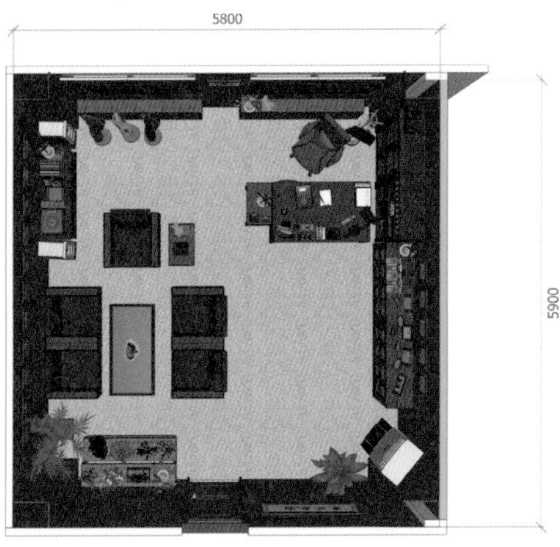

春風秋霜

9. 수색대 면회실 PX

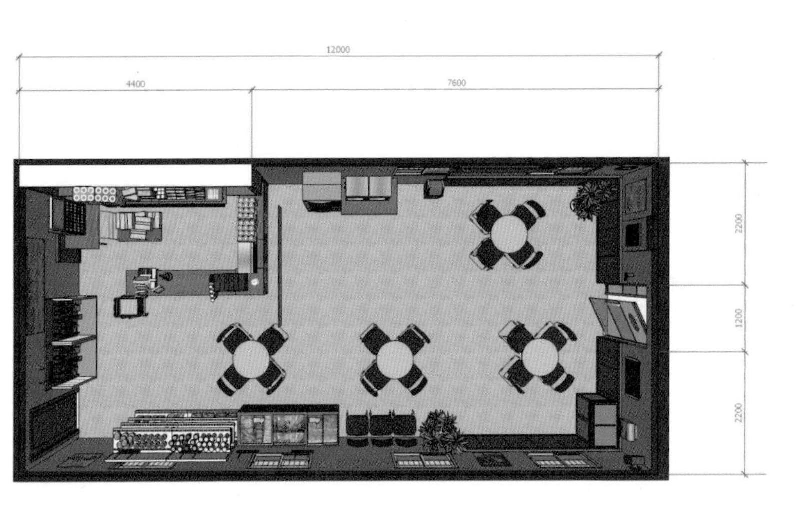

당신은 우리 부대의
소중한 고객입니다

최고의 복지지원, 장병만족!
Coffee
top

10. 신우석의 모텔방

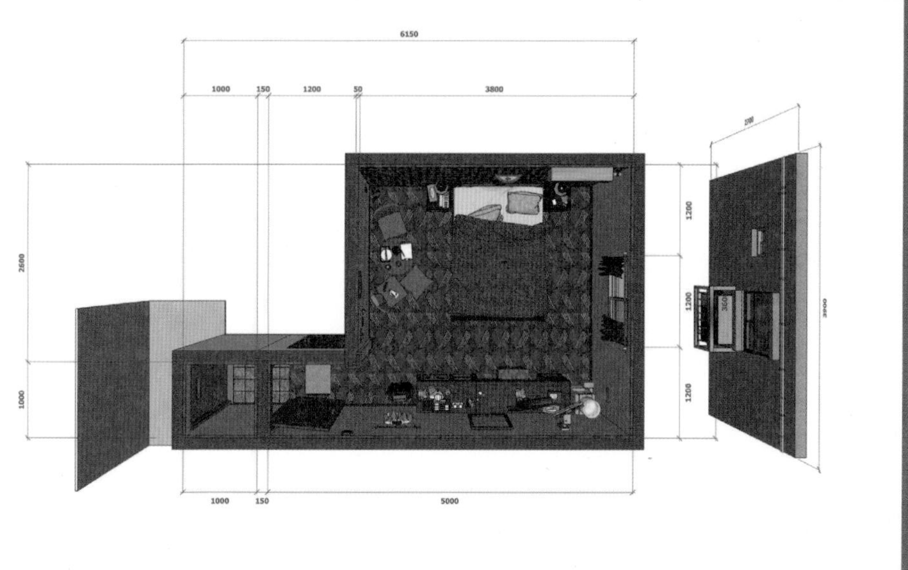
6150
1000
150
1200
50
3800
2600
1000
1200
1200
1200
1000
150
5000

11. 정현민의 집

2700
3300
2400
1200
450
1300
1500
2400
2600
1500
300
4450
3000
3900

I JUST
WANNA
GET
STONED

12. 허치도의 집

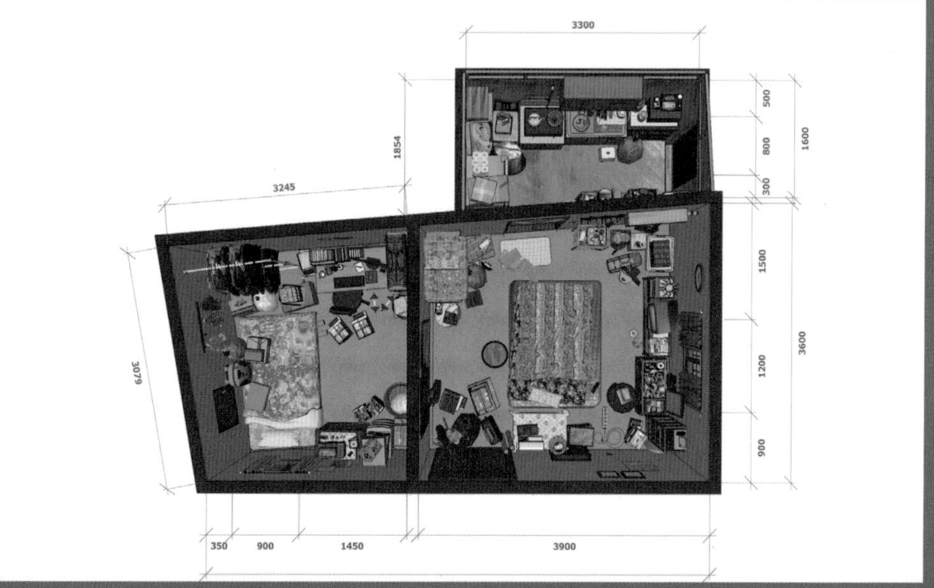
3300
500
800
300
1600
1854
3245
1500
3600
1200
900
3079
350
900
1450
3900

육개장
사발면

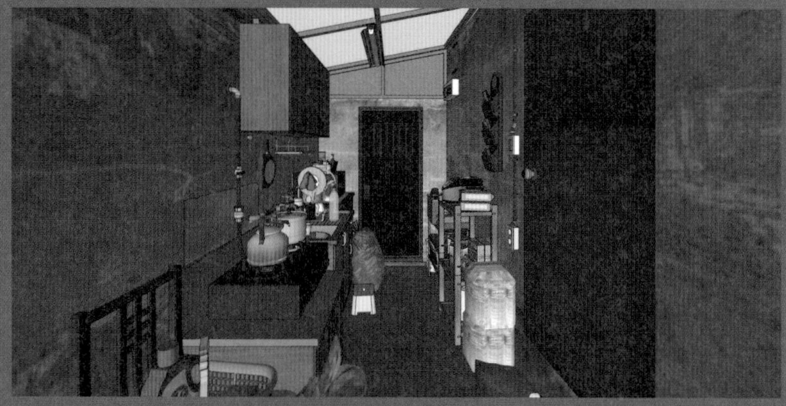

13. 위병소

14. 땅굴 입구 철문앞

수양록

Production Stills

군기확립
헌병

닥쳐
닥치고 내말

급)전
2,300
4325-8074

AGO
ERY

SDT

육
PRIDE &

NOT KNOWING

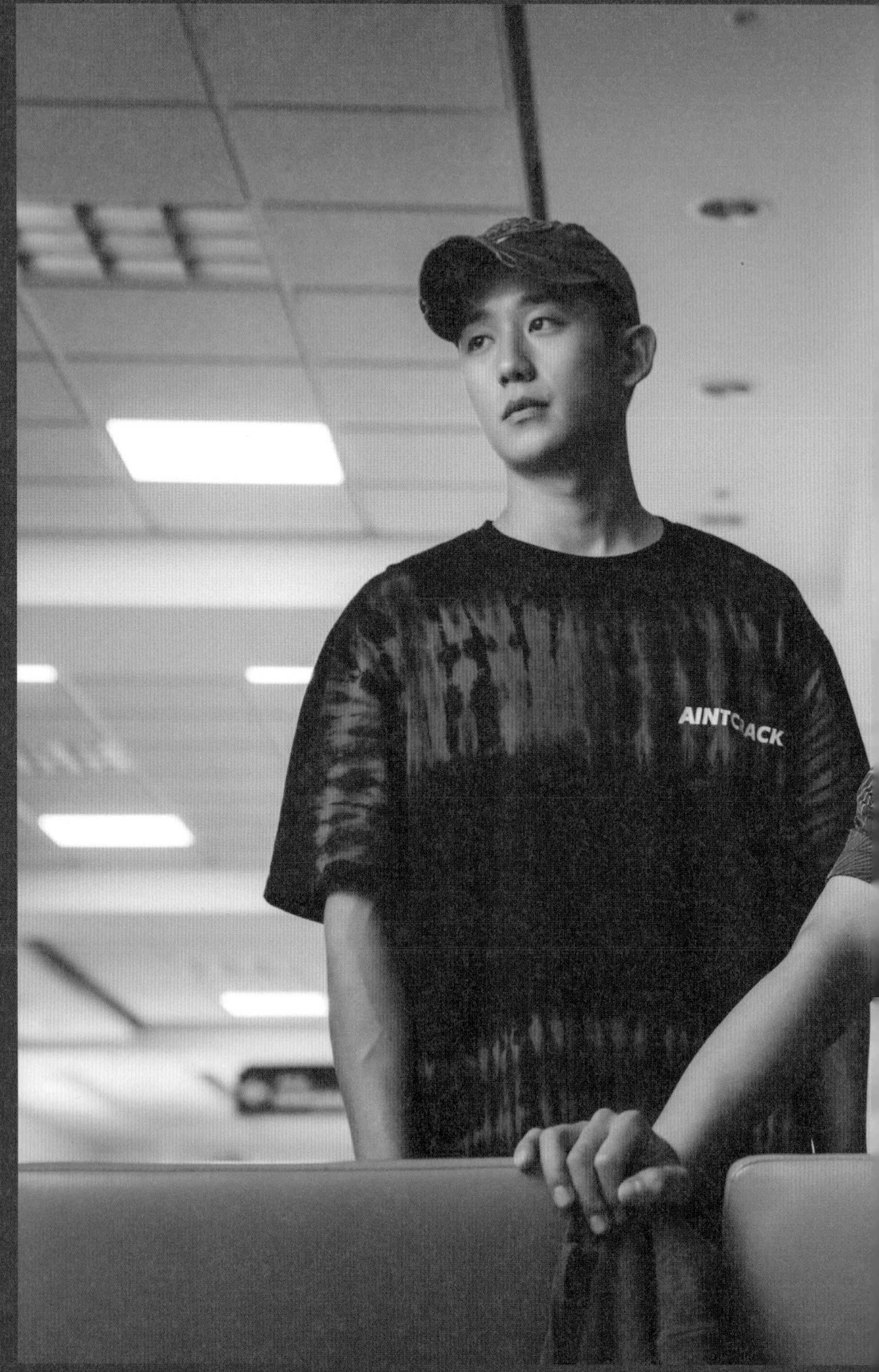

1 접수·수

1봉 3000
1인분 3500

SEARCH41

SEARCH

도시가스자가검침표

하이커우

2011
2012

경 재개
38

축 사업을 기원 합니다
시행인가 승인
축
택재개발 정비사업조합
야만 합니까!!
소화기

제철
사투쟁!

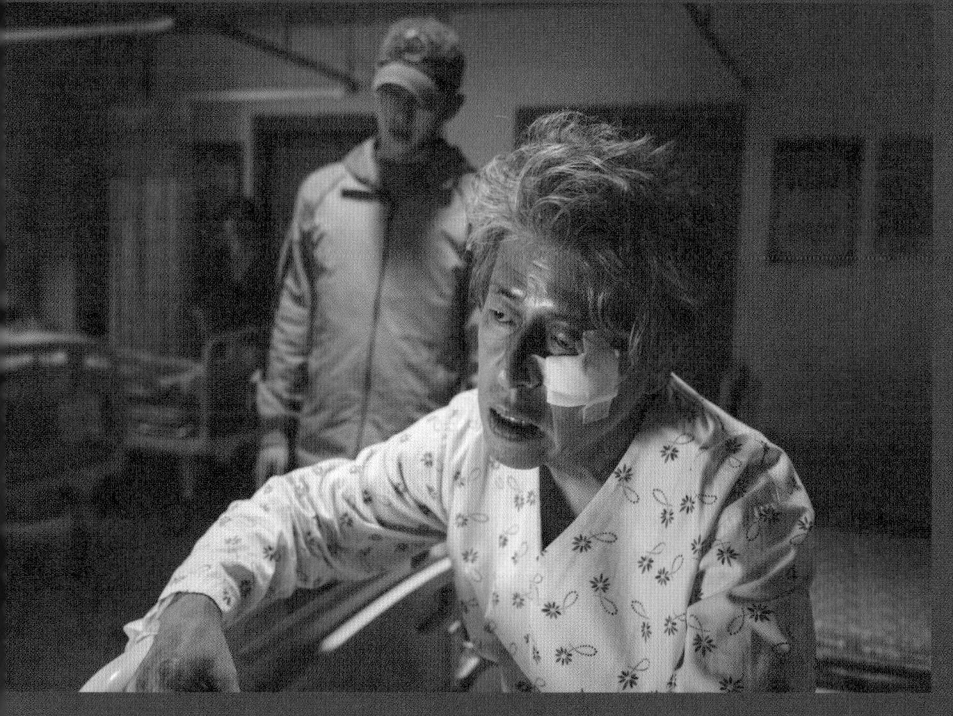

NEW
YOUN

CGV

스카이워크

NEW YORK

대한민국

멸

멸

SDT
헌병

안준호
대한민국 육군

제8생활관

ARRI

103

50
T2.5
DFX
RONIN

9
R2

ARRI

103
ROKA

대한민국 육군

GF-9
GFM

ARRI

Merry Christmas

04

불!
잠깐

421
Essay

〈D. P.〉, 사회성과 오락성을 겸비한 걸작

글: 김봉석
(대중문화평론가/
작가)

2021년 9월 넷플릭스 오리지널로 공개한 〈D.P.〉는 김보통의 웹툰 〈D.P 개의 날〉을 원작으로 〈차이나타운〉과 〈뺑반〉의 한준희 감독이 연출했다. IMDB에서 10점 만점에 8.3(참여자 4천4백여 명)이고, 로튼 토마토의 관객 신선도는 100% 호평으로, 많은 영화 전문 사이트에서 높은 평가를 받았다. 이후 공개한 〈오징어 게임〉이 전 세계에서 가장 많은 시청을 기록하는 대성공을 거두면서 화제가 되었지만, 작품성으로 따진다면 2021년 만들어진 한국 드라마 중 최고의 작품은 〈D.P.〉다.

〈D.P.〉는 탈영병을 쫓는 일병의 이야기다. 개인적인 문제로 탈영을 하기도 하지만, 다수는 부대에서 괴롭힘을 당하다가 도망친 경우다. 〈D.P.〉의 배경은 2014년이다. 지금은 그 시절보다 군대의 제반 환경이 좋아졌을 것이다. 〈D.P.〉가 공개된 후, 군에서도 지금의 군대는 이렇지 않다고 말했다. 과거보다 조금은 좋아졌을 것이다. 하지만 군대 내의 괴롭힘과 폭력이 완전히 사라졌을 리 없다. 김보통 작가는 '이제는 좋아졌다'는 망각의 유령과 싸우기 위해 〈D.P 개의 날〉을 그렸다고 말했다.

시리즈로 각색된 〈D.P.〉는 탈영병을 쫓는 스펙터클보다 군대 내에서 벌어지는 괴롭힘과 군 간부들의 무책임과 방관 등 구조적인 문제점을 적나라하게 보여주어 큰 여운을 안겨줬다.

〈D.P.〉는 군대의 탈영병을 통해 군대만이 아니라 우리 사회에 만연한 폭력성을 고발하는 작품이다. 군대에서 후임을 괴롭히는 이유는 단순하다. 주어진 일을 제대로 못 한 책임으로 벌을 주기도 하지만 '와꾸'가 싫어 괴롭히기도 한다. 이유에는 '그냥'이 많을 것이다. 괴롭힘의 종류도 다양하다. 욕과 인신공격이 있고, 물리적 폭행도 있고, 성적인 괴롭힘도 있다. 군대 생활은 늘 비슷해서 지루하고, 자신의 말에 복종하는 후임이 있고, 외부로 이야기가 흘러나갈 가능성도 적다. 폐쇄적인 집단에 괴롭힘이 많은 이유다. 군대에서 반드시 해야 하는 집단생활에서 벌어지는 최악의 상황을 〈D.P.〉에서 만날 수 있다. 우리 부대는 저 정도는 아니었어,라고 말할 수는 있지만 그건 개인적인 경험일 뿐이다. 어딘가에서는 분명 폭력이 벌어진다.

헌병대에 배치된 이병 안준호는 탈영병을 잡아오는 D.P(Deserter Pursuit) 임무를 맡게 된다. 사수는 한호열 상병. 안준호는 한호열과 함께 부대 밖으로 나가 사복을 입고 탈영병을 체포해 온다. 원작의 안준호는 상병이며 선임이지만, 드라마로 만들어진 〈D.P.〉는 안준호의 이병 시절부터 시작된다. 원작에 없었던 캐릭터인 선임 한호열은 신병인 안준호와 좋은 콤비가 된다. 안준호는 말수가 적고 차분한 성격이다. 한호열은 말이 많고 늘 농담을 하지만 중요한 순간에 판단력이 빠르다. '버디 무비'라는 장르는 서로 다른 성격의 두 사람이 파트너가 되어 자주 다투다가 차차 서로를 이해하고 마침내 한 팀으로서 조화를 이루어 임무를 완수하는 설정이다. 〈D.P.〉의 안준호와 한호열도 서로의 단점을 보완하고 장점을 극대화하여 최고의 파트너가 된다.

〈D.P.〉에서 안준호와 한호열이 탈영병을 쫓는 과정은 흥미진진하다. 웹툰 원작이 수사의 정공법으로 간다면, 드라마는 흥미를 자극하며 시청자들이 호열과 준호의 시점으로 보게 한다. 노는 듯하면서도 탈영병의 핵심을 쥐고 끈질기게 달라붙는 호열을 따라다니면서 준호는 많은 것을 배운다. 단순한 파트너가 아니라 스승과 제자처럼 준호가 배우고 성장하는 과정이다. 호열과 준호의 상호 관계를 통해서, 준호의 캐릭터도 분명하게 드러난다. 기본적으로 인간에 대한 애정이 있고, 마지막까지 자신의 원칙을 지키는 선한 사람. 준호의 성격은 정해인이란 배우를 통해서 잘 보인다. 호열을 연기한 구교환은 그동안 〈메기〉, 〈꿈의 제인〉 등 저예산 영화에서 보여준 에너제틱한 연기가 〈D.P.〉에서 빛을 발한다.

군대 탈영의 주된 이유는 군대 내 괴롭힘이지만 집에 경제적인 문제가 생겨서 당장 돈이 필요하나든가, 그냥 놀고 싶어서 도망쳤다거나 등의 이유도 있다. 탈영병은 사회에서 범죄를 저지르는 이들과는 약간 다르다. 밥도 주고, 잠도 재워주는 군대에서 굳이 도망을 쳤다면 중대한 이유가 있을 것이다. 준호와 호열은 우선 탈영병의 스토리를 알아낸다. 수사의 기본은 자신이 쫓는 자가 누구인지 알아내는 것이다. 성격은 어떤지, 군대 내에서 괴롭힘은 있었는지, 사회에서 어떻게 생활했는지 등등. 가벼워 보이는 호열을 믿지 못하던 준호는 추적 과정에서 호열을 신뢰하게 된다. 〈D.P.〉는 안준호와 한호열이 탈영병을 쫓는 추적, 수사의 과정만 보여주지 않는다. 탈영병의 스토리를 보여주기 위해 많은 시간을 할애함으로써, 탈영병을 타깃이 아니라 한 명의 인간으로서 이해하고 공감하게 만든다.

〈D.P.〉의 클라이맥스인 조석봉 일병 탈영 사건은 군대 내의 폭력이 어떻게 유지되는가를 잘 보여준다. 괴롭힘을 견디다 못해 탈영한 조석봉은 자신을 체포한 안준호에게 말한다. 왜 방관했냐고. 폭력이 벌어질 때 왜 보고만 있었냐고. 맞는 말이다. 문제가 있다면 상부에 알려야 하고, 잘못을 지적해서 함께 고쳐야 한다. 하지만 병사들은 알려도 소용이 없다고 생각해서 방관한다.

〈D.P.〉의 군 간부들이 그랬듯이, 상부에서는 모든 것을 덮으려고 하는 경우도 많다. 덮어야 문제는 존재하지 않는 것이 되고, 자신의 책임도 사라지니까. 그러나 해결되지 않고 은폐한 문제는 계속 유지되고, 어느 순간 터져서 더 큰 피해가 생기게 된다.

우리 모두가 목격자다. 〈D.P 개의 날〉에 나온 말이다. 지금도 군대만이 아니라 사회 곳곳에서 벌어지고 있는 폭력의 순간을, 우리는 보고 있다. 하지만 외면한다. 당장은 나의 일이 아니라고 생각하니까. 보고도 못 본 척하는 우리 때문에, 결코 폭력은 사라지지 않는다. 〈D.P.〉는 우리가 지나왔던 시간을 배경으로, 우리가 보고도 지나쳤던 폭력의 순간을 생생하게 재현한다. 지금도 나아지지 않았고, 여전히 폭력의 시간에 있음을 깨닫게 해 준다. 그런 점에서 〈D.P.〉는 두 마리의 토끼를 잡고 있다. 개성적인 캐릭터들이 조화를 이루며 코미디와 액션, 긴장감 모두 잡아냈다. 그리고 사회적인 메시지도 탁월하게 살려냈다. 시청자라면 누구나 흥미롭게 빠져들며 〈D.P.〉를 봤을 것이고, 메시지도 충분히 생각해 봤을 것이다. 보고 나서, 재미있어, 라는 한 마디 감상으로 끝나지 않을 작품이다.

그래서 〈D.P.〉를 해외에서 더 많이 보아주기 바란다. 〈D.P.〉에서 보여주는 군대의 폭력성이 한국의 이미지를 나쁘게 할 것이라는 주장은 틀렸다. 교사가 불치병에 걸려 생존을 위해 마약을 팔게 되는 〈브레이킹 배드〉나 알코올 중독자에 무책임한 아버지 밑에서 고군분투하는 극빈층의 아이들을 그린 〈쉐임리스〉 같은 드라마를 보면서 미국이 우리보다 못하다고 생각하지 않는다. 어느 나라에나 문제는 있고, 열악한 상황이나 모순을 드러내고 공론화시키는 것이 민주주의의 장점이다. 과거 한국도 영화에서 빈민가 풍경이나 연탄재만 나와도 삭제를 했던 독재정권 시기가 있었다. 사회의 좋은 면만을 영화나 드라마에서 보여준다고 실제로 세상이 좋아지지 않는다. 나쁜 면을 드러내야 문제를 인식하고 바꿔나갈 수 있다. 한국 사회의 어두운 면을 그린 〈D.P.〉는 보다 찬사를 받아야 할 작품이다.

'1인칭의 세계'가 '2인칭'과 만날 때

글: 차한비
(웹진 '리버스'
기자)

버디 무비의 공식은 명확하다. 거친 세상을 종횡무진 누비며 온갖 계략과 탐욕에 맞서는 두 남자. 그들의 도전은 스릴 넘치는 액션으로 그려지고, 그 속에서 피어난 끈끈한 우정과 형제애는 감동을 안긴다. 남자들은 갱스터 영웅으로 추앙받거나 사기도박의 황제가 됐으며, 종종 도망자와 추격자의 신분을 숨 가쁘게 넘나들기도 했다. 버디 무비를 대표하는 〈내일을 향해 쏴라〉(조지 로이 힐, 1969)와 〈레인 맨〉(배리 레빈슨, 1988)은 고전으로 자리매김했고, 국내 영화 〈투캅스〉(강우석, 1993)는 범죄 액션과 코미디를 적절히 버무려내며 속편까지 연달아 흥행했다. 한시도 긴장을 늦출 수 없는 리드미컬한 플롯도 중요하지만, 무엇보다 이들 작품이 가장 크게 빛지는 대상은 주인공인 두 남자다. 버디 무비에는 지극히 대조적이면서도 조화로운 호흡을 자랑하는 콤비가 등장한다. 그들은 성격, 재능, 외모에 이르기까지 뚜렷한 차이를 지니는데, 같은 목표를 공유하며 동고동락하는 과정에서 점차 손발이 맞는 파트너로 성장한다. 〈D.P.〉를 지탱하는 두 인물, 안준호와 한호열도 마찬가지다. 원리원칙을 중시하는 '신참'과 권모술수에 능통한 '베테랑'이라는 익숙한 조합을 바탕으로, 〈D.P.〉는 배우 각각의 개성과 매력을 한껏 살리는 데 집중한다.

앳된 티가 남은 해사한 얼굴에 집중력을 잃지 않는 단단한 눈빛. 정해인은 실제 나이와는 상관없이 교복을 입으면 학생처럼, 넥타이를 매면 직장인처럼 보인다. 얼굴과 눈빛이 빚어내는 묘한 충돌은 그를 반항기 어린 청년으로 만드는가 하면, 이내 삶의 무게를 스스로 감당하려는 어른으로 바꾸어 놓기도 한다. 데뷔 무렵, 정해인은 바르고 부드러운 이미지로 대중에게 소개됐다. 그러나 얼마 지나지 않아 〈슬기로운 감빵생활〉(tvN, 2017)과 〈유열의 음악앨범〉(정지우, 2019) 등을 거치며, 그에게는 '남자답다'는 수식이 자주 따라붙기 시작했다. 다소 뭉뚱그려진 찬사이나, 이는 정해인 특유의 강인함을 증명하는 말과도 같다. 그가 연기한 인물들은 종종 홀로 남는다. 외롭고 억울할지언정 선택에 뒤따르는 책임을 피하지 않으며, 고분고분하게 물러설 마음도 없다. 섬세한 감정 연기를 선보이며 〈밥 잘 사주는 예쁜 누나〉(JTBC, 2018)에 이어 〈봄밤〉(MBC, 2019)까지 멜로드라마의 주연으로서 유감없이 역량을 발휘했지만, 정해인이 매력 넘치는 '연하남'의 위치를 점할 수 있었던 가장 큰 이유는 마냥 순하지 않은, 어딘지 모난 데가 있는 듯한 고집스러운 면모 덕분이다. 〈D.P.〉에서 머리를 짧게 깎고 군복을 걸쳤을 때, 정해인은 뿌리 깊은 불안에 시달리면서도 눈앞의 옳고 그름을 똑바로 마주하려 애쓰는 이병 안준호가 된다. 그는 올곧고 강직하며, 바로 그러한 탓에 요령 없이 돌진한다. 쥐고 흔들면 휘어지기보다는 부러지고 말 것 같은 모습으로, 정해인은 결연을 넘어 결벽이 깃든 인물로 우뚝 선다.

〈D.P.〉 속 정해인이 심지를 바짝 태우며 발화하는 불이라면, 구교환은 어디로든 스며드는 물이다. 꾀 많고 끼는 더 많은 그는 능청스레 극을 유영하며, 탈영병 체포조에 소속된 상병 한호열에게 다채로운 매력을 부여한다. 계급과 서열을 강조하는 군대에서 한호열은 돌연변이 같은 존재다. '칼각'의 표본이라

부를 법한 안준호와 달리, 그는 허술하리만치 유연하다. 관등 성명에는 기합이 빠져 있고, 후임에게는 “네가 안준호구나, 내 아들” 하며 인사를 건넨다. 상관 앞에서도 주눅 들기는커녕 적잖이 맞먹는 식이다. 판타지에 가까운 캐릭터이지만, 구교환의 능수능란한 완급 조절은 한호열을 아주 낯설지는 않은 인물로 완성해낸다. 말문이 막힐 정도로 독특한데, 언젠가 만난 듯 친밀하게 느껴지는 사람. 유들유들 웃으며 장난을 치다가도, 일순 날카롭게 핵심을 짚어내는 사람. 구교환은 그렇게 장면과 장면 사이에서 포즈를 바꾸며 막힘없이 흘러간다. 〈D.P.〉 공개 당시, 그는 탁월한 유머 감각과 재치 어린 애드리브로 화제에 올랐다. 하지만 정해인과 주고받는 호흡을 지켜보면, 구교환의 즉흥성이란 기실 우연보다는 계획과 경험에 근거함을 짐작하게 된다. 정해인이 〈유열의 음악앨범〉을 선보였을 당시, 구교환은 〈메기〉(이옥섭, 2019)로 스크린을 찾았다. 〈메기〉에서 구교환은 주연뿐만 아니라 각본, 제작, 편집에 참여했으며, 이는 그에게 생경한 일은 아니었다. 구교환은 단편 〈거북이들〉(2011)을 시작으로, 현재까지 꾸준히 영화를 만드는 창작자다. 필모그래피에 공식 기재된 연출작만 열 편 남짓이며, 〈반도〉(연상호, 2020), 〈모가디슈〉(류승완, 2021) 등으로 호평받기 전에 〈꿈의 제인〉(조현훈, 2016)을 비롯한 여러 독립영화를 통해 일찌감치 두터운 팬층을 쌓았다. 〈D.P.〉에서 구교환은 영리하게 움직인다. 그는 왜 자신이 이곳에 필요하며 무얼 기대받는지 파악하고, 한호열만큼이나 노련한 몸짓으로 적재적소를 찾아낸다.

구교환의 가벼움은 정해인에게 무게를 더하고, 정해인이 조성해놓은 안정적 토대에서 구교환의 어디로 튈지 모르는 활력이 빛을 발한다. 달라도 한참 다른 둘이 한 팀을 이루고 위기를 극복해가는 과정에서 안준호와 한호열은 버디 무비의 미덕을 충실히 따르는 명콤비 ‘준호열’로 성장한다. 더불어, 둘은 군대라는 집단을 탐색하는 돋보기 역할을 맡는다. 집요하게 얽혀든 폭력과 부조리를 맞닥뜨리며 안준호의 죄책감은 불어나고,

한호열은 비스듬하게 늘어뜨렸던 몸을 점차 일으켜 세운다. 이때 자극과 반응을 고루 소화하는 두 배우 덕분에, 〈D.P.〉에는 누군가의 오래된 상처를 알아보는 세심함과 제 손으로 변화를 거머쥐려는 젊은이다운 패기가 나란히 기록된다. 티격태격하면서도 둘만의 내밀한 순간을 부지런히 축적해가는 관계. 살아온 배경부터 타고난 기질까지 어느 하나 딱 들어맞는 구석이 없지만, 두 남자는 서로여야 하는 이유를 설득해낸다. 구교환이 연기하는 한호열이라면, 굳게 걸어 잠근 안준호의 마음을 열 수 있을 것만 같다. 나 아닌 타자는 부담 내지 두려움으로 받아들이는 안준호를 다그치거나 재촉하지 않고, 그 세계로 자연스레 흘러들어 가는 것이다. 동시에 정해인이 연기하는 안준호라면, 한호열이 농담과 편법 속에 숨겨 놓은 진의를 허투루 지나치지 않을 테다. 〈D.P.〉는 군대를 배경으로 한 추격 드라마이지만, '나'와 '너'가 동행하며 '우리'라는 복수의 인칭을 완성해가는 이야기이기도 하다. 과연 둘의 만남은 어디를 향해 나아갈까. 한 세계를 무너뜨리고, 또 다른 세계를 재건하게 될까.

에피소드마다 새로운 사건이 연속하는 구성이기에, 실상 〈D.P.〉는 주인공을 단둘로 특정하기 어려운 작품이다. 김성균과 손석구는 〈D.P.〉에서 빼놓을 수 없는 두 번째 콤비다. 김성균은 군무 이탈 담당관인 박범구 중사를, 손석구는 헌병대에 새로 부임한 임지섭 대위를 연기한다. 둘 다 조직 내 계급성을 체화하고 얼마간 세파에 물든 인물인데, 그들 사이에는 나이와 지위의 격차부터 문제 해결 과정의 우선순위에 이르기까지 다양한 충돌 요소가 자리한다. 김성균은 냉정함을 유지하면서도 온기를 더하고, 손석구는 날 선 표정으로 극에 긴장감을 불어넣는다. 갈등을 거듭하던 두 인물이 결정적 순간에 힘을 합하는 모습은 그 자체로 〈D.P.〉의 중요한 메시지가 된다. 한편, 〈차이나타운〉(2015)에 이어 한준희 감독과 다시 한번 호흡을 맞춘 조현철은 단연 돋보이는 캐릭터를 완성해낸다. 그가 연기한 조석봉은 가혹행위에 시달리다가 탈영, 납치, 자살 미수를 감행하는 인물이다. 억울함과 모멸감은 공포에 기름을 붓고,

이읏고 공동체를 향한 지독한 불신으로 확장한다. 조현철은 한 인간의 내면이 마모되고 부서지는 여정에 헌신하며, 조석봉을 단지 '흑화'하는 캐릭터가 아닌 폭력의 연쇄에 관한 묵직한 질문으로 새겨 넣는다.

인터뷰

Interview

"모두와 다른 방향으로 걸어갈 수 있는, 그런 사람들이 필요해요."

– 김보통 작가와 한준희 감독 대담

인터뷰와 글 / 김혜선(영화 저널리스트, 시모어 컴퍼니)

〈D.P.〉가 넷플릭스에서 공개됐을 때, 두 분은 뭘 하셨나요?

한준희 후반 작업과 색 보정 결과가 어떻게 나오는지 보려고 집에서 준비하고 있었고요. 어쩌다 보니 코로나19 관련 밀접접촉자가 되어버려서 방에 자가격리차 혼자 있었어요.

김보통 저는 그즈음 다른 드라마 각본을 쓰고 있었는데요. 일이 손에 안 잡혀서 계속 딴짓을 했어요. 막상 〈D.P.〉가 공개됐을 때는 또 못 봤어요. 떨려서. (웃음)

한준희 넷플릭스는 시리즈 전체를 한 번에 공개하니까, 공개 첫 주에 연락을 많이 받았어요. 감사하게도 여러 반응을 많이 체감할 수 있었죠.

김보통 저도 여러 커뮤니티 반응을 살펴보니까 이래저래 많은 분들이 관심을 가져주시고 있더라고요. 그래서 한준희 감독님에게 전화했어요. (엄지 척! 하면서) 감독님, 정말 천재 감독님이라고. (웃음) 저는 사실 대외 활동을 거의 안 하다 보니 직접적인 대면 반응을 접할 일은 별로 없거든요. 그런데 TV를 틀어보면 여당, 야당, 국방부 등에 있는 분들이 다 〈D.P.〉 얘기를 하고 있더라고요. 충격이 있긴 있었나 보다, 했어요.

확실히 〈D.P.〉가 이끌어낸 여론과 국방부의 코멘트가 있었습니다. 다시 군대에 간 것마냥 PTSD(외상 후 스트레스 장애)를 느끼게 한다는 리뷰나 기사가 나올 정도였고요. 그런 반응을 보면서 이 작품이 통했다, 라는 것 이상으로 두 분이 나눈 대화가 있었나요?

김보통 아... 그렇게까지 진지한 얘기를 했던 기억은 없는데요. (웃음)

한준희 저는 걱정을 많이 했어요. 우리가 캠페인을 한 게 아니잖아요. 우린 그저 시리즈를 만든 사람들일 뿐이고, 군 문제에 대한 해답을 줄 수도 없으니까요. 누군가에게는 좋은 질문이 됐으면 좋겠다는 생각으로 만든 것이죠. 그런데 의도치 않게 오독되면 어떡하지, 하는 걱정이었어요. 작가님이 지금은 말씀을 유쾌하고 가볍게 하시지만 원작 웹툰 〈D.P 개의 날〉을 보면 진지한 결이 분명히 있잖아요. 그 원형이 잘 전달됐으면 하는 마음이었어요.

〈D.P.〉의 중요한 성과 가운데 하나가 '군대 이야기'에 대한 공감 층의 폭을 확장했다는 것이죠. 누군가의 엄마, 누나, 여동생, 여자친구, 아내인 여성들이 〈D.P.〉를 보며 공감하고 몰입할 수 있었으니까요.

김보통 웹툰 연재 때도 독자들 가운데 의외로 여성들이 많았어요. 사인회를 하면 찾아오시는 팬 중에 여성도 많았고요. 저는 이 이야기가 여성들이 관심을 가질 소재인가 싶었는데 오히려 그분들이 당연한 거 아니냐고 하시더라고요. 우리나라는 징병제 국가이니 당연히 주변에 군대를 거쳐 가는 남자들이 있잖아요. 그들이 군대 안에서 어떤 생활을 하는지 알고는 싶지만 알 수 있는 기회가 많지 않았는데, 새로운 시각에서 바라볼 수 있어서 좋았다는 얘기를 해주셨어요. 물론 저는 어떤 문제에 관해 이야기할 때 성별을 나누는 방식은 좋아하지 않아요. 〈D.P.〉는 그냥 징병제 국가에서 같은 사회 구성원으로서 알아야 하는 이야기, 누가 굳이 해주지는 않는 이야기를 담은 거예요. 숨기고 싶은 부분이자 없어져야 하는 문제에 대한 얘기라서 누군가는 굳이 떠들고 싶어 하지 않을 테니까요. 그걸 일종의 버디물이자 형사물 형식으로 보여주니까 더 많은 사람들이 관심 갖고 볼 수 있는 동력이 되지 않았나 싶어요.

한준희 〈D.P.〉를 처음부터 남성들만 보는 이야기, 남성들만 동의할 수 있는 이야기로 만들지 않겠다고 생각했어요. 그래서 여성 스태프들의 의견을 경청하고 피드백을 정말 많이 주고받았어요. 남편, 아버지, 남동생, 남자친구 혹은 친구를 군대에 보낸 경험은 다 있을 테니까요.

김보통 작가님이 2014년에 원작 웹툰의 연재를 시작했고, 7년 후 시리즈로 만들어졌습니다. 작가님은 연재 초반에 영상화 제안을 받으셨고, 한준희 감독님은 웹툰을 보자마자 영상화를 생각하셨다고요. 두 분 모두 그 시간 동안 〈D.P.〉를 어떤 모습으로 상상하셨습니까?

김보통 한겨레 신문을 통해서 2화가 연재된 직후에 영화사 네 곳에서 연락이 왔어요. 그런데 저는 사실 사람들의 생각보다 훨씬 얄팍한 인간이에요. 영상화 제안이 왔을 때 어디에서든 빨리 만들면 좋겠다고 생각했어요. 오히려 제작사들 쪽에서 제가 꽤 의식 있는 사람인 줄 알고 원작의 이런 점을 살려야지 않냐고 하시더라고요. 저는 "(살릴) 필요 없고, 그냥 오락 액션 영화로 가도 됩니다. 제목도 바꿔도 됩니다." 했죠. (웃음) 그런데 안 만들어지더라고요. 제작사들이 〈D.P.〉에 진지하게 접근하려고 해서인지 거론되던 감독님들도 부담을 가지셨던 거 같고, 이래저래 시간도 지났죠. 운 좋게 클라이맥스 스튜디오를 통해서 넷플릭스와 함께 한준희 감독님이 시리즈로 만들게 됐는데요. 그때도 '그냥 오락 영화로 가도 되는데'라고 생각했어요. (웃음) 물론 한준희 감독님이 연출하신 지금도 좋아요. 하하.

한준희 저도 〈D.P.〉는 진지한 이야기이지만, 엔터테이닝한 요소가 필요하다고 생각했어요. 두 요소를 같이 가져가는 거죠. 제가 2014년에 촬영을 하고 2015년에 개봉한 영화 〈차이나타운〉으로 감독 데뷔를 했는데요. 그 시기에 원작 웹툰을 봤어요. 보자마자 연출하고 싶어서 판권도 알아봤죠. 작가님 말씀처럼 이미 많은 분들이 판권 경쟁에 뛰어들었고, 어디선가 작품을 준비하고 있던 상황이었어요. 제가 제작사 클라이맥스 스튜디오가 설립됐을 때 거의 처음 계약을 한 연출자인데요. 그때도 만들고 싶은 작품이 있냐는 질문에 〈D.P.〉를 시리즈로 만들고 싶다고 얘기했어요. 이후에 판권에 여지가 생겨서 자연스럽게 진행이 됐죠. 원작 웹툰을 봤을 때 저를 소름 돋게 하는, 영상화하고 싶다는 마음이 들게 했던 장면들이 있었어요. 탈영병에게 안준호가 휴대전화를 건네주면서 "여자친구요." 했는데, 탈영병이 잠시 후 "엄마...!" 하고 울음을 터뜨리는 장면. 다른 하나는 6·25 때부터 쓰던 수통 이야기를 하는 장면이에요. 꼭 실사화해서 내가 느꼈던 감흥을 사람들에게 전달하고 싶더군요.

김보통 그 두 장면이 다 마감에 쫓기다가 얼렁뚱땅 그린 장면인데요. 감독님이 마음에 두셨다고 하니까, 음… 역시 얼렁뚱땅이 좋은 거구나! (웃음)

앞서 김보통 작가님이 말씀하셨듯이 많은 이들이 〈D.P.〉를 다른 군 드라마나 영화와 차별화시킨 요소들로 이런 것들을 손꼽습니다. 군 내부의 수사 시스템, 형사 파트너십을 떠올리게 하는 D.P조의 수사방식과 케미스트리, 군과 민간의 경계를 넘나들어 답답하지 않은 설정 등이죠. 그런데 사실 〈D.P.〉의 진정한 차별점은 정서가 아닌가 싶습니다. 군이라는 울타리 안에서 인물들 각자가 느꼈을 외로움, 그리움, 절망감 같은 것들 말입니다.

한준희 시리즈는 웹툰과는 다른, 웹툰에는 없던 인물들이 등장하기도 하고 기승전결이 조금 더 선명하게끔 매 화를 구성하기도 했는데요. 사실 그렇게 각색을 한 이유도 원작과 같은 목표를 지향했기 때문이에요. 다만 스크롤을 내리는 방식으로 보는 웹툰과 옆으로 쉬지 않고 흘러가는 영화나 드라마의 문법이 다르고, 공개되는 플랫폼 자체도 다르기 때문에 좀 더 작품 안의 어떤 공기나 정서적인 부분을 부각하려 하지 않았나 싶어요.

김보통 저는 〈D.P.〉로 시리즈 각본 작업을 처음 해봤지만, 감독님이 머릿속에 그리고 있는 그림이 최우선이었어요. 지금도 어떤 감독님을 만나든 그분 머릿속에 명확한 이미지가 있으니까

설령 나와 결이 맞지 않더라도 그게 우선이라고 생각하고 받아들여요. 한준희 감독님과는 받아들이고 말고가 아니라 그냥 다 좋았고 지금도 좋거든요. 〈D.P.〉 시즌2도 감독님이 100% 잘 만드실 거라고 100% 확신하고 있습니다! (웃음)

한준희 작가님과 제가 취향이 비슷했던 것 같아요. 작가님과 조금 더 대화를 나누다 보면 느껴지거든요. 시니컬하면서도 따뜻하세요. 웃기기만 하신 것 같은데 사실은 다 계획돼 있고요. (웃음) 저는 작가님의 그런 부분들이 좋아요. 〈D.P.〉를 오락 액션 영화로 풀면 안 된다가 아니라 오락 액션 영화로는 풀어낼 수가 없겠다... 그럴 거면 굳이 〈D.P.〉 원작 웹툰을 시리즈로 만들 이유가 없다고 할까요. 작가님이 웹툰을 그리셨던 때가 대략 10년 전이잖아요.

김보통 아니요. 8년 전이거든요! (웃음)

한준희 아, 죄송합니다.

김보통 확 늙은 느낌이잖아! (웃음)

한준희 아무튼 지금도 작가님이 굉장히 날카로운 면이 있으신데, 그때 웹툰에는 더더욱 정제되지 않은 종류의 날 선 느낌들이 있었어요. 그런 건조함이나 르포르타주 같은 뉘앙스가 있는 서사들을 시리즈로 가져오면서도 '우리 어머니도 볼 수 있는 〈D.P.〉'로 만들면 좋겠다는 생각이었죠. 엄청난 흥행이 목적이 아니라 이 시리즈에 '최소한의 대중성'을 장착시키는 게 이 작품에서의 제 역할이라고 여겼던 것 같아요.

얘기를 듣다 보니 더욱 상상하게 됩니다. 원작의 각색 과정이 당연히 쉽지는 않았겠지만, 그럼에도 무척 재미있는 과정이었겠다고요. 두 분의 호흡이 한호열과 안준호 못지않으니까요. 두 분은 처음 만나서 어떻게 서로의 거리를 좁혀가셨나요?

한준희 작가님과 저의 공통점이 회의를 별로 좋아하지 않아요. 제가 그냥 "작가님, 언제까지 쓸게요. 보세요. 전 이렇게 생각합니다"하고 글을 써서 드리면 작가님이 "예. 잘 봤어요" 하셨죠. 작가님이 다시 글을 써서 보내주시면 '아... 이렇게 쓰셨구나' 했어요. 그렇게 주고받고를 많이 했어요. 어디 모여서

“이렇게 한 번 써볼까요” 하는 회의는 거의 안 했던 것 같아요.

김보통 감독님이 사실은 뭐랄까, 저를 약간 포기하신 것 같아요. 얘를 데리고 얘기를 하는 게 무슨 의미가 있을까, 이런 거? (웃음) 제가 괴발개발 써서 드리면 감독님이 “알았어요” 하고는 고치세요. 제가 또 어쩌고 저쩌고 하면 감독님이 또 “알았어요” 하고 정리를 하셨죠. 연출자와 작가가 서로 자기 입장을 주장하면서 갈등이 생기는 경우도 있다던데, 저는 ‘알아서 잘해주시겠지’라고 생각했던 것 같고요. 제가 잘못하는 게 매우 많은데 그럴 때 감독님은 “이건 잘못한 것 아닙니까”라고 하는 대신 그냥 내려놓으신 게 아닌가 싶어요. (웃음)

한준희 전혀 아닙니다. 저는 각본을 썼던 경험이 있고 작가님은 많은 종류의 글을 쓰셨지만 각본 작업은 해본 경험이 없으셨잖아요. 그러니 제가 전체적인 정리를 하고 플롯이나 캐릭터를 만들었죠. 작가님은 제가 할 수 없는 생각들, 쓰지 못하는 대사들, 제가 할 수 없는 어떤 타이밍에서의 장면과 인물 표현을 해내세요. 작가님이 원작자라서가 아니라 정말 좋은 것들을 많이 가지셨어요. 또한, 공동 작업에서 가장 중요한 건 존중인데 작가님이 저를 존중해주신다고 분명히 느꼈어요. 저도 작가님의 것들을 존중하려고 노력했고요. 서로 잘 맞았던 것 같아요.

그럼 두 분은 만나자마자 다짜고짜 글을 주고받으신 거예요? 알아가는 단계는 없었나요? (웃음)

한준희 밥은 먹었죠.

김보통 차도 마셨고요.

한준희 작가님, 저는 작가님과 친하다고 생각하는데요.

김보통 아하하하. 저는 사람들을 거의 안 만나요. 그런 걸 생각하면 한준희 감독님과는 정말 얘기를 많이 한 편이에요. 아마 그해 가장 많이 얘기한 사람 TOP 3에 들걸요. 감독님이 중요한 게 존중이라고 하셨잖아요. 사실 감독님이 너무 잘해주셨어요. 제가 감독이었다면 저한테 “야, 너 꺼져!” 했을

거예요. 존중해주셔서 정말 감사하게 생각합니다. (웃음)

두 분이 역시 극 중의 안준호와 한호열 못지않게 주고받으시네요.

한준희 재밌는 게, 이럴 때 보면 제가 준호에 가깝고 작가님이 호열이 같다고 생각하실 수 있는데요. 정반대일 경우도 꽤 많아요. 작가님이 일하실 때는 훨씬 준호 같고 엄청나게 진중하세요. 제가 오히려 스태프들과 있을 때 농담도 더 많이 하는 편이고요.
김보통 무슨... 저는 황장수 과예요. 너무 황장수죠. 전역한 황장수처럼 하는 것 없이 그냥 불만만 많고 욕만 하고. (웃음)

D.P조 마냥 주고받는 각색 과정에서 에피소드, 캐릭터, 디테일의 구성을 바꾸실 때 서로의 아이디어에 대해서 놀랍다고 느꼈던 순간들이 있으신지요?

한준희 제가 안준호가 상병이 아닌 이등병으로 이야기를 시작하자, 한호열이라는 인물은 원작의 안준호에게서 분리된, 거울의 양면 같은 인물이다, 이런 제안을 드렸어요. 원작을 본 독자로서 이렇게 해보면 어떨까, 하는 마음이었죠. 그러면 작가님은 "좋은 것 같아요" 하고 대충 넘어가시는 것 같더니, 이후에 굉장히 디테일한 대사들을 주셨어요. 나는 쓸 수 없는 대사들을 쓰는 사람이라고 느끼면서 많이 배웠죠.
지금 시즌2 촬영을 준비하는데, 여전히 "작가님, 대사! 대사!" 하고 외칠 때가 있어요. 작가님이 주시는 대사들에 늘 놀랐어요.

어떤 대사가 특히 기억에 남으세요?

김보통 아이, 나쁜 질문이에요. 지금 감독님이 애써 포장해주시는데 그렇게 구체적으로 물어보시다니! (웃음)
한준희 이를테면 2화 '일장춘몽'에서 호열이 봉지라면을 준호와 함께 먹으면서 이런 말을 하잖아요. "뜨거운 물에 라면의 지방이 녹고 그 지방이 라면 봉투를 녹여 환경 호르몬이 나오는 거야...

몸에도 엄청 안 좋지. 근데 이거. 맛있다. 맛있어서 몸에 안 좋다는 걸 알면서도 안 먹을 수가 없다. 어쩌면 환경 호르몬이라 맛있는 건 아닐까." 다 작가님의 대사들이거든요. 한호열을 연기한 구교환 배우의 영상들을 다 찾아보시면서 그의 입에 착 붙는 대사들을 정말 많이 써주셨어요.

김보통 저는 한준희 감독님이 관여를 안 한 상태에서 혼자 글을 쓰면 계속 가라앉는 버릇이 있어요. 계속 어둡게 가요. 저라는 인간은 얄팍한데 그 얄팍함을 감추기 위해서 계속 어둡고 진지한 글을 쓰는 거죠. 그러다 보니까 읽으시는 분들이 공통적으로 하는 얘기가 이래요. 숨 막혀, 쉬어가는 포인트가 하나도 없어, 계속 어두운 얘기만 나와. 그 시점에서 한준희 감독님이 한호열이라는 캐릭터를 만들자는 거예요. D.P 조장 선임이 나오는 게 좋겠는데, 이 캐릭터를 좀 재미있고 쉬어가는 캐릭터로 하자고요. 누구로 하냐 했더니 감독님이 구교환이라는 배우를 생각하고 있다면서 링크를 보내주셨어요. 이옥섭 감독과 구교환 배우가 함께 하는 유튜브 채널이었죠. 지금은 구교환 배우가 유명하지만 그때는 대중 상업영화에 많이 나오지 않은 시점이었죠. 유튜브에 있는 단편이나 〈꿈의 제인〉〈메기〉 같은 작품들을 보면서 한호열을 위한 대사를 썼어요. 그러면서 느꼈죠. 나는 절대로 감독은 못하겠구나. 구교환이라는 배우에게 관객이 숨을 쉬게 해주는 역할을 맡기고, 그 배우가 이런 대사를 했으면 좋겠다고 작가에게 얘기해주는 것 자체가 이미 감독님의 머릿속에 다 있기 때문에 가능한 거잖아요. 저에겐 전혀 없는 능력이에요.

책에 실릴 최종 버전의 시나리오를 보니까, 구교환 배우뿐만 아니라 다른 배우들도 대사의 뉘앙스를 잘 살렸더군요. 이럴 때 배우들의 입에 붙게 대사를 쓴 각본가로서 느끼는 쾌감이 상당할 것 같습니다. 이 대사를 이렇게 소화해주다니, 했던 순간을 꼽아보신다면요?

한준희 저는 역시 한호열의 환경 호르몬 대사죠. 그 대사는 거의 원테이크로 가거든요. 쭉 달리 샷으로 찍었는데, 한호열 역 구교환 배우가 굉장히 긴 대사들을 칠 때 구사하는 특유의 리듬이 잘 살아 있어요. 안준호 역의 정해인 배우는 리액션을 정말 잘 살려주거든요. 한호열이 떠들 때 뚱한 표정으로 쳐다보고 있다거나, 되게 짜증 나는 표정이지만 입으로는 "죄송합니다" 한다거나. 두 배우가 액션, 리액션을 완벽하게 해 줬어요. 환경 호르몬 장면을 찍으면서 이 작품 잘 될 수 있겠다는 생각을 했던 것 같아요.

김보통 하필 지금 떠오른 게 웃긴 대사예요. 분명히 더 좋은 대사들이 있는데. 말년 병장이 "셧더퍽업해!" 하는, 의미 없는 대사만 자꾸 떠오르네요. (웃음) 사실 모든 대사를 좋아합니다.

〈D.P.〉의 캐릭터들은 원작의 캐릭터들을 조금씩 변형하거나 합체, 분해하는 방식으로 만들어졌습니다. 한호열이나 임지섭처럼 원작에 없던 캐릭터들은 원작의 안준호와 박범구를 각각 둘로 나눈 셈이죠. 조연 캐릭터들은 원작의 여러 에피소드에 나온 캐릭터들을 조금씩 조합하거나 변형했고요. 진체적인 캐릭터 각색의 목표가 있었다면 그게 무엇이었나요?

한준희 재미없는 답일 수 있지만 반복할 수밖에 없는데요. 원작의 팬이었던 저의 계획은 이랬어요. 안준호가 우리와 똑같이 시작하는 입장에서 출발해야 우리 엄마도 볼 수 있는 시리즈가 될 수 있다. 원작에서 안준호는 완성형에 가까웠는데, 시리즈에서는 완성형의 모습만 빼내서 한호열을 만들면 어떨까. 군탈계장 박범구도 원작의 캐릭터가 너무나 매력적이지만 그와 대립할 수 있는 누군가가 있어야 박범구가 등장할 여지가 더 늘어날 것 같다. 그렇게 시리즈를 만들 때 제가 필요하다고 생각했던 것들에 대해서 얘기하면 작가님은 "그렇게 하시죠" 하면서 같이 잘 만들어주셨어요. '츤데레' 스타일이세요. (웃음) 그리고 작가님이 원작에서 이것만큼은 가져가야 된다, 이건 절대 양보할 수 없다, 이런 걸 하나도 주장하지 않으셨어요.

김보통 네. 그런 게 없었어요. 진짜로. 원작에 있는 캐릭터나 에피소드를 가져와야겠다는 생각 자체가 없었죠. 감독님이 계속 의견을 내시길래 아, 이런 걸 좋아하시는구나 했어요. (웃음)

한준희 아니, 그래도 열심히 판권 경쟁해서 원작을 사왔는데

사용해야죠. (웃음)

김보통 시즌2도 그렇고 시즌1도 그렇고, 저는 원작에 있는 대사를 머릿속에서 지우고 있었는데요. 감독님이 잘 찾아서 적재적소에 넣으시더라고요. 하하.

원작과 시리즈에서 공통적으로 중요했던 부분이 있죠. 절대 바뀌지 않아서 '무어라도 해야만 하게 만드는' 군대의 가혹한 공기. 이걸 만드는 데 있어서 가장 중요하게 생각했던 지점은 무엇입니까?

한준희 리얼과 리얼리티는 다르다고 생각해요. 영화, 드라마에서 군대를 '리얼'하게 보여줄 때 사람들이 "야, 저거 거짓말이야" 하면서 믿지 않을 수도 있죠. 그런데 그걸 그냥 믿게끔 만드는 게 리얼리티잖아요. 〈D.P.〉를 만들 때 리얼리티가 중요했던 것 같아요. 그건 결국 표현 수위의 밸런스를 찾는 거였죠. 어떤 가혹한 장면들이 등장해서 불편함은 느낄 수 있겠지만 불쾌함은 느끼게 하면 안 된다는 게 프로덕션의 목표였던 동시에 넘지 말아야 할 선이었어요. 그럼에도 불구하고 보시는 분들에 따라서는 불편할 수도 있고, "이 정도만 보여주면 안 되는 거 아니야?" 라고 느끼는 분도 계셨던 것 같은데요. 아직 제가 부족해서 그럴 수도 있고요. 어쨌든 〈D.P.〉는 누군가를 공격하거나 책임을 묻기 위해 만든 게 아니니까요. 답은 알 수 없지만 좋은 질문을 던지고 싶고, 우리가 과연 그렇게 하고 있는지 많이 생각했어요.

원작 웹툰은 날카롭고 충격적인 내용이 많지만, 그림체나 배경, 색감은 담담하고 담백합니다. 이것이 시리즈에 미친 영향도 있지 않나 싶은데요. 프로덕션 디자인이나 연출의 태도에 있어서까지 말입니다.

한준희 의식적으로든 무의식적으로든 영향을 받았겠죠. 작가님 말씀처럼 이 작품이 숨 쉴 구멍도 있어야 하고, 오락적이고도 창의적인 액션들이 있어야 하는데, 그런 것들은 결국 마지막에 굉장히 깊어지는 어떤 부분들을 위한 설계였거든요. 그래서 저 나름대로 인물들을 담담하게 묘사하려고 했던 것 같고요. 조금 더 명확하게 얘기하면 저는 〈D.P.〉를 옛날 영화처럼 찍고 싶었어요. 요즘에는 현장에서 리허설을 한 다음에 배우들이 자유롭게 움직여보고 거기에 맞게끔 카메라를 놓고 찍는 경우가 많은데요. 예전에는 약속된 동선에 블로킹을 하고, 배우가 계산을 하면서 정확한 위치에 서고, 약속된 카메라 설계 내에서 움직여야 했잖아요. 그렇게 찍는 영화들이 지닌 맛이 있었던 것 같아요. 〈D.P.〉는 세트 촬영이 많지 않고, 좀비나 외계인이 나오는 게 아니잖아요. 로케이션 촬영을 많이 해야 했기 때문에 제가 좋아했던 90년대에서 2000년대 초반의 한국영화들, 혹은 고전영화들의 기분을 좀 내보고 싶었어요.

김보통 원작의 그림체가 담담하고 담백했다면 그 이유는 원고료가 적었기 때문이에요. (웃음) 저도 어시스턴트를 많이 고용해서 좋은 그림을 그리고 싶은데 고용할 돈이 없었거든요. 그러고 보니 제가 각본을 쓰고 나서 촬영 현장에 갔었는데, 그때 나는 감독을 하면 안 되겠다는 생각이 들었어요. 저처럼 사회성이 부족한 인간은 절대 해서는 안 되는 일이더라고요. 많은 사람들이 감독님에게 계속 뭔가 물어보고 감독님은 계속 판단을 해야 하는데, 저라면 "나도 모르겠어! 알아서 해!" 하고 그냥 울 것 같거든요. (웃음) 어느 날은 현장에 갔는데, 박범구가 헌병대장한테 경례하려고 문 여는 장면만 1시간 동안 20번을 찍는 거예요. 조용히 집에 왔어요. 왜 저걸 20번이나 찍나 했죠. 나중에 영상으로 보면서 이유가 있었구나, 감독님이 집요하게 붙들고 있으니까 이런 그림이 나오는구나, 깨닫고 놀랐어요.

한준희 저는 작가님이 만드신 영화를 보고 싶어요. 언젠가는 연출을 하실 거라고 생각해요. 의지가 있다면 연출을 해보시면 어떨까요, 라는 얘기도 주고받은 적이 있어요.

김보통 촬영 현장에 가기 전에는 저도 연출을 하고 싶다고 했는데, 갔다 와서는 그 얘기를 안 해요. 어디 가서도 안 합니다. (웃음)

한준희 저는 꼭 연출하시면 좋겠어요. 작가님이 작업하실 때는 스스로에게 엄격하시고 매우 까다로우신 분이에요. 연출하시면 저보다 훨씬 완벽주의자가 되실 겁니다.

〈D.P.〉는 오프닝 타이틀에도 스토리를 담아서 눈길을 끕니다. 한 아이가 자라서 입대하기까지의 순간들을 엮고, 마침내 훈련소 무리 속에서 문득 뒤돌아보는 정해인 배우의 얼굴을 보여주는데요. 훈련소 안 가본 이들도 사로잡는 오프닝 타이틀이었습니다. 어떻게 만들어졌나요?

한준희 박민선 편집감독님이 처음에 여러 레퍼런스를 제안하시다가 한 아이가 성장하는 느낌, 이런 거 어때 하면서 아이디어를 주셨고요. 제가 오프닝 타이틀 작업에 상당히 많이 관여했어요. 컨펌과 재수정을 거듭했죠. 심지어 본 촬영이 모두 끝난 후에 시즌1 인물 조감독이자 시즌2의 조감독인 전두관 조감독이 오프닝 타이틀을 위한 보충 촬영까지 따로 해올 정도였어요. 시리즈 공개 직전까지 만졌죠. 음악의 길이도 세심하게 신경 썼고요. 오프닝 타이틀의 목표는 그 자체로 한 신으로서의 기능을 하면 좋겠다는 것이었어요. 그 작업에 적합할 것 같은, 좋은 타이틀 감독님을 모셔서 마지막까지 계속 수정했어요.

김보통 저는 직접 관여하지는 않았는데요. 감독님이 말로 다 설명해주셨어요. 이렇게 저렇게 해서 마지막에 뒤돌아보며 짠! 하는 오프닝 타이틀을 생각하고 있다, 하셔서 그랬죠. "너무 좋은데요?"(웃음) 매 화를 볼 때마다 한 아이가 입대를 해서 어른이 되는 장면을 보여준다는 것 자체가 이 시리즈를 보는 사람들의 뇌리를 강타하고 시작하는 거니까요. 그 후에 가편집본을 보고, "끝났네. 이것만 보여주고 뒤에 뽀로로 나와도 상관없겠는데요" 했어요. (웃음) 좋은 오프닝 타이틀이었던 것 같아요. 그런 판단을 하다니, 역시 감독은 큰 역할이라는 생각이 들었고요.

그 오프닝 타이틀의 의미는 여러 가지겠지만, 영화계 스태프들이 참여한 프로덕션 완성도가 크게 상향됐음을 느낄 수 있었다고 할까요.

한준희 영화 하던 사람들이 시리즈를 만드는 방식이 기존의 드라마를 만드는 것과 조금은 다른 것 같긴 한데요. 저는 한편으로 〈D.P.〉를 만들면서 한국에서 드라마를 제작해오던 분들이 진짜 대단하다고도 느꼈어요. 그리고 저희 스태프들과 배우들 대부분이 〈D.P.〉와 원작 웹툰을 좋아해 줬다고 믿거든요. 좋아하게 만드는 것도 감독의 역할일 수는 있죠. 어쨌든 좋아하는 만큼 더 잘하고 싶겠죠? 그래서 열심히 했던 것 같고요.

극 중에서 D.P조는 군 경계를 넘나들어 전국을 돌아다니기 때문에 군대 내부에 대한 프로덕션 디자인과 전국 팔도를 돌아다니는 로케이션이 모두 중요했겠습니다.

한준희 경기도, 강원도, 충청도, 경상도, 전라도까지 다 간 것 같아요. 마지막 6화에 나오는 땅굴 입구는 부산이고 땅굴 내부는 충주, 거기서 올라오면 보이는 터널 위는 강원도거든요. 로케이션 매니저가 따로 있지 않아서 제작팀에서 계속 전국 팔도를 뒤졌고 촬영할 때까지도 계속 찾았죠. 군대 내부에 대한 프로덕션 디자인은 배준수 미술감독님이 맡으셨는데요. 대부분의 성인 남자들이 군대를 가봤다고 가정했을 때, 각자의 머릿속에 있는 군대 내부 형태가 다 다를 것 같잖아요. 그런데 얘기를 들어보면 다 비슷하더라고요. 다 다르게 생각해야 정상적인 경험일 텐데. 군대 내부의 공간이 지닌 어떤 정서나 공기, 형태 같은 것들의 기억이 다 유사했어요. 연병장, 생활관, 취사실, 이런 공간을 만들 때 많은 이들이 비슷하게 그리는 이미지들을 반영하려고 했죠.

김보통 한 번은 촬영 중간에 제작진이 저한테 촬영 스틸을 보내주셨어요. 그거 보고 제가 예전에 탈영병 잡으러 갔던 터미널이랑 너무 똑같다, 혹시 거기 아니냐고 물어봤어요. 제가 군에서 D.P를 했던 시절에 어디 어디에 갔었다는 얘기는 안 했거든요. 그런데도 마치 제 머릿속에 있는 풍경을 들여다본 듯이 로케이션을 찾으셔서 신기했어요. 많은 분들이 애써 주신 결과 같아요.

많은 사람들이 그렇게 비슷한 느낌으로 군을 떠올린다면, 군대를 다녀오신 두 분도 그런 면이 있겠네요. 드러내 놓고 표현은 안 하시겠지만 여전히 약간의 트라우마가 있나요?

김보통 저는 우리나라 남자들은 다 피해자라고 생각해요. 피해자인데 그걸 인식하고 있는 사람, 못하는 사람, 합리화하는 사람, 과거에서 벗어나지 못하는 사람이 있을 뿐이죠. 결국은 모두 다 동일하게 국가적인 폭력을 당한 피해자들이거든요. 트라우마가 없을 수는 없다고 생각해요.

한준희 저도 물론 있고요. 〈D.P.〉에서의 안타고니스트는 시스템이잖아요. 그래서 시리즈 속 인물들을 구성할 때 그 어떤 인물도 완벽하게 좋거나 나쁜 인물은 아니라고 생각하고 만들었어요. 주인공들이라고 해서 무조건 옳지는 않아요. 비겁한 부분들도 있죠. 악인으로 묘사되는 인물들 또한 이해할 수는 없지만 "저 자식들 참 안타까운 구석이 있긴 하네"라는 느낌을 주고 싶었고요. 그리고 많은 이들이 군대에 대한 경험이 있기 때문에 오히려 경계했던 부분이 있어요. 〈D.P.〉가 군대에 대한 추억, 경험담이 되어서는 안 된다는 거였죠. 그런 경험이 드러나는 부분도 있겠지만, 그 때문에 작품이 오독되면 안 된다는 생각이 있었어요.

〈D.P.〉 안에 등장하는 캐릭터들도 당연히 트라우마 혹은 상처를 지니고 있습니다. 주인공인 안준호는 자살을 막지 못한 탈영병에 대해, 한호열은 칼에 맞은 것에 대해 트라우마를 갖고 있죠. 〈D.P.〉가 '보이지 않는다고 없는 것이 아닌' 상처들을 치유하는 방법까지 제시할 순 없겠지만, 이런 작품을 만든 창작자들로서 어떤 변화를 기대하십니까?

한준희 이런 질문에 답하는 게 늘 조심스러워요. 이 시리즈를 보는 개개인이 조금씩 더 의심할 수는 있지 않을까를 기대하죠. 나는 어떤 사람이었나, 내가 그런 행동을 하진 않았을까. 각자가 이 작품을 보고 느끼는 게 중요한 것 같아요. 물론 시스템이 바뀌어야 하지만 그러려면 시스템을 구성하고 있는 개개인이 느껴야 한다고 생각하고요. 저희는 그저 작품을 만드는 사람들이고, 작품을 통해서 충분히 발언을 했다고 말씀드리고 싶어요. 작가님과 제게 정말 여러 곳에서 연락이 많이 왔거든요. 신문 사회면이나 정치면의 인터뷰 요청, 정치권의 무슨 캠프 혹은 정당 행사 관련 요청이었는데요. 다 거절했죠. 작품을 보는 개인들이 각자 느끼는 바 안에서 고민과 의심을 더 해주시는 게 좋지 않을까 싶습니다.

김보통 저도 대선 전에 양당에서 무슨 위원으로 와달라고 해서 다 거절했거든요. 그 당시엔 웬만하면 인터뷰도 응하지 않았고요. 지금은 이렇게 말할 수 있어요. "그러면 우리는 무엇을 해야 되냐" "우리가 이걸 보고 죄책감을 느끼라는 거냐" "내가 군 개혁을 이끌라는 거냐"는 질문들을 하시는데, 의도는 그게 아니라고요. 각자 자기 자리에서 자기가 할 수 있는 일을 하면 좋겠거든요. 저는 작가로서 〈D.P.〉 같은 이야기를 만들고, 감독님은 영상을 만들고, 보는 사람들은 '내가 혹시 이런 고참은 아니었나' 혹은 '내가 이렇게까지 나쁜 사람은 아니지'라고 생각하면서 그냥 각자 할 수 있는 일을 하면 좋겠어요. 특별히 사회를 개혁하고 싶다거나 누군가를 엄히 꾸짖고 싶은 마음은 없어요. 그 대신 〈D.P.〉를 보고 가혹행위를 따라 하는, 참신한 '또라이짓'은 안 했으면 좋겠습니다. 그건 정말 잘못된 행동, 있어서는 안 되는 부작용이죠.

배우들의 매력적인 연기가 〈D.P.〉 성공의 큰 요소이기도합니다. 멜로가 아니어도 단단하고 섬세한 연기를 증명한 안준호 역 정해인 배우와 능청스러운 매력으로 주인공의 입지를 굳힌 한호열 역 구교환 배우. 둘의 케미스트리는 어떻게 만들어졌나요? 숨겨진 노력이 있을까요?

한준희 최대한 노력했지만 촬영 전에 두 배우를 많이 만나지는 못했어요. 일단 구교환 배우, 정해인 배우와 한남동에 있는 감자탕 집에서 만났는데요. 소주 한 잔 먹으면서 두 분이 서로에게 한 첫마디가 "되게 팬이에요"였어요. (웃음) 굉장히 다른 종류의 필모그래피를 쌓아오신 배우들이잖아요. 서로의 작품들을 좋아해서인지 금세 편한 사이가 됐던 것 같아요. 제가 했던 숨은 노력이라면 술자리를 많이 만들려고 했다? (웃음)

김보통 게임도 많이 하셨잖아요.

한준희 아, 그렇죠. 술자리가 끝나면 같이 축구 게임도 많이 하려고 했어요. 배우들이 가까운 역할이면 실제로 가까워야 화면에 반영된다고 생각하거든요. 그래서 노력을 했던 것 같은데요. 그냥 하는 말이 아니라 두 배우님들이 다 성품이 좋으세요. 촬영 현장에서 고생할 때에도 남들을 먼저 챙기는 양반들이어서 안준호-한호열의 관계를 만드는 데 큰 도움이 됐습니다.

김보통 저는 두 배우들을 솔직히 잘 몰라요. 지금도 TV로만 얼굴 보는 사이고요. (웃음) 제가 이런 분들이 했으면 좋겠다고 말한 분들이 캐스팅 됐고 정말 이견이 없었어요. 참, 감독님이 얘기를 안 하셨지만, 배우들 한 명 한 명을 따로 만나서 대사 한 줄 한 줄씩 디렉팅을 따로 하셨다고 했거든요. 결국 감독님의 노력이고 덕이죠.

박범구 역할의 김성균 배우, 임지섭 역할의 손석구 배우, 조석봉 역할의 조현철 배우, 황장수 역할의 신승호 배우 등이 보여준 연기도 〈D.P.〉를 〈D.P.〉답게 만드는 데 크게 일조했습니다. 배우들이 어떤 방식으로 각자의 캐릭터에 몰입했는지도 궁금합니다.

한준희 손석구 배우는 제가 임지섭 역할로 특별 우정 출연을 부탁했어요. 몇 회차만 나오면 될 것 같아요,라고 했는데 크랭크업 전날까지 촬영했죠. 나중에 저한테 낚였다고 하더라고요. (웃음) 임지섭 관련 신들을 준비할 때 각 신의 지문에 대해 고증을 받아서 연구하고, "여기서는 실제로 이렇게 한다는데 어떻게 생각하세요"라고 질문도 하면서 정말 많은 준비를 해왔던 배우였어요. 안준호, 한호열과 더불어서 또 한 명의 주인공이라 할 수 있는 박범구 역 김성균 배우도 그랬고요. 그런데 배우들에게 제가 "사전에 준비는 함께 많이 하겠지만 현장에 올 때는 그냥 오시면 좋겠어요"라고 얘기했어요. 그래야 현장에서 편하게 더 많은 것들을 가져갈 수 있을 거라고 생각했거든요. 조석봉 일병 역할의 조현철 배우는 여러 인터뷰에서 밝혔던 것처럼 현장에 오면 거의 말을 안 하고 혼자 있었어요. 살 빼고 다시 찌우고 다시 빼는 과정도 무척 괴로웠을 거예요. 그런 역할을 시킬 때 저 또한 굉장한 죄의식을 느껴요. 감정적으로 배우가 너무 힘든 게 보이니까요. 황장수 역할의 신승호 배우 역시 많이 힘들었을 거예요. 계속 사람들에게 욕하고 때리는 연기를 반복하면 당사자가 너무 괴롭거든요. 조석봉과 황장수를 맡았던 두 배우가 심리적으로도 마지막까지 잘 버텨줘서 정말 고맙게 생각합니다.

각본에는 회차마다 어울리는 엔딩송을 써놓으셨던데요. 실제로는 다 바뀌었는데, 아무래도 저작권료 때문에 사용하기 어려웠겠죠?

한준희 매 회차 각본 엔딩에 써 놓았던 엔딩 송은 제가 각본을 탈고할 때 들었던 곡들이에요. 각본을 읽는 배우들이나 스태프들이 그 곡을 들으면서 아, 이런 톤으로 찍히겠구나 하고 짐작했으면 좋겠다는 생각으로 썼어요. 당연히 저작권료 때문에 다 쓸 수 없겠다고 생각했고요. 결론적으로는 프라이머리 음악감독님이 훨씬 좋은 곡들을 만들어주셨다고 생각해요. 한 가지, 롤링 스톤스의 'As Tears Go By' 같은 곡은 언젠가 제 작품에서 한 번쯤 써보고 싶긴 하죠. 〈D.P.〉 각본에 써 놓은 엔딩송들을 들으면서 각본집을 읽으신다면 저나 작가님이나 글을 쓰면서 어떤 '무드'와 '라포(작가 주: 극 중 캐릭터 간의 감정적 유대 관계)'를 생각했는지 이해하는 데 도움이 되지 않을까 싶습니다.

김보통 저는 일할 때 소리를 안 듣거든요. 감독님이 주신 글을 다 읽고 나서 노래는 따로 들었어요. 그 느낌이 이해가 가고 참 좋았는데요. 프라이머리 음악감독님이 훨씬 더 좋은 음악을 만들어주셨다는 것 또한 저도 감독님과 같은 생각이에요.

총 6화의 에피소드 중에서 가장 각색의 힘이 느껴지는 회차는 4화 '몬티홀 문제'라고 할 수 있습니다. 원작에 있던 허치도 캐릭터의 상황에 '몬티홀 문제'로 선택의 여지를 부여했는데요. 허치도 뿐만 아니라 이후 〈D.P.〉 캐릭터들의 모든 새로운 선택을 암시한다고 느껴지는 이 에피소드는 어떻게 만들어졌습니까?

김보통 제가 안 만들었어요. 심지어 '몬티홀 문제'가 뭔지 지금도 이해를 못 해요. (웃음) 감독님이 설명해 주시는데 끝내 이해가 안 가고 4화를 봐도 모르겠더라고요.(웃음)

한준희 제가 얘기했잖아요. 이해를 못 해도 상관이 없습니다. 한호열도 이해를 못 하기 때문에. (웃음) '몬티홀 문제' 각본을 쓸 때 친한 감독들과 쓰는 톡 단체방에 그 문제를 올려봤어요. 몇 명이나 이해하는지 궁금했거든요. 엄태화 감독이 계속 문자를 보내더라고요. 이건 말이 안 되는 문제라고, 자긴 이해할 수 없다고. 그래서 제가 지금과 똑같이 얘기했습니다. "이해 안 해도 돼. 주인공도 이해 못 하니까." (웃음) 4화 중간에도 계속 호열과 준호가 이게 이런 거지? 하는 대사가 나오는데, 결국 둘 다 모른다, 아무도 모른다는 결론으로 가는 거죠.

제가 원작 웹툰을 봤을 때 꽂혔던 장면들 중에 치매 걸린 할머니를 두고 번민하는 탈영병 허치도의 에피소드도 있었어요. 저는 작가님의 그런 세계가 좋았거든요. 허치도가 마냥 효심이 있는 게 아니잖아요. 할머니를 버리고 싶은 마음이 있지만 인간이라면 그래서는 안 되는 게 아닐까, 하는 복잡한 감정을 지닌 인물이었어요. '몬티홀 문제'나 허치도가 원래 똑똑한 친구였다는 설정들은 그 인물을 시리즈에서 더 잘 보여주고 싶어서 만든 거예요.

김보통 제가 웹툰을 그렸을 때 허치도의 에피소드를 통해서 보여주고 싶었던 건 이런 거예요.

극적인 사건 없이 해결되는 에피소드가 있었으면 좋겠다! 굳이 추격을 하고 격투를 해서 탈영병인 허치도를 잡는 게 아니라, 허치도가 군대를 간 것도 탈영을 한 것도 그냥 해프닝이라는 거죠. 원작에서는 D.P들이 허치도와 마주치지도 않았는데, 허치도가 잡혀요. 허치도가 고시원에 사는데, 옆방 사람과 시비가 붙어서 싸움이 나고 같이 파출소에 갔다가 탈영병으로 수배된 게 걸려서 잡힌 거죠. 그 와중에 치매를 앓는 할머니가 집에서 손자를 기다리고 있고요. 웃기면서 슬픈 상황이거든요. 그 의도를 감독님이 시리즈에도 잘 반영해 주셨어요.

한준희 각본에 있는 역할들이 자기 가고 싶은 방향으로 알아서 갈 때가 있어요. 좀 이상한 얘기일 수도 있는데요. 나는 이런 결말을 쓰고 싶었는데 쓰다 보면 이 인물은 절대 이렇게 안 움직일 것 같은데? 하는 순간들이 있다는 거죠. 캐릭터가 자기 살 길을 알아서 찾아가요. 한호열이 허치도를 놔주는 것도 그래서였던 것 같아요. D.P 입장에서는 안 놓아주는 게 더 좋겠지만, 안 놓아주는 게 한호열이라는 캐릭터에겐 어울리지 않는 거죠. 각본을 쓸 때 그런 직관이 작용하는 것 같아요. 캐릭터를 세팅하는 건 작가와 감독이지만 결국 그 캐릭터는 배우가 연기하면서 구체화되고 그렇게 구축된 캐릭터는 어떤 순간에 알아서 자기 갈 길을 가는구나. 4화 '몬티홀 문제'를 쓰면서 그런 생각을 많이 했던 것 같습니다.

〈D.P.〉에는 그 밖에도 수많은 디테일한 설정들이 있지만, '내무반 벽에 튀어나온 녹슨 나사못'이 주는 '잔혹한 생생함'이 컸습니다. 넷플릭스라는 플랫폼의 특성상 장르적 표현의 자유로움도 많지만, 상상하게 돼서 더 괴로운 순간들의 표현을 어떻게 정리하는가도 중요한 숙제였겠습니다.

한준희 '내무반 벽에 튀어나온 녹슨 나사못'은 저희 스태프들이 나눴던, 군대에서의 가혹행위 경험담에서 많이 언급됐던 것 중 하나였어요. 강렬한 이미지로 시작해야 한다는 프로덕션의 목적 때문에 그 설정을 만든 것도 있죠. 하지만 직접적으로 보여주지 말자는 얘기는 당연히 했고요. 상상의 여지가 있어서 더 불편할 수 있겠다는 생각도 했죠. 수위는 조절하려고 마지막까지 노력했는데, 그 부분이 항상 어려운 것 같아요.

김보통 그 녹슨 못 가까이 안준호가 확 밀쳐지는 순간에 갑자기 화면이 암전 되면서 잔, 잔, 잔 하고 오프닝 타이틀 송이 나오잖아요. 와... 감독님 진짜 변태다 싶었어요. (웃음) 애잔한 느낌으로 한 아이의 이야기가 이렇게 시작이 됩니다,라고 오프닝 타이틀에서 보여주니까 너무 좋더라고요. 사실 각본으로 봤을 때는 오프닝의 효과를 잘 모르겠다고 했는데, 감독님이 무시하고 그냥 하시더니. (웃음) 완성된 영상을 보고 신뢰가 확 생겼어요.

마지막 6화에서 안준호가 선임이 부르는 소리를 듣고도 결심한 듯 반대 방향으로 달려가는 엔딩이 주는 먹먹함이 있습니다. 시리즈 내내 다루었던 문제에 대한 입장 표명 혹은 명징한 어떤 태도라고 볼 수 있을 텐데요. 안준호의 발걸음은 결국 어디로 향하는 것인가요?

김보통 감독님이 배우들과 리딩을 하기 전에 엔딩을 그렇게 만들고 싶다고 먼저 얘기해주셨어요. 참 좋았고요. 안준호의 발걸음은 PX(작가 주: 군인 및 관계자를 위해 간식, 문구, 군인용품 등 지급품과 소비품, 잉여품 전반을 취급하는 곳)로 가고 있었던 게 아닌가... (웃음)

한준희 문득 배고파서? (웃음) 원작 웹툰에서 마지막 컷은 안준호가 독자들을 보면서 대사를 하는 거였어요. 작가님이 만든 그 엔딩에 필적할 만큼이라고 하면 좀 웃기지만 그런 정도의 엔딩을 만들고 싶었고요. 시리즈는 웹툰과 달리 옆으로 흐르는 이미지다 보니 반대로 달려가는 그런 방식을 생각한 것도 있어요. 극 중의 안준호라는 인물이 할 수 있는 발언은 무엇일까도 생각했죠. 그는 이등병이라서 쉽게 말을 할 수는 없을 테고, 원작의 안준호가 보여준 엔딩과도 다른 종류의 결말이 났으니, 지금 그가 할 수 있는 행위들을 이미지로 표현하고 싶었던 것 같아요. 안준호는 모두와는 다른 방향으로 걸어갈 수 있는 인물이에요. 그 이유가 굉장히 특별하거나 '난 놈'이어서가 아니라 그냥 본인이 납득이 안 되기 때문이거든요. "이거 다 원래 그런 거야"라는 말을 들었을 때 "원래라는 게 뭔데?" 하고 질문할 수 있는, 그런 사람들이 필요하다고 생각해요. 김보통 작가님 또한 그런 분이시고요. 그걸 표현하는 엔딩이 필요했어요.

그렇게 안준호가 모두와 반대되는 방향으로 달리는 엔딩은 이제 시즌2로 연결되겠죠. 5월 크랭크 인이라고요. 안준호와 한호열은 어떻게 군 생활을 다시 시작하나요?

한준희 시즌2 각본은 다 나왔어요. 작가님과 계속 얘기하면서 마지막까지 좋은 대사들을 만들어 나가는 단계예요. 안준호와 한호열은 다시 복귀해서 각자의 군 생활을 이어가겠죠. 그런데 시즌1이 어떤 질문들을 던졌다면 시즌2는 정답은 아니어도 그들이 답을 찾으려고 노력하는 것에 근접한 얘기가 아닐까 싶어요. 캐릭터들이 답을 찾고자 더 노력하고, 더 고생하는 방향으로 향하고 있지 않나 싶습니다.

김보통 제가 말씀드리고 싶은 건 한 문장이에요. 안준호는 더 멋있어지고 한호열은 더 사랑스러워졌다!

D.P. 시즌1 각본집 (소프트커버 에디션)
D.P. Season1 SCREENPLAY

초판 1쇄 발행 2022년 7월 7일
2판 1쇄 발행 2022년 9월 20일

제공 | 넷플릭스, 클라이맥스 스튜디오
펴낸곳 | 플레인아카이브
저자 | 김보통 한준희
펴낸이 | 백준오
편집 | 임유청
교정 | 이보람
지원 | 장지선
디자인 | 프레스룸
프로덕션 디자인 이미지 제공 | 배준수
스토리보드 작가 | 엄경아
스틸 사진가 | 서지형
도움 주신 분 | 김동민 변승민 백소희 이상미 윤령주 전두관 정재연

출판등록 | 2017년 3월 30일 제406-2017-000039호
주소 | (10881) 경기도 파주시 회동길 336-17, 302
전자우편 | cs@plainarchive.com
38,900원
ISBN 979-11-90738-21-7(03680)

영화를 간직하는 가장 아름다운 방법, 플레인아카이브는
영화에 대한 애정과 존중으로
출판, 블루레이와 DVD, OST 음반 등
물리매체 전반을 아우르는 다양한 프로젝트를 진행하며
좋은 영화를 아름답게 간직하고픈 이들과 만납니다.

플레인아카이브의 책들

브로커 각본집 & 스토리보드북 세트 (근간)
구경이: 성초이 대본집 (근간)
아가씨의 순간들
고양이를 부탁해: 20주년 아카이브
지옥 각본집
어느 가족 각본집
빛나는 순간: 영화 편지
리틀 포레스트 사진집
타오르는 여인의 초상 각본집
미쓰 홍당무 각본집
남매의 여름밤 각본집
메모리즈 오브 마더: 마더 10주년 사진집
캐롤 각본집
기생충 각본집 & 스토리보드북
독전 포토북
그렇게 아버지가 된다 각본집
바닷마을 다이어리 각본집
들개 각본집